시리즈
대승불교 3

대승불교의 실천

스에키 후미히코 저
김재권 역

SERIES DAIJŌ BUKKYŌ 3- DAIJŌ BUKKYŌ NO JISSEN
Supervised by TAKASAKI Jikidō
Compiled by KATSURA Shōryū, SAITŌ Akira, SHIMODA Masahiro, SUEKI Fumihiko
Copyright © 2011 by TAKASAKI Jikidō, KATSURA Shōryū, SAITŌ Akira, SHIMODA Masahiro, SUEKI Fumihiko
All rights reserved.
Originally published in Japan by Shunjusha Publishing Company
Korean translation rights arranged with Shunjusha Publishing Company
through BESTUN KOREA AGENCY
Korean translation rights ©2016 CIR Co., Ltd.

이 책의 한국어판 저작권은 베스툰 코리아 에이전시를 통해 일본 저작권자와 독점 계약한 '도서출판 씨아이알'에 있습니다. 저작권법에 의해 한국 내에서 보호를 받는 저작물이므로 무단전재나 복제, 광전자 매체 수록 등을 금합니다.

머리말

본 권은 대승불교의 실천에 대해서 취급한다. 삼학 중에서 말하자면 계와 정에 해당한다. 이전의 '강좌·대승불교'에는 없었던 권이지만, 그것은 종래에는 교학중심으로 불교를 논하는 것이 기본이었기 때문에, 반드시 실천이라는 문제가 중심적인 테마가 된 것은 아니기 때문이다. 최근에는 종래의 교학 중심의 불교연구에 대한 반성에서 실천적인 면에 대한 관심이 깊어지고, 연구 성과가 축적되어 왔다. 본 권은 그와 같은 성과를 집대성한다.

실천을 취급할 때 어떠한 관점에서 보는가에 따라 논의의 방법이 크게 달라진다. '실천'의 다양성에 대해서는 제1장에서 언급하지만, 여기서는 실천을 연구하는 데 두 가지 시점이 있다는 것을 지적해두고 싶다. 첫째는 어떻게 실천되었는가라는 실천 그 자체의 기술적 연구이다. 이것은 시대에 따라 오래된 시대를 취급하는 것과 근대 이후를 취급하는 것으로, 방법론적으로 구분된다. 근대에서 현대로 연결되는 실천에서는 인류학적인 조사가 중심이 되고, 최근에 급속히 진전해가고 있는 영역이다. 오래된 시대에 관해서는 역사연구가 중심이 된다. 역사적인 사료문헌에 근거하는 것이 훨씬 독특한 방법이지만, 그것으로는 한계가 있기 때문에, 고고학적 유적·유물이나 미술사적 작품(불상 등)도 역시 중요한 사료가 된다. 둘째는 실천이라고 말하면서, 실천사상이라고 할 만한 것이 실제 어떻게 실천되었는지가 아니라, 삼장 중에서 어떻게 기술되고, 그러한 실천이 어떻게 사상적으로 의미 있게 되었는지를 연구하는 것이다. 이것은 당연하지만, 불전의 문헌적인 연구가 기초가 된다.

이 가운데 본 권에서는 두 번째 실천사상이라는 관점을 중심으로 그 사상이 실제 어떻게 수용되고, 신앙이나 수행이 어떻게 구체적으로 실천되었는가라는 관점을 부가하고 있다. 즉, 첫 번째 관점 가운데 오래된 시대에 관한 부분이라기보다 오히려 교의로서 설해진 실천사상이 실제 역사적인 장에서 실천과 어떻게 관계하는가라는 그 양자의 관계에 커다란 초점이 모아지고 있다고 말해도 좋다. 그에 따라 대승불교의 이념과 현실과의 긴장관계가 부상한다. 이에 비해 근대 이후의 실천에 대해서는 우선 직접적인 대상에서 제외하고, 제1장에서 관련된 문제를 언급하는 것에 그친다. 이것은 일본 불교에서는 아직 근현대의 실태연구라는 영역은 충분히 독립한 영역으로 확립되지 않았기 때문이다.

    이하에서는 각장의 개요와 관련사항을 언급하기로 한다.

    제1장은 총론이고, 방법론적인 논의 및 제2장 이하에서 다루지 않은 문제를 언급한다. 우선 '대승불교'라는 개념이 어디까지 유효한지를 검토하고, 다음으로 '실천'이라는 개념의 다양성을 논하며, 실천과 관련하여 최근 주목되고 있는 '의례'에 대해서도 언급한다. 또한 본 권의 테마에서 제외한 근대불교의 실천적 문제로서 '사회참여불교'에 대해 다루고, 마지막으로 실천과 사상해석의 관련성을 『법화경』의 해석을 예로 들어 논한다.

    제2장 이하는 각론이다. 상술한 바와 같이 불교의 실천은 주로 계와 정에 관련된다. 계에 관한 문제는 제2장과 제7장에서 다루고, 정에 관한 문제는 제4장, 제8장에서 다룬다. 제6장은 실천주체로서 보살의 문제를 논하고, 제3장은 정과 혜의 관계에 관련되고, 제5장은 건축·조형의 관점에서 신앙형태의 역사적 전개를 취급한다.

    제2장에서는 부파분열과 대승의 성립과정에서 계율이 어떠한 역할을 했는가

를 검토한다. 제1권, 제2권에서 논한 바와 같이 재가자 집단에 의한 불탑숭배에서 대승불교가 발생했다는 설이 히라카와 아키라 平川彰에 의해 제시되어, 일찍이 일본 학계에서 주류가 되었지만, 오늘날 그것은 부정되고 있다. 그때 중요한 의미를 가지는 것은 계율이다. 왜냐하면 동일한 구족계를 받고 있지 않으면, 함께 머무는 것이 불가능하기 때문이다. 본 장에서는 계율과 부파분열의 관계를 검증하고, 거기서 대승이 독자적인 교단을 갖지 못한 것을 확인한다.

제3장은 대승흥기시대의 실천적 모습과 그 문제점을 지적하고 있다. 대승은 반드시 정통적인 이론이나 고도의 이상주의에서 생겨난 것은 아니다. 초기대승의 실천과 신앙을 본다면, 선행주의 善行主義에 근거한 고행의 결과, 깨달음에 도달한 출가보살의 극치인 붓다를 복전으로서 재가자가 참배한다는 형태가 널리 퍼졌다고 생각된다. 그것은 인도의 고행주의·제식주의의 부활이고, 언어를 중시하여 이론적인 해명을 하는 불교의 태도와 다른 것이다. 초기대승의 모습에 문제를 제기하는 논의이다.

제4장은 「관불경전」이나 「선경」이라 불리는 것을 대상으로 관불의 실천이 어떻게 형성되어, 전개되고 있는지를 토욕의 선관굴에 대한 조사를 근거로 교리 사상적 측면과 실제적인 실천의 양면에서 검토한다. 그 결과 관불의 실천도 전통적인 부정관 등의 관법과 그 정도로 크게 다른 것은 아니라는 것이 명확해지고, 성문도와 보살도의 유사함이 지적된다. 전통적인 부파와 대승이 확연히 구분되지 않는 것은 이번 시리즈 전체를 통해 명확하게 밝히는 큰 성과이지만, 본 장은 그것을 선관의 면에서 분명히 하고 있다.

제5장은 불교신앙의 전개를 불탑과 불상이라는 '대상'에 입각하여 해명한다.

당초 사리신앙에서 사리를 모시는 장으로서 불탑이 신앙의 대상이 된다. 그 과정에서 생신生身의 붓다와 동등한 사리에서 점차 붓다가 손댄 것이 신성시되고, 거기서 나아가 붓다를 시각화하는 것으로서 불상신앙이 발전한다. 본 장도 또한 자주 불탑이나 불상과 대승이 결합되어 생각되는 것에 대해 비판적이고, 불탑이나 불상은 통불교적으로 보였다는 것을 지적하고 있다.

제6장은 대승의 실천을 담당하는 보살에 대해 보살이라는 용어가 나오는 팔리 문헌을 세밀히 조사하여, 그 기원을 거슬러 올라가 고찰한다. 통상 보살은 깨달음을 추구하는 수행자로 이해되는 것이 많지만, 본래의 용법은 반드시 그렇지 않다. 팔리 소부의 경전에서는 붓다 자신을 보살로 칭하고 있는 바와 같이 수행자는 아니다. 보살의 어의는 일원화되지 않는다. 대승에서도 '누구나 보살'이라는 견해는 반드시 성립하지 않는 것으로, 종래에 상식화된 설에 의문을 제기하고 있다.

제7장 이하는 주로 중국에서의 실천을 다룬다. 제7장은 대승계의 문제이다. 대승계는 계율의 측면에서 대승의 독자성을 드러내는 것으로서 주목되지만, 본래의 계율과 그 성격을 달리하고, 문제가 적지 않다. 본 장은 인도의 대승계에서 중국에서의 전개까지 문헌을 확인해가면서 그 전개를 명확히 밝힌다. 마지막으로 대승계(보살계)에 관해 그것을 율로 구분하는 종래의 견해에 대해, 율과의 접점이 있는 것은 아닌가라는 문제를 제기하고 있다.

제8장은 선정의 중국적 변용으로서 중국선의 '무사無事'와 그 비판의 문제를 다룬다. 선은 본래 선정의 실천이었다. 하지만 중국에서 돈오설의 전개는 깨달음이 이미 실현되고 있다는 입장에서 일상의 있는 그대로를 깨달음의 실현으로 간주하는 '무사'의 사상을 발전시켜, 수행으로서의 선정을 필요로 하지 않게 되었다. 그것

에 대해 송대가 되어 진정극문이 비판하고, 그 영향하에서 대혜종고의 간화선이 확립된다. 그곳에는 인도와 완전히 다른 실천의 문제가 제기되고 있는 양상을 볼 수가 있다.

이상으로 본 권 각장의 개요와 상호 관계를 간략하게 살펴보았다. 이미 언급한 바와 같이 다수의 논문에서 대승이 반드시 부파불교와 명확히 단절된 것이 아니라, 양자 사이에는 공통점이 있고 연속적으로 보아야 하는 것이 여러 관점에서 명확히 밝혀졌다. 이것은 이번에는 대소승을 단절적이거나 이항 대립적으로 파악하는 견해가 어디서 생겨나고, 어떻게 정착했는가라는 새로운 문제를 낳게 된다. 소승과 대립하는 말하자면 순수한 대승주의는 아마도 일본에서 사이쵸最澄에 의해 확립된 것은 아닌가라는 것이 필자의 추측이지만, 그것은 또한 별도의 기회에 검토하기로 한다.

본 서는 반드시 대승불교의 실천의 문제를 망라적으로 취급하고 있지는 않다. 예를 들면 선관과 관련하여 대승경전에서 삼매 samādhi가 크게 전개하지만, 본 권에서는 다룰 수 없었다. 삼매에 의한 경지의 심화라는 관점은 단계적으로 보살의 계위가 올라간다는 사상을 낳게 되었다. 『십지경』 등을 출발점으로 하여, 그 계위는 점차 복잡해지고, 특히 중국에서는 41위, 52위 등의 계위가 일반화되었다. 그 성취를 위해서는 3아승지겁과 같은 장구한 시간이 필요하게 되어, 현실감을 잃어버리게 되었다. 그것이 역으로 선종의 '돈頓'이나 일본밀교의 '즉신성불'의 사상을 발전시켰다고 생각된다. 또한 『금광명경』 등에 보이는 사천왕신앙과 호국론도 동아시아 국가와 불교의 관계를 생각할 때에 극히 중요한 실천의 문제이지만, 이번에는 다룰 수 없었다. 불교는 세속을 초월하는 것을 말하지만, 실제로는 세속과 무관계일 수는 없다. 동아시아에서 불교는 국가권력과 밀접한 관계를 유지하면서 발전한다. 그것에 의해 불교는 큰 세력을 가지게 되지만, 역으로 잃은 것도 많다. 이것도 차후에 견실한 연구가 필요한 주제이다.

한편 『법화경』 『화엄경』이나 정토경전에 설해진 실천에 대해서는 본 시리즈의 제4권, 제5권에서 논할 것이다. 또한 유식이나 여래장의 이론은 본래 실천과 극히 밀접하게 관계하면서 전개된다. 이것 또한 각각 관련되는 권을 보기 바란다.

2011년 10월

스에키 후미히코

목차

머리말 _ iii

제1장 대승불교의 실천 스에키 후미히코
   1. 대승불교의 문제 범위 _ 3
   2. 실천에 대한 관점 _ 9
   3. 불교의 사회참여 _ 18
   4. 성전의 재해석 _ 25

제2장 계율과 교단 이자랑
   1. 인도불교사의 해명에서 '율장'의 역할 _ 33
   2. 부파교단의 특징 _ 36
   3. 대승과 부파교단의 공동거주 _ 45
   4. 부파교단에서 대승의 위치 _ 49

제3장 신앙과 의식 하카마야 노리아키
   1. 문제의 설정 _ 61
   2. 신앙의 실천 _ 66
   3. 의식의 실천 _ 72
   4. 문제의 전개 _ 78

제4장 대승불교의 선정실천 야마베 노부요시
   1. 서언 _ 93
   2. 관불 _ 96
   3. 『좌선삼매경』 _ 101

    4. 『5문선경요용법』_ 105
    5. 『달마다라선경』_ 107
    6. 『범문유가서』_ 109
    7. 『관불삼매해경』_ 112
    8. 토욕의 선관굴 _ 113
    9. 결언 _ 118

제5장 불탑에서 불상으로 시마다 아키라

    1. 머리말 _ 125
    2. 불탑숭배의 기원과 전개(기원전 4세기-기원후 1세기) _ 126
    3. 불상의 창시와 수용(기원후 1-3세기) _ 134
    4. 불상의 발전(기원후 4-7세기) _ 144
    5. 불탑의 변용 _ 149
    6. 맺음말 _ 155

제6장 보살과 보살신앙 가츠모토 가렌

    1. 머리말 _ 167
    2. 보살의 선행연구와 팔리 자료 _ 168
    3. 소부경전에 설해진 보살 _ 174
    4. 4부 경전에 설해지는 보살 _ 180
    5. 『논사』의 보살론 _ 183
    6. 연등불 수기 설화와 결의·수기·바라밀 _ 186
    7. 팔리 주석문헌의 보살 _ 190
    8. 맺음말_보살사상의 전개를 고려하여 _ 195

제7장 대승계
―인도에서 중국으로 후나야마 도루

1. 머리말 _ 207
2. 중국에서 보살계의 시작 _ 209
3. 인도의 대승계 _ 215
4. 중국의 새로운 전개 _ 225
5. 결론을 대신하여―보살계를 둘러싼 새로운 문제 _ 234

 제8장 중국 선사상의 전개
―「평상무사」와 「깨달음」 츠치야 다이스케

1. 머리말 _ 245
2. 하택신회와 '돈오'의 사상 _ 247
3. 마조의 '작용즉성 作用卽性'설과 '평상무사 平常無事'의 사상 _ 252
4. 송초의 선종과 '평실'의 사상 _ 257
5. 진정극문의 '무사선 비판' _ 261
6. 대혜종고의 '깨달음' _ 266
7. 소결 _ 270

색인 _ 275

제1장

대승불교의 실천

스에키 후미히코

1.
대승불교의 문제 범위

1) 대승불교의 규정과 본 시리즈의 입장

'시리즈 대승불교'는 춘추사에서 1981-85년에 간행된 '강좌·대승불교' 전10권을 계승하여 간행된다. '대승불교'란 무엇인가. 그것은 본 시리즈 제1권의 주제이지만, 본래 '대승불교'의 정의 자체가 극히 어려운 것이다. 사이토 아키라 齊藤明는 "대승불교란 한마디로 말하면 대승경전을 불설로 수용하는 불교이다"[1]라고 정의한다. 명쾌한 정의이지만, '대승경전' 그 자체가 대승불교의 일부이고, 그것이 어떻게 정의되는지가 명확하지 않으면 정의로서 불충분할 것이다. 이에 비해 "대승은 성문승(불제자의 승차수단)과 비교한 자칭이고, 불승 또는 보살승을 가리킨다"[2]라는 표현은 명확하다. 대승이란 결국 대승을 자칭하는 경우에 성립한다는 것은 적어도 대승의 핵심을 확정하는 데 중요한 포인트가 될 것이다.

하지만 실제로는 그와 같은 정의로 외연이 명확히 규정되는 것이 아니라, 대승을 자칭하지 않아도 대승불교 안에 포함되는 것도 많다. 대승을 자칭하는 중심적인 대승불교에 대해 그 주변이 막연한 어떤 범위가 대승불교로 간주된다. 그 때문에 시모다 마사히로 下田正弘가 언급하는 바와 같이 대승이라는 것은 "일의적으로 외연과 내포가 결정하는 명사는 아니다"[3]는 것이고, "실제로는 그것을 간혹 다루는 불교인이나 연구자의 함께 내용 자체가 변용되며, 그 과정에는 중요한 의미가 있다"[4]고 생각된다.

또한 시모다는 유럽과 미국, 그리고 일본의 연구자 사이에서 대승불교를 둘러싼 태도의 차이가 있다는 것을 지적하고 있다. 즉, "인도에서 연유된 대승불교의 토대 위에 교단을 성립시켰다는 의식을 가진 일본의 불교인들에게 대승은 실체이고, 단순히 여러 현상의 집합으로는 용인되지 않는 일본에 고유한 학문적·문화적 풍토가 있다"[5]는 것이다.

이런 지적은 중요하다. 확실히 연구 성과만을 보면, 일본의 대승불교에 관한 첨단적인 연구는 세계적으로 통용되는 것이고, 세계의 연구와 동등한 입장에 서 있는 것으로 보인다. 그러나 일본이 대승불교를 다루는 방식에는 일본의 독특한 점이 있고, 그곳에는 일본의 전통적인 불교교단과 연구시스템의 방식이 깊게 관계하고 있다.

본래 대승불교라는 구분방식에 따라 이와 비대승불교 간에 불교를 둘로 나누고, 대승불교만을 문제시하는 시리즈가 성립한다는 것 자체가 그다지 자명한 것은 아니다. 현존하는 불교의 계통을 팔리어 성전에 근거한 상좌부계, 티벳어 성전에 근거한 티벳계, 한문성전에 근거한 동아시아계의 세 계통으로 나누자면, 대승불교는 뒤의 두 계통에 관계한다. 그러나 세 계통 가운데 두 전통만을 포함하고, 한 가지를 제외하는 개념규정을 고집하는 결정적인 이유는 생각할 수 없다. 하물며 시모다가 지적하는 바와 같이[6] 오늘날 대승개념 그 자체가 애매하고, 비대승과의 경계선을 엄밀히 그을 수 없다고 한다면, 대승불교를 특화해서 문제시하는 것은 거의 불가능할 것이다.

그럼에도 불구하고 대승불교를 문제시하는 것은 아마도 일본의 독자적인 사정에 의한 점이 있다. 그때 이전의 '강좌·대승불교'나 이번의 '시리즈 대승불교'에도 '대승불교'를 문제시하면서, 거기서는 대승불교의 전체가 공정하게 취급되지 않았다는 것을 지적해둔다. 첫째, 그것은 교리사상이 중심이다. 특히 '강좌·대승불교'에서는 제1권이 『대승불교란 무엇인가』, 제10권이 『대승불교의 아시아』로 된 것 이외에 제2권에서 제8권까지는 반야사상·화엄사상·법화사상·정토사상·여래장사상·중관사상·유식사상으로 어느 것이나 '사상'이 덧붙여져 있고, 제9권 『인식론과 논리학』도 당연히 철학사상적인 주제이기 때문에, 대승불교를 사상이라는 관점에서 취급하고 있는 것이 명백하다. 이번 시리즈는 그 정도로 명확하게 '사상'을 표면적으로 드러낸 것은 아니지만, 역시 교리사상이 핵심을 차지하고 있다.

둘째, 그것과 관련하여 이전의 강좌나 이번의 시리즈도 티벳이나 동아시아의 생생한 대승불교의 실제를 전하는 것을 목적으로 삼지 않는다. 중심은 인도의 대승불교이고, 그것에 관한 형성기에서 쇠퇴에 이르기까지 상당히 상세하게 취급한다. 그러나 티벳이나 동아시아에 관해서는 교리사상에 관해서 반드시 망라하고 있는 것은 아니다. 어디까지나 인도대승불교와 관계하는 한에서 그 전개를 취급한다.

셋째, 초기불교나 팔리계통의 상좌부불교에 관해서 (대승불교 관계 이외는) 제외함과 동시에 밀교에 관해서도 원칙적으로 제외하고 있다. 본 시리즈도 마지막 권에서 대승불교의 전개를 다소 취급하는 것에 그쳤다. 사실 티벳불교나 동아시아, 특히 일본불교에 관해서도 밀교가 깊이 관련되어 있어, 대승불교를 밀교와 구별하여 다룰 수 있을지 어떨지 의문이다. 인도에서도 대승불교의 후기에는 그와 같은 상황이 되어 있다. 그런 것을 인지한 후에, 일부러 대승불교를 한정적으로 구별하는 방법을 취하고 있다.

이와 같이 이 시리즈는 대승불교를 주제로 하여 그곳에 어떤 편향이 있는 것을 먼저 인정하면서 성립된다. 그것은 현재 일본 불교학의 가장 중심적인 연구를 체계화하여 제시하고자 하는 것으로, 이와 같은 형태가 훨씬 적합하기 때문이다. 그것은 아마도 일본 불교학의 특수성에 의한 것이다. 그런 점은 다음에 생각해보자.[7]

2) 일본의 불교연구와 유럽·미국의 새로운 동향

　　근대의 일본 불교학은 처음부터 인도연구와 밀접히 결합되어 발전했다. 일본의 중심적인 연구자는 거의 유럽에 유학하여 인도학을 배우고 귀국한 후, 그러한 기초를 토대로 일본의 불교학을 확립했다. 그 전통은 지금도 살아 있다. 구·제국대학을 비롯한 주요한 국립대학에는 인도철학 강좌가 개설되어 있고, 불교학은 그 가운데 연구되고 교육되어온 경우가 허다하다. 일본 불교학의 최대 학회인 일본인도학불교학회는 인도학과 불교학을 서로 결합하는 점에서 성립한다.

　　그때 인도학의 특징은 산스크리트학을 기초로 하여 인도 고전문헌학이라는 스타일을 취하는 점에 있다. 그것은 그리스·라틴의 서양 고전학을 모델로 하여, 그것을 응용하는 것으로 인도 고전의 텍스트연구를 중심으로 둔다. 일본에 도입된 불교연구는 기본적으로 이런 흐름을 주류로 하여, 지금까지 세계적으로 큰 성과를 올려왔다.

　　또한 이와 같은 첨단적인 불교연구는 불교계 대학에서도 진행되고 있지만, 그때에 주목되는 것은 그것이 이른바 각 종파의 '종학'과 세트가 되어 있는 점이다. 종학은 각 종파의 종조의 교학을 연구하는 학문으로 기독교의 신학에도 비견되고, 승려교육의 중추가 되고 있다. 불교학은 그에 비해 그 원류를 인도에서 찾는 형태로 종학을 보완하는 역할을 가지고 있다. 국립대학의 불교학은 일견 그와 같은 종립대학의 연구와 관계없는 것으로 보이지만, 실제로는 그 경우도 사원관계자가 연구에 종사하는 경우가 많아서 일본의 불교학이 전체로서 종학과 세트가 되어 있다고 보인다.

이와 같은 일본의 불교학이 놓인 위치의 특수성이 그 연구의 특징과 결부된다. 즉, 그 목적은 일본 종파의 종조 중심의 교학이 인도 대승경전이나 불교이론의 바른 계승과 발전이라는 것을 확인하는 데 있다고 생각된다. 따라서 불교학의 중심은 인도 대승경전에 있고, 그것도 가치판단에는 그다지 깊이 관여하지 않고 가능한 한 문헌연구에 한정하면서, 그 사상을 정교하게 종조와 결부하게 되었다. 종조 비판과 결부하는 것은 신중히 피해졌다.

그러한 연구가 교리사상 중심인 것은 불교학과 종학의 세트가 종파의 교학적 정통성을 증명하고 선양하는 것에 있기 때문에, 그 틀 내에 포함되었기 때문이기도 하고, 살아 있는 불교에 대한 관심이 희박한 것도 같은 이유에 의한 것이다. 또한 밀교를 제외하는 경향은 불교의 근대화 중에 밀교가 미신적 주술로서 비판의 대상이 되었기 때문이다.

이와 같은 일본의 대승불교연구는 같은 대승불교라도 티벳불교의 기반에 선 유럽과 미국의 대승불교관의 경우와는 크게 다르다. 예를 들면 대승불교의 개론으로서 저명한 폴 윌리엄스의 『대승불교』(1989)는 티벳계와 동아시아계의 양쪽의 대승불교를 체계화하여 소개하면서도, 신란의 사상에 관해서 "신란의 체계는 너무 좋다. 그러나 그것은 불교일까"[8]라고 의문을 제기하고 있다. 윌리엄스에게 정토가 깨달음을 구해서 가는 장소가 아니라, 사후 곧바로 깨달음에 이른다고 하는 것과 같은 일본 정토교의 사고방식은 도저히 정통적인 대승불교로서 인정하기 어려운 점이었다. 이것은 신란이야말로 대승불교의 정수라고 생각하는 일본 정토진종의 종학과 불교학의 입장에서 보자면 경악할 만한 일이다.

다만 오늘날 이와 같은 일본의 불교학의 동향은 크게 흔들리고 있다. 첫째는 일본 사회의 변화에 따라 불교계 전체가 흔들리고, 종래와 같은 불교학과 종학체제가 그대로는 유효성이 의문시되고 있는 상황이다. 그와 동시에 일본이 본보기로 삼아온 유럽과 미국의 불교연구가 자기반성을 진행해가고 있는 상황과 관계된다.

특히 유럽과 미국의 근대불교학에 대한 반성은 미국에서 현저하다. 사이드에 의해 제시된 오리엔탈리즘 비판은 근대주의나 식민지주의에 대한 비판과 함께 종래의 아시아 연구를 크게 변화시켜, 탈구축을 진행하게 되었다. 종래의 불교연구의 방법론에 대한 비판적인 재검토는 도날드·로페즈, 베르나르·포르, 로버트·샤프 등에 의해 극단적으로 전개되었다. 특히 1995년에 로페즈의 편집으로 간행된 『붓다의 큐레이터들』[9]은 "불교연구에 대한 사이드의 비판이 가지는 중요성의 검증은 『오리엔탈리즘』의 간행 후, 15년이 지났는데도 아직 이루어지지 않았다"[10]라는 문제의식하에 '식민지주의하의 불교연구'라는 부제대로 식민지시대에 형성된 불교학의 재검토에 착수했다. 거기서는 스즈키 다이세츠, 드페 투찌 등 과거의 대승불교학자를 도마에 올려 비판하면서 큰 충격을 주었다.

또한 로페즈가 편집한 『불교연구를 위한 비판적 용어집』(2005)[11]은 이와 같은 비판적인 불교연구의 성과의 한 가지 정리임과 동시에 앞으로 근거로 삼아야 할 기준을 분명히 하고 있다. 이 책은 불교 특유의 술어가 아니라, 미술·죽음·경제·증여·역사·제도 등, 일반적인 용어를 가지고, 상식화된 불교관을 비판하고 있다. 그 불교관이란 '불교는 윤리적으로 비폭력적이다'고 하는 것과 같은 이상화된 불교관이다.[12]

로페즈 등은 우아한 것으로 장식된 이념으로서의 불교관을 비판하여, 불교의 실태를 꿰뚫은 연구를 제창하고 있다.

이와 같은 종래의 불교관에 대한 비판은 포르 등에도 보이고,[13] 또한 완전히 다른 입장에서 브라이언 빅토리아에 의한 선禪수행자의 전쟁협력에 대한 비판[14]도 전 세계에 큰 충격을 주었다. 또한 일본에서 시작된 비판불교(뒤에서 언급)도 그와 같은 흐름 가운데서 볼 수가 있다.

이와 같이 유럽과 미국의 불교연구는 크게 변하고 있고, 종래의 불교관이나 방법론에 선 연구를 그대로 유지하는 것은 곤란하게 되고 있는 상황이다. 그것은 일본의 불교학에도 반영되어, 일본의 불교연구도 전면적으로 재검토가 필요하게 되었다. 또한 본 시리즈도 그와 같은 반성 위에 서 있지만 그렇다고 하여 비판을 위한 비판으로 끝나는 것이 아니라, 그것을 새로운 성과로 연결시키려고 한다. 시모다 마사히로에 의한 '외부에서 분석적으로 고찰하는 기술적 태도'와 '전통내재적인 해석학적 태도'의 상보적인 활용[15]이라는 것도 한 가지 중요한 제안이라고 할 수 있다.

또한 이하의 본 장도 이러한 비판적인 연구를 활용하여, 종래의 불교에 관한 상식을 재검토하면서, 어떠한 새로운 불교의 실천관을 제시할 수 있을지를 생각해 보고자 한다.

2.
실천에 대한 관점

1) '실천'의 다의성

상기의 『불교연구를 위한 비판적 용어집』에서 '실천' practice의 항목을 담당하고 있는 것은 도겐의 연구자로서 알려진 칼 빌헬트이다. 빌헬트는 '실천'이라는 것에 네 가지 의미가 있다고 한다.[16] 이하에서 빌헬트의 논의를 부연해가면서, 실천의 종류를 살펴보자.

첫째는 불교도라는 의미로 규정된 가르침을 믿고, 규정된 활동을 하는 것이다. 이것은 가장 넓은 의미의 실천이다. 구체적으로는 계·정·혜 삼학의 실천 등에 해당되고, 출가자와 재가자로 그 내용은 다르다. 유럽과 미국에서는 불교도라는 것은 명상의 실천자라는 의미가 되는 경우도 많다. 일본에서는 승려는 직업적으로 세습되는 경우가 많고, 득도의식이나 규정된 수행을 통해서 불교인으로서의 자각을 하지만, 일반재가자의 경우 그 정도로 엄격한 불교도의 규정이나 자각은 없는 것이 보통이다.

두 번째 의미는 이론에 대한 실천이라는 의미이다. 경전 등에 규정된 불교의 실천은 '불교인은 무엇을 하는가'보다도 '불교인은 무엇을 해야 하는가'를 정하고 있고, 넓은 의미로는 교리적 성격을 가지고 있다. 또한 그 의미로는 실천도 실천론으로서 이론의 일부에 속하게 된다. 그러나 한편 불교의 경우는 이론이 그 자체로 자립하는 것은 아니다. 즉, 이론을 위한 이론은 아니다. 어디까지나 어떻게 괴로움으로부터 벗어나 깨달음에 도달할 수 있는가라는 구제론적 목적을 가지고 있다. 그와 같이 생각한다면 역으로 이론을 실천의 일부로 보는 것도 가능하다. 이와 같이 불교의 이론과 실천은 서로 포함하는 관계가 되고 있다. 이런 점에서 이론과 실천이 확연히 구별되는 것은 아니다.

세 번째 의미는 숙달이라는 의미로 실천이다. 즉, 어떤 기술을 습득하기 위한 연습과 같은 경우이다. 종교의 경우에는 구제론적인 목적을 달성하기 위한 원인·수단으로서 수행이라는 것이 가능하다. 불교적으로 말하면, '도道' mārga라는 것이다. 불전에는 다양한 '도'가 설해져 있지만, 그것들의 모순은 교판에 의해 해소된다. 구극의 입장과 그것에 도달하는 다양한 실천은 제일의 paramārtha와 세속 saṃvṛti에 의해 설명된다.

그러나 양자가 완전히 떨어져 있다고 생각할 수 없다. 양자의 분리를 인정하지 않을 때, 새로운 발상법이 필요하게 된다. 그것이 동아시아에서 발전하는 '돈頓'의 구제론이다. 그것은 '실천하는 사람이 어떠한 형태로 이미 도의 최종 목표에 도달했다고 생각하는 것과 같은 종교적 삶에 대한 접근'[17]을 의미한다. 빌헬트에 따르면, 그것에는 '개신교형'과 '가톨릭형'의 두 가지가 있다고 한다.[18] 전자는 비훈련자가 그대로 붓다라는 원칙을 관철시키는 것으로, 거기서는 목적을 달성하기 위한 수행은 완전히 부정된다. 선禪이나 정토교의 경우이다. 그에 비해 후자는 붓다를 '실천에서 해방된 것이 아니라, 완성된 실천인'으로서 본다. 거기서는 '의례적 실천인 신·구·의의 수련에 의해 붓다의 신비와 하나가 된다'는 것이 요구된다. 그 때문에 어떤 의미로는 수행적인 실천이 부활하게 된다. 그것은 구체적으로는 밀교의 경우이다. 이와 같이 동아시아의 '돈頓'의 발상이 들어갈 때, 수행으로서의 실천이라는 발상은 크게 변하게 된다.

'실천'의 네 번째 의미는 '원리'에 대한 '실천'이고, '표면적인 이상에 대해 실제로 무엇을 하는가라는 현실의 행동이다'.[19] 그것은 이상에 대한 실제라고 해야만 할 것이다. 상술한 바와 같이 지금까지 불교연구는 경전이나 논서에 근거해서 '바람직한 본래적 불교'를 가능한 한 이상적인 형태로 그려내야 하는 것이 그 과제이고, 그에 비해 현실의 불교는 '바람직한 본래적 불교'의 타락한 형태이며, 연구할 만한 가치가 없다고 생각해왔다. 그것이 최근 급속하게 연구과제로서 부상하고 있다. 시모다가 지적하는 바와 같이 '전통내재적인 해석학적 태도'에 대한 '외부에서 분석적으로 고찰하는 기술적 태도'의 발흥이다. 빌헬트는 '불교연구에서 최근의 전환'이 '내가 거칠게 신학적인 접근으로 부르는 것에서 불교의 사회적·문화적 실천에 대한 관심이라는 방향으로' 향하는 것으로서 그것은 '시간초월적인 규범에서 시간적인 현실로 표현할 뿐만 아니라, 엘리트의 표상에서 대중의 표현으로'라는 종교에 대해 보는 방식이 전체적으로 변경된 것에 근거하고 있다.[20] 인도대승불교에 관해서 말하자면, 히라카와 아키라에 의해 제시된 재가기원설[21]은 종래의 교리사상의 전개가 아니라 실제로 그것을 짊어진 사회적 집단에 관심을 옮기는 것으로, 추상적인 이념에서 현실의 역사로 표현되는 흐름을 먼저 취하는 것이었다. 그런 점에서 최근 불교연구자에게 큰 충격을 준 쇼펜도 실은 동일한 흐름 가운데 서 있는 것이다. 쇼펜은 율장의 기술에 비문 등의 역사사료를 더하는 것으로, 이른바 대승불교 시대의 인도 승원생활의 실태에 대한 해명을 목표로 삼았다. 쇼펜에 따르면, 실제의 인도의 승원은 이상화된 수행만의 생활이 아니라, 승려는 사유재산을 가지고 경제적 활동을 행하지 않는다. 거기서는 다양한 노동이 행해졌다. 예를 들면 '노동자의 감독을 한다든지, 쓸거나 닦거나, 건축이나 유지의 일을 하기도 하고', '금속세공이나 피혁세공이나 이발 등의 다양한 기술에 종사했다'. 또한 '환자를 간호하는 승려들이나 약국이나, 재가 선남선녀의 신자들이 임종하는 것을 지켜주는 승려들이나 장례를 주관하는 승려들'도 있었다.[22] 이와 같이 승원은 다양한 세속적인 활동을 포함하는 집합체로서 생각된다.

2) 실천에 대한 새로운 관점

이와 같이 교리사상에 한정되지 않고, 보다 넓은 시야에서 불교를 새로 보려고 하는 시도는 일본에서도 시작되었다. 먼저 완결한『신아시아불교사』[23]는 편집위원을 대표해서 나라 야스아키 奈良康明가 말하는 바와 같이 '종래에 불교연구라고 하면 교리, 사상을 주요한 내용으로 삼은' 것에 비해, '폭넓게 관련 학문 분야의 새로운 연구업적을 근거로 하여, 사람들의 사회생활 가운데 지지되고, 전승되어온 불교의 역사를 사상과 문화를 통합하는 면에서 넓게 보아, 현대의 새로운 불교사에 대한 구축을 목표로 한다'[24]는 것이었다.

나라는 이와 같은 입장에서 '불교문화학'을 제창하고 있지만,[25] 그에 대해 필자가 다소 비판을 가했고,[26] 나라에 의해 답변이 있었다.[27] 필자의 비판의 논점은 나라가 적절하게 정리하고 있는 바와 같이, '1. 불교문화학이라는 불교학의 상위개념으로서 학문을 설정할 필요는 없다. 2. 불교의 본질은 '깨달음에 관련된 신앙'이라고 말할 수 없다'[28]는 두 가지 점이다. 전자에 관해 말하면, 나라도 엄밀하게 독립한 학문으로서 '불교문화학'을 제창하고 있는 것은 아니기 때문에 반드시 큰 논점이 되는 것은 아니다. 후자에 관해 말하면, 필자도 결코 다양한 현상을 그대로 기술해도 좋다고 생각하는 것이 아니라, '바람직한 불교'의 모습에 대한 탐구를 중요하다고 생각한다. 그 때문에 나라와 다른 점은 그 정도로 큰 것은 아니고, 오히려 기본적으로는 일치하며, 나라가 이런 입장을 빠른 시기부터 주장하고 실천해온 것에 경의를 표하고 싶다. 다만 내가 주장하고 싶은 것은 '바람직한 불교'의 모습을 종래의 해석에 의존해서 그대로 무비판적으로 계승하는 것이 아니라, 불교가 실제로 수행해온 것을 반성해가면서, 바람직한 형태도 새롭게 창조해가는 것이 필요한 것은 아닌가라는 것이다. 그것에 대해서는 나중에 조금 더 생각하기로 하자.

그런데 나라와 논쟁의 과정에서 내가 언급한 것이 베르나르 포르의 『불교의 가면을 벗긴다』(2009)²⁹였다. 포르는 로페즈 등보다도 더욱 강하게 불교의 '바람직한' 이상주의를 비판하고, 불교의 탈구축을 꾀하고 있다. 포르의 방법은 지금까지 '불교는 이러이러하다'는 본질적 규정에 의해 파악된 것으로 생각되었지만, 그와 같은 본질적 규정이 성립하는가라고 묻고, 그것을 하나하나 비판해가는 순서를 취하고 있다. 즉, '불교란 무엇인가'라는 규정의 탐구에 대해 '불교란 무엇이 아닌가'라고 부정해가는 작업을 다양한 관점에서 행하고 있다.

예를 들면 '모든 불교도는 깨달음에 도달하는 것을 추구하고 있다' '불교는 모든 것의 무상無常을 가르친다' '불교는 자아의 존재를 부정한다' '불교는 무신론적 종교이다' '불교는 관용적인 종교이다' '불교는 자비를 가르친다' '불교는 평화적인 종교이다' '불교는 우리들이 모두 평등하다는 것을 인정한다' '불교는 과학과 잘 어울린다' '불교는 보편주의적 종교이다' 등등.

어느 것이나 어디선가 직접 본 듯한 불교의 슬로건이다. 하지만 정말 그럴까라고 포르는 묻는다. '불교는 평화적인 종교다'라고 말하지만, 불교는 전쟁에 가담하지 않았는가. 스리랑카에서는 다수파의 불교도가 소수파의 타밀인을 무력으로 억압하고 있는 것은 아닌가. 일본의 불교인은 적극적으로 전쟁에 가담하지 않았는가. 표면적으로 아름다운 것과 실상은 너무 다르지 않는가.³⁰ 실제 쪽이 나쁜 것이다. 실제의 불교는 높은 이상을 내세운 것이라고 말할지도 모른다. 하지만 그렇게 딱 잘라 말할 수 있을까. 실천을 동반하지 않는 이상은 완전 무력하다. 그러기는커녕 실제적인 상황이 안 좋은 점을 완전히 포장하는 방식으로 사용될지도 모른다.

포르의 과격할 정도의 비판은 '불교가 서양의 악에 대한 만병통치약이 되어 있다'[31]라는 오늘날 유럽과 미국의 상황을 고발한다는 의도에 의한 것이다. 포르는 그와 같은 불교를 '아시아에서 어느 정도의 곤란을 동반하면서도 전통적으로 유지해온 불교의 다양한 형태와 구별되는, 이런 이상화된 순수하게 '정신적인' 형태를 '신불교'로 부른다'[32]고 규정하고 있다. 더욱이 이와 같은 근대적인 '신불교'는 유럽과 미국의 틀 안에서 그치지 않고, '근대주의에 대한 운동은 아시아의 불교도에게도 영향을 미치고 있다'[33]는 것이고, 그런 의미로 아시아의 불교도 신불교화를 면할 수 없다.

포르의 비판에 대해서는 실로 시모다가 지적하는 '외부에서 분석적으로 고찰하는 기술적 태도'의 전형으로 말할 수가 있다. 그에 따르면, 불교의 현상을 추인하는 것으로 끝나고, 불교를 근거로 해서 새로운 가치의 창조는 불가능하게 될 위험성도 있다. 그것에 대해서는 다음에 사회참여불교에 대서서 검토하는 중에 생각하기로 하자. 여기서는 포르의 연구는 반드시 비판뿐만 아니라 불교에 새로운 시점을 도입하여, 종래에 무시되어온 다양한 요소에 빛을 비춰 불교의 풍부한 내용을 추출해왔다는 점을 지적해두고 싶다.[34] 그 적극적인 성과의 한 가지로서 종래에 부정적으로 밖에 보이지 않았던 의례적 요소가 중요한 의미를 가지고 있다는 것을 명확히 한 것을 들 수 있다.

의례에 관해서는 『불교연구를 위한 비판적 용어집』에서 로버트 샤프가 담당하고 있다. 샤프는 포르 등과 함께 탈구축적 불교연구를 선두에서 진행해온 한 사람이다. 주술적인 의례는 근대주의적인 불교이해에서 부정적으로 보였기 때문에, 막스 웨버가 주장한 '주술로부터의 해방'이 근대화의 지표가 되어 왔다. 그에 비해 최근의 연구는 주술적인 의례와 종교가 그 정도로 명확하게 구분되지 않는 것을 분명히 하고, 의례의 중요성을 인식하게 되었다.

샤프는 최근의 다양한 의례연구를 소개하고 있지만, 의례를 어떻게 정의할지는 어려운 점이 있기에 여기서는 생략한다. 다만, 구체적인 예로서 가톨릭의 미사에서 '성체배령의 성스러운 떡은 상징적인 것이 아니라, 실질적으로 그리스도의 육신을 대신한다'[35]라는 이해에 서 있는 것으로부터, 의례이해의 기본적인 방향은 알 수 있을 것이다. '의례에 의해 지팡이가 말이고, 성스러운 떡은 심적인 육신이며, 석상은 신과 같다는 세계가 재발견된다'[36]는 것이다. 즉, 의례에 무리한 의미부여를 한다거나, 합리적인 해석으로 왜곡하는 것 없이, 그대로 솔직하게 받아들이려고 한다.

그와 같은 관점에서 불교의 의례를 보는 경우, 가장 전형적으로는 밀교의례를 들 수 있을 것이다. 거기서는 '불佛(신神)상은 붓다(신)의 표상으로서가 아니라, 그런 생명 있는 신체적인 구현화로서 보인다'[37]는 것이다. 이와 같은 의례에서는 불교 및 힌두교가 크게 다른 점은 없고, 그 원류는 베다에서 찾을 수 있다. 다만 '대승불교의 의례에서는 실천할 때에 중심이 되는 붓다(신)의 실재는 완전히 동시에 긍정되기도 하고 부정되기도 한다'[38]는 중의적인 구조를 가지고 있다. 예를 들면 밀교의례 가운데서 붓다의 만트라는 자륜관을 통해서 해체되고, '불가득'의 것으로서 해소된다.

또한 샤프는 선禪의 경우를 언급한다. 선은 명상meditation으로 해석되지만, 그것은 '단순히 마음의 상태에 관한 것이 아니라, 실천인의 신체적인 훈련, 행동, 거동의 모든 면이 상세하게 규정되어 있는 것과 같은 극히 형식화된 수속을 포함한다'[39]는 것이다. 선을 의례라고 하면 위화감이 있을지 모르지만, 실제 선원의 일상을 보면, 실로 사소한 의례의 집적으로 구성되어 있다고 말해도 틀리다고 할 수 없다.

어쩌면 본래 '아시아의 불교에는 유럽과 미국의 의례와 명상의 구별에 딱 들어맞는 것은 없다'[40]는 것이다. 명상과 의례를 둘로 나누는 것 자체가 무리이다.

또한 선의 깨달음도 단지 사건이라고밖에 말할 수 없다. 또한 그것도 선원의 시스템 중에서 스승에 의한 인가 등 극히 의례적인 요소를 가지고 있다. 선의 스승은 육신을 가진 붓다로 간주되고, 의례에서 중추적인 역할을 다한다. 선승의 초상화나 조각상은 육신과 동일시된다.[41]

이와 같은 선 가운데 의례적인 요소에 대한 지적은 최근 유럽과 미국의 불교연구의 큰 성과 중 하나이고, 포르, 샤프, 포크 등의 연구자에 의해 선도되었다. 그 근저에는 일찍이 스즈키 다이세츠 등에 의해 정착한 순수 선禪의 이미지에 대한 안티테제라는 면이 강하다.[42] 그러나 그런 점만 보면, 아무래도 비판을 위한 비판과 같이 보여, 선의 실천자를 중심으로 거부감이 강했다. 그러나 실제의 선은 순수 선보다도 더욱 다면적으로 풍부한 내용을 가지는 것이고, 순수 선은 그중의 한 면을 강조한 것밖에 없다. 의례적인 요소를 포함한 선의 총체를 회복시키는 의미를 가지는 것이다. 던컨 윌리엄스가 지적하는 바와 같이, 선은 실로 장례불교를 가장 발전시킨 종파였지만,[43] 그것은 결코 우연이 아니라 선의 총체성 가운데서 이해되는 것이다.

이상과 같이 오늘날의 연구는 불교를 교리로 한정하거나 명상의 심적인 세계만으로 한정하는 것이 아니다. 그것은 다양한 의례나 승원의 생활을 포함한 실천의 총체로서 이해하려고 하는 방향으로 진행되고 있고, 기본적으로 적절하다고 생각된다. 본래 보살이 자리自利와 함께 이타利他를 추구하는 것이라면, 자신의 명상에만 몰두하는 것은 불가능할 것으로, 그 극한에는 자신의 깨달음을 추구하지 않는 '대비천제大悲闡提'적인 발상도 있을 수 있다. 그렇다면, 불교를 '깨달음을 추구하는 종교'로 간단히 단정 지을 수는 없고, 부수적이든지 방편적으로 보이는 것을 포함하여 한 번 더 전체로서 재인식하는 작업이 행해져야 된다.

물론 그것은 불교를 뭐든 어떤 무책임한 다원주의로 해소하려는 것은 아니다. 거꾸로 새로운 방향설정을 위해 불교를 재편해가는 작업이 필요하게 된다. 그것은 구체적으로 어떠한 길을 거치면 좋을까. 그것은 학문적 연구의 범위를 넘어, 실천 그 자체가 되어버릴까. 그러나 그와 같이 연구와 실천을 둘로 나누는 것 그것이야말로 안이한 이항적인 대립주의가 아닐까. 다음으로 현대의 실천적 문제에 관계된 불교연구의 자세로서 사회참여불교에 대해 살펴보기로 하자.

3.
불교의 사회참여

불교의 사회적 실천이 큰 문제가 되는 것은 비교적 최근의 일이고, '사회참여불교'라는 호칭으로 총칭된다.[44] 사회참여불교라는 것은 (Socially) Engaged Buddhism의 역어이고, '사회를 만드는 불교 阿滿利麿', '행동하는 불교 上田紀行', '사회행동불교 西川潤他' 등, 다양한 역어가 있지만,[45] '사회참여불교'(란자나 무코파디아야)라는 표현이 오늘날 일반화되고 있다.[46]

Engaged Buddhism이라는 말은 베트남의 승려 틱낫한에 의해 1963년에 최초로 쓰였다. 베트남 전쟁에 대해 불교 승려가 반전운동을 전개하여 소신자살까지 한 것은 유명하지만, 틱낫한은 그와 같이 적극적으로 사회적인 활동을 행하는 불교의 모습을 이와 같이 부르고, '티에프 헨 교단'을 만들어 실천에 임했다. 나중에는 프랑스로 옮겼다.⁴⁷ 그 후 1978년에 창설된 '불교평화단체 Buddhist Peace Fellowship; BPF'도 사회참여불교라는 말을 쓰고 있다. (Socially) Engaged Buddhism은 타이의 시와락이 1988년에 처음 사용한 말로 이듬해 시와락 Sulak Sivarak이 중심이 되어 '불교인국제연대회의 International Network of Engaged Buddhists; INEB'가 창설되었다.

사회참여불교가 연구자에 의해 주목받게 된 것은 1990년에 아메리카종교학회에서 사회참여불교를 주제로 한 패널이 열리게 된 것에 의한다. 그것을 기초로 하여 1996년에 크리스토퍼 퀸과 샐리 킹의 공동편찬으로 논문집 『사회참여불교』⁴⁸가 간행되고, 불교연구자에게 큰 주제로서 주목받게 되었다.

퀸과 킹의 편서로 취급되고 있는 사회참여불교는 다음과 같은 것이다.

> 암베드카르에 의한 인도의 불가촉천민 해방운동, 인도의 TBMSG(담마혁명), 스리랑카의 아르야라트네에 의한 살보다야 슈라마다나 운동, 타이의 붓다다트 비구에 의한 불법공동체의 운동, 타이의 스락 시와락에 의한 사회개혁운동, 달라이라마와 티벳해방운동, 틱낫한의 티에프 헨 교단, 일본의 창가학회.

사회참여불교라는 틀 안에 매우 다양한 운동이 포함되어 있다는 것을 알 수 있을 것이다. 사회참여불교는 스리랑카에서는 '프로테스탄트 불교'로 불리는 경우도 있고, 또한 중국이나 대만의 '인간불교'의 운동에도 가깝다.⁴⁹ '인간불교'는 본래 태허太虛에 의해 제창된 것이지만, 대만불교의 기초를 만든 인순印順에 의해 적극적으로 주장되고, 불교의 사회적인 활동이 활발하게 되었다. 불광산·자제慈濟교단 등은 그 계통을 잇는 것이다.

퀸과 킹의 편서는 '아시아의 불교해방운동'으로 부제가 달려 있지만, 이것은 사회참여불교란 무엇인가를 생각할 때에 중요하다. 편자들은 불교가 본래 '윤리적·명상적·신앙적인 실천에 의한 정신적인 해방'을 목표로 하는 것을 인정한 후에, "해방운동'이란 말은 전통불교의 정신이나 실상과 통상은 결합하지 않는 사회적인 저항이나 반란의 이미지를 불러일으킬지도 모른다'[50]고 해서, 제2차 세계대전 후의 '해방운동'에 두 종류가 있다는 것을 지적한다. 첫째는 '다양한 마이너리티나 사회적으로 억압되어온 집단, 즉 빈곤층, 아프리카계 아메리카인, 히스패닉, 아메리카 선주민, 여성, 게이, 레즈비언 등의 집단적이고 일반적으로는 평화적인 항의'이고, 둘째는 민족·계급투쟁, 테러, 무장투쟁 등의 폭력을 포함한 운동이다. 사회참여불교는 그 첫째의 형태와 결합하는 것이라고 한다.[51] 그것은 기독교 '해방신학'의 불교판이라는 면을 갖는다.

더욱이 이와 같은 사회참여불교의 규정은 유럽과 미국의 극단적인 시민운동을 모델로 한 경우가 있고, 반드시 아시아의 불교의 실상에 딱 들어맞는 것은 아니다. 아시아의 불교의 사회참여는 반드시 모두 정치적·사회적인 프로테스트라는 것이 아니라, 농촌의 개량이나 사회복지 등을 적극적으로 추진하는 활동도 성행하고 있어서 정치면을 강조하는 것은 적당하지 않다. 본래 불교의 중추인 정신적인 활동을 중심으로, 정치·경제적인 문제까지 미치는 종합적인 사회관여의 실천으로 봐야 할 것이다.

샐리·킹은 최근의 책에서 "(사회)참여불교는 어떠한 종파에 속하더라도 타자의 행복에 대한 배려를 동기로 해서 불교의 실천에 대한 표현으로서 불교의 가치관이나 가르침을 비폭력적인 방법으로 사회의 제 문제에 적용하려고 하는 불교도의 의도에 의해 정의되고 통일된다"[52]고 정의하고 있지만, 그 편이 알기 쉽다. 킹은 사회참여불교의 전형으로서 베트남의 틱낫한, 스리랑카의 살보다야 슈라마다나 운동을 들고 있다. 그리고 많은 사회참여불교의 배경에 간디의 영향이 있는 것을 지적하고 있다.

이러한 정의에 '평화적'이든지 '비폭력적'으로 언급되는 것은 주목된다. 그곳에는 분명히 가치평가가 더해지고 있다. 폭력이나 전쟁에 가담하는 것도 일종의 사회참여라고 말할 수 있지만, 사회참여불교의 활동으로부터는 제외된다. 이것은 사회참여불교가 단지 객관적인 연구에 머물지 않고, 연구자 자신이 적극적으로 실천에 관계하는 것과 같은 문제이기 때문이다. 킹은 아시아의 사회참여불교에 관해서 출판한 후, 『서양의 사회참여불교』[53]를 편집간행하고, 유럽과 미국의 불교인의 사회활동을 소개하고 있지만, 그것은 단순히 객관적인 대상연구가 아니라, 스스로 실천하는 입장에 선 것이다.

이와 같이 사회참여불교의 연구는 불교의 실천에 관해 몇 개의 큰 문제를 던지고 있다. 첫째, 그것은 상좌부계의 불교와 대승불교 전체에 걸치는 것으로, 양자를 나누는 것은 실질적으로 의미를 잃는다. 본래 상좌부계의 불교는 사회적인 활동을 중시하지 않았기 때문에, 이와 같은 실천은 새로운 의미를 가지는 것이지만, 그런 점에서는 대승불교도 그 정도로 크게 다르지 않다. 대승불교 쪽이 이타구제라고 하는 것과 같은 우월성은 거의 없다.

둘째, 그것은 아시아의 여러 지역만이 아니라, 유럽과 미국에도 걸쳐 있는 세계적인 운동이 되고 있다. 더욱이 그 때문에 그것에 유럽과 미국의 가치관이 들어가

보편화되는 것으로, 아시아의 제각각의 독자적인 문제가 보이기 어렵게 되어버릴 위험성이 없는 것은 아니다.

셋째, 그것과 관련해서 사회참여불교는 극히 근대적인 현상이다. 근대 이전에는 불교 공통의 이상으로서 제시된 적이 없는 것으로, 완전히 새로운 과제이다. 이전의 불교연구에서 연구대상은 근대이전에 한정되어 있었지만, 지금이나 근대 또는 현대의 불교가 새로운 주제로서 부상해왔다.[54] 유럽과 미국의 불교연구자에게는 근대불교를 전문으로 해서, 인류학적인 조사를 행하는 연구자가 증가해왔다. 문헌연구에 한정되어 있던 불교연구에 새로운 방법론과 지역을 활용하게 되었다.

넷째, 현대에 직결되는 문제인 만큼 상술한 바와 같이 연구와 실천의 관계라는 문제가 생긴다. 근대 이전을 대상으로 하는 것이라면, 연구자와의 거리가 있기 때문에 일단의 객관성을 유지할 수 있지만, 근대연구의 경우는 곧바로 연구자의 자세가 요구된다. 그렇더라도 연구자가 실천에 빠지는 것이 좋은 것은 아니다. 연구와 실천의 문제는 단순히 둘로 나뉘는 것은 아니고, 그렇더라도 곧바로 동일시되는 것도 아니다. 양자의 관계는 유연하게 유동적으로 생각해야 한다.

다섯째, 사회참여불교는 전반적으로 근대주의적인 가치관에 입각해 이상적인 사회의 실현이라는 희망을 가지고 있다. 그러나 이미 언급한 바와 같이 오늘날의 연구는 근대주의적인 이상의 붕괴를 전제로 해서, 표면적으로 아름다움의 이상주의에 대해 비판적인 눈을 가지는 것 같이 되고 있다. 사회참여불교의 연구·실천자에게는 자주 그와 같은 비판을 고려하지 않은 소박한 이상주의를 유지하고 있는 경우가 보인다. 그 점은 반성적으로 재인식하지 않으면 안 된다.

그런데 사회참여불교는 일본에서 어떠한 상태에 있는 것일까. 앞에서 말한 퀸과 킹의 책에서는 창가학회를 언급하고 있다. 무코파디야야의 저서에서는 법음사와 입정교성회를 언급하고 있다. 이들은 불교이지만 전통교단은 아니고, 신종교에 속하기도 하고 그것에 가까운 경우에 위치하는 교단이다. 그에 비해 우에다 노리유키의 경우 전통교단 가운데 있으면서 새로운 방향을 지향하는 불교인을 언급하고 있다.[55] 아시아의 난민구제에 힘쓴 아리마 지츠죠, 절을 예술창조의 장으로 하려고 하는 아키다 미츠히코, 새로운 장례의 방법을 생각하는 다카하시 다쿠시, 자연과 역사를 살리려고 하는 카지다 신쇼, 소설가로서 문필에 관여하면서 사원의 문제를 제기하고 있는 겐유 소큐, 새로운 승단의 확립을 목표로 한 미나미 지키사이 등이다. 오늘날 장례불교의 쇠퇴라는 상황에서 전통불교에 속하는 승려의 사회적인 활동이 새롭게 주목받고 있다.[56]

한편 전통교단의 경우 어디까지 사회참여불교의 틀에 포함시킬 수 있을지 어려운 점이 있다. 아마 도시마로는 기요자와 만시 등도 '사회를 만드는 불교'에 포함시키는데,[57] 메이지 시기까지 거슬러 올라가면 사회적 활동을 전개한 불교인은 아주 많다. 다만 그들은 대다수가 국가주의적인 동향에 흡수되어 전쟁협력에 연결되어 있다. 만약 사회참여불교를 비폭력주의에 한정한다면 그와 같은 불교인은 포함되지 않지만, 그들을 제외하고 일본불교의 사회참여를 논할 수가 있을지 의문이다. 무코파디야야는 '국가화·국가주의화'을 일본의 사회참여불교가 지닌 큰 특징으로 들고 있다.[58] 일본적인 불교의 사회참여불교가 지닌 모습이 문제시될 것이다.

또한 사회참여불교와 관련해서 일본에서 시작한 새로운 불교에 대한 질문으로서 비판불교에 대해 언급하고자 한다. 비판불교는 1985-1986년경에 고마자와 대학의 하카마야 노리아키와 마츠모토 시로에 의해 제기된 것으로, 그들은 종래의 불교학이 객관적인 문헌학 편중에 빠져 있는 것에 의문을 제기하여, '참된 불교' '바른 불교'란 무엇인지를 추구하려고 했다.[59] 그들은 참된 불교는 연기=공의 입장에 선 것으로, 그것에 대해 뭔가 실체적인 원리를 상정하는 것은 모두 본래적인 불교에 반하는 것이라 했다. 특히 그들은 여래장=불성사상을 비판하여, 그 전개인 일본의 본각사상을 비판했다. 이런 것은 여래장=불성사상을 토대로 한 동아시아 불교의 많은 것을 부정하게 되어 지금까지 그것을 무비판적으로 받아들인 불교학자나 불교인에게 충격을 안겨주게 되었다. 그들의 주장은 원래 차별문제와 관련해서 생겨난 것이기 때문에, 사회적 문제에 대해서도 적극적으로 발언했다.

그들의 활동은 일본의 불교연구가 사이비 객관주의에 빠져 있는 것에 대한 날카로운 고발이자, 연구와 실천을 둘러싼 큰 문제제기였지만, 반드시 일본에서는 충분히 논의가 깊어지지 않았다. 비판불교를 크게 다룬 것은 오히려 아메리카에서였다. 1993년에 아메리카 종교학회에서 비판불교의 패널이 조직되고, 또한 1997년에 P. 스완슨과 J. 하바드의 편집으로 비판불교에 관한 다양한 연구자의 논문을 집성한 영문의 논집 『보리수 가지치기 Pruning the Bodhi Tree』가 간행되면서 비판불교의 문제는 국제화가 되었다.[60] 또한 이 문제는 중국에서도 주목받고 있다.[61] 그것은 중국에서도 여래장=불성사상의 시비를 둘러싼 논쟁이 20세기 전반에 큰 문제가 되고, 오늘날 대만불교의 기초를 만든 인순印順은 여래장=불성을 부정하는 흐름에 선다. 그런 점에서 비판불교와 같은 입장을 취하게 된다. 이와 같은 입장은 근대주의적인 방향을 취하는 것이고, 사회참여불교와 궤를 함께 한다.[62]

4.
성전의 재해석

이상, 불교의 실천의 문제를 어떤 식으로 취급할 것인지 최근의 연구동향을 소개하면서 검토해보았다. 오늘날 불교연구는 이전의 교조적인 교리를 고정화하는 입장이 반성되고, 종래에 경시되었던 의례 등도 재평가하게 되었다. 또한 고전적인 문헌연구에서 넓어져, 근현대의 사회적 실천까지 중요한 연구대상이 되었다. 또한 거기서는 연구자의 연구와 실천의 관계도 새롭게 되묻게 되었다.

더욱이 그와 같은 불교연구의 확산은 결코 고전으로서의 성전해석을 경시해도 좋다는 것을 의미하는 것은 아니다. 오히려 항상 고전의 원전연구에 되돌아가는 것이 요구된다. 다만 그것은 교리적으로 고정된 해석을 엄수하지 않으면 안 된다는 것은 아니다. 도리어 고전은 항상 새로운 시선으로 다시 읽어, 재해석되지 않으면 안 된다. 재해석의 영위는 그것 자체가 하나의 중요한 실천이다. 그때 뭐든지 하나의 해석이 바르고, 다른 것은 틀리다는 것이 아니라 오히려 다양한 해석이 있을 수 있다고 생각해야 한다. 최초에 제시한 '대승불교란 무엇인가'라는 문제도 이와 같은 관점에서 다시 생각해야 할 것이다.

나는 대승불교를 타자와 죽은 자라는 관점에서 다시 읽을 수 있는 것은 아닌지 생각하고 있다.[63] 우선 타자론이라는 관점이다. 초기불교가 타자를 무시하고 있다는 것은 아니지만, 그 이론의 중추에는 타자는 들어오지 않는다. 본래 붓다가 깨달음을 얻었을 때, 붓다는 그대로 그 경지를 맛보고, 사람에게 설하지 않고 열반에 들려고 생각했다고 한다. 그런데 범천이 나타나 사람들에게 가르침을 설할 것을 청했다. 이른바 범천이 세 번 청한 것으로, 그래서 비로소 붓다는 가르침을 설할 것을 결의한다. 이 이야기는 붓다의 깨달음과 가르침을 설하는 타자에 대한 행위가 본래 직접적으로는 관계없다는 것을 말하고 있다. 역으로 말하면 가르침을 설한다는 행위는 깨달음 자체에서는 나오지 않는, 의지하는 바 없는 무상의 행위인 것이다. 그것이 자비의 근본이다.

이와 같이 본래 깨달음에 이르기 위해서는 타자와의 관계는 필요하지 않았을 것이다. 하지만 보살의 관념이 생기는 것과 함께 그것이 크게 변한다. 보살은 타자와의 관계를 중추로 두고 있다. 이타가 실천되기 위해서는 본래 타자와의 관계라는 것이 없으면 안 된다. 그 보살의 실천을 중심으로 놓은 것이 대승불교였다. 그 때문에 대승불교에는 하는 수 없이 타자관계가 들어온다. 또한 생각해보면 붓다와의 관계도 붓다라는 타자와의 관계이다.

아무리 싫어해도 타자와의 관계를 면할 수는 없다. 『법화경』의 전반부의 주제는 실로 이런 것이다. 이른바 일승사상은 성문·연각도 실은 보살이고, 모든 중생은 보살이라는 것이지만, 그것은 바꿔 말하면 누구도 타자관계 없이 고립되어 있을 수 없다는 것이다. 타자론이 대승불교의 중심이라는 것은 이런 것이다.

또한 대승불교의 기둥으로서 죽은 자의 이론이 하나 더 있다. 또한 죽은 자도 타자이고, 가장 타자다운 타자라고 말할 수 있다. 왜냐하면 산 자는 죽은 자에 대해 산 자를 대하는 것과 같은 커뮤니케이션은 불가능하지만, 더욱이 죽은 자와 관계를 갖지 않을 수 없다. 이해 불가능한 타자인 죽은 자와 어떻게 관계하면 좋을까. 죽은 자의 문제는 대승불교의 핵심을 이룬다. 왜냐하면 대승불교는 붓다의 열반 후라는 상황하에서 형성되어온 것이고, 죽은 자로서의 붓다가 어떻게 관계할 수 있을지를 큰 과제로서 있었기 때문이다.

　정토교가 죽은 자의 영역을 개척한 것은 당연하지만, 일견 죽은 자의 문제를 엿볼 수 없을 것 같은 『법화경』에서도 죽은 자로서의 붓다는 중추적인 위치를 점하고 있다. 『법화경』의 후반부는 붓다의 열반 후에, 즉 붓다가 부재하는 타자가 된 상황하에서 어떠한 실천이 가능한지를 묻는다. 그 가운데 수량품의 구원의 석가가 현현하는 것이지만, 그 때문에 단계적으로 견보탑품에서 보탑여래가 출현하는 것이 중요한 포인트가 된다. 왜냐하면 보탑여래는 실로 죽은 자이고, 죽은 자이면서 이 세계에 출현하여 보탑 중에 나란히 서는 것으로 석존과 일체화하는 것이다. 이런 것은 석존은 죽은 자인 보탑여래로부터 죽은 자의 힘을 얻는 것으로, 비로소 삼세에 통하는 절대성을 획득하는 것을 의미한다. 산 자는 죽은 자의 에너지를 받는 것이 필요하다. 『법화경』은 여기서 실로 산 자와 죽은 자의 일체화의 비밀스러운 의식을 설하는 것이다.

　물론 이상의 해석은 하나의 사견에 지나지 않고, 그것을 '바른' 해석이라고 주장할 의도는 없다. 그러나 종래에 간과해온 타자와 죽은 자의 문제를 제기하는 것으로, 종래에 대승불교의 보이지 않았던 측면에 새롭게 빛을 비출 수 있는 것은 아닌지를 생각해본다. 그것은 단지 해석을 위한 해석은 아니다. 타자의 문제는 그대로 사회참여불교의 문제에 연결되고, 죽은 자의 문제는 산 자를 초월한 타자와의 연대 가능성을 여는 것과 함께 전통적으로는 종래의 불교적 언설로부터 사라졌던 장례불교의 재검토를 이끌어내는 것이기도 하다. 불전해석은 그대로 현대의 실천적 문제에 결부되어오는 것이다.[64]

1   斎藤明,「大乗仏教とは何か」(『シリーズ大乗仏教』I, 春秋社, 2011), p.4.
2   같은 책, p.31.
3   下田正弘,「経典研究の展開からみた大乗仏教」(『シリーズ大乗仏教』I, 春秋社, 2011), p.63.
4   같은 책, p.63.
5   같은 책, p.46.
6   같은 책, pp.53-57.
7   이하에 대해서는 졸고,「仏教研究方法論と研究史」(『新アジア仏教史』14, 佼成出版社, 2011) 참조.
8   Paul Williams (1989), *Mahāyāna Buddhism*, p.275.
9   Donald S. Lopez, Jr. (ed.) (1995), *Curators of the Buddha: The Study of Buddhism under Colonialism*, The University of Chicago Press.
10 Donald S. Lopez, Jr. "Introduction," Lopez (1995), p.18.
11 Donald S. Lopez, Jr. (ed.) (2005), *Critical Terms for the Study of Buddhism*, The University of Chicago Press.
12 Donald S. Lopez, Jr. "Introduction," Lopez (2005), p.2.
13 Bernard Faure (2009), *Unmasking Buddhism*, Wiley-Blackwell.
14 Brian Victoria (1997), *Zen at War*, Rowman & Littlefield Pub Inc. 브라이언·빅토리아 저, 에미미·루이스·츠지모토 역,『禅と戦争』, 光人社 (2001).
15 下田, 전게 논문, p.47.
16 Carl Bielefeldt, "Practice," Lopez (2005), p.229.
17 *ibid*, p.239.
18 *ibid*.
19 *ibid*, p.230.
20 *ibid*, p.243.
21 히라카와 설에 대해서는『시리즈 대승불교』I에 수록된 시모다, 전게 논문, 그리고 사사키 시즈카 佐々木閑,「大乗仏教起源論の展望」참조.
22 쇼펜저, 小谷信千代訳,『大乗仏教興起時代 インドの僧院生活』, 春秋社 (2000), p.293. cf. Gregory Schopen (2004), *Buddhist Monks and Business Matters*, University of Hawai'i Press.
23 奈良康明他編,『新アジア仏教史』전15권, 佼成出版社 (2010-2011).
24 같은 책, 제1권, 序, p.1.
25 奈良康明,「宗教的複合としての仏教」(上田閑照·気多雅子編『仏教とは何か―宗教哲学からの問いかけ』, 昭和堂, 2010).

26 졸고, 「서평・上田閑照・気多雅子編『仏教とは何か』」(『宗教研究』366, 2010).
27 奈良康明, 「仏教を「文化」としてとらえることを巡って」(『東方』26, 2011).
28 奈良, 전게 논문 (2011), p.138.
29 Faure (2009), *op. cit.*
30 불교와 전쟁에 관해서는 이하의 책이 있다. Michael K. Jerryson & Mark Juergensmeyer (ed.) (2010), *Buddhist Warfare*, Oxford University Press.
31 Faure (2009), p.139.
32 *ibid.*
33 *ibid*, p.140
34 포르에게는 많은 저작이 있지만, 특히 이와 같은 방향을 최초로 제시한 다음의 저작은 학계에서 큰 충격을 주었다. Bernard Faure (1991), *The Rhetoric of Immediacy*, Princeton University Press. 본 서의 서평으로서 졸저, 『解体する言葉と世界』, 岩波書店 (1998) 수록 「オリエンタリズム以後の仏教研究－B・フォールの著作をめぐって」가 있다.
35 Robert Sharf, "Ritual," Lopez (2005), p.257.
36 *ibid.*
37 *ibid.*
38 *ibid*, p.258.
39 *ibid*. p.260.
40 *ibid.*
41 T Griffith Foulk & Robert H. Sharf (1993-1994), "On the Ritual Use of Ch'an Portraiture in Medieval China," *Cahiers d'Extrême-Asie* 7: 149-219.
42 순수한 禪주의에 대한 비판의 여러 모습에 대해서는 포르 스완슨 ポール・スワンソン, 「禅批判の諸相」(『思想』960, 2004) 참조.
43 Dunkan Rygen Williams (2005), *The Other Side of Zen: A Social History of Soto Zen Buddhism in Tokugawa Japan*, Princeton University Press.
44 이하, 졸고, 「仏教に何が可能か」(졸편, 『現代と仏教』, 佼成出版社, 2005)를 근거로 하고 있다.
45 阿満利麿, 『社会をつくる仏教』, 人文書院 (2003), 上田紀行, 『がんばれ仏教!』, NHK Books (2004), 西川潤・野田真理, 『仏教・開発・NGO』, 新評論 (2001).
46 란쟈나 무코파디야야, 『日本の社会参加仏教』, 東信堂 (2005). 이하의 사회참여불교의 역사는 같은 책, pp.6-9에 따른다. 또한 무코파디야야, 「社会参加と仏教」(『新アジア仏教史』15, 佼成出版社, 2011)도 참조.
47 틱낫한의 활동에 대해서는 화무 티 투 잔, 『世俗化から見た近代仏教－日本とベトナムとの比較』(国際日本文化研究センター, 2010) 참조.
48 Christopher S. Queen & Sally B. King (ed.) (1996), *Engaged Buddhism*, State University of New York Press.

49　무코파디야야, 전게 논문 (2011), pp. 145-146.
50　Queen & King (1996), Preface, p.x.
51　*ibid*.
52　Sallie B. King (2009), *Socially Engaged Buddhism*, University of Hawai'i Press, p. 2.
53　Queen (ed.) (2000), *Engaged Buddhism in the West*, Wisdom Publications.
54　Donald S. Lopez, Jr. (ed.) (2002), *Modern Buddhism: Readings for the Unenlightened*, Penguin Books.
55　上田, 전게서 (2004).
56　磯村健太郎, 『ルポ仏教, 貧困・自殺に挑む』, 岩波書店 (2011).
57　阿満, 전게서 (2003).
58　무코파디야야, 전게서 (2005), p. 51.
59　袴谷憲昭, 『本覚思想批判』, 大蔵出版 (1990), 松本史朗, 『縁起と空』, 大蔵出版 (1990).
60　Jamie Hubbard & Paul Swanson (ed.) (1997), *Pruning the Bodhi Tree*, University of Hawai'i Press. 또한 비판불교에 관한 최근의 영어 연구서로서 James Mark Shields, *Critical Buddhism*, Ashgate Pub Co (2011)이 있다.
61　林鎮國, 『空性與現代性』, 台湾・立緒文化 (1999), 唐忠毛, 『仏教本覚思想論争的現代性考察』, 上海古籍出版社 (2006).
62　비판불교를 사회참여불교와 관련시켜 논하는 것에 대해서는 末木 (2005), 무코파디야야 (2011) 참조.
63　졸저, 『仏教 vs. 倫理』, ちくま新書 (2006), 『日本仏教の可能性』, 春秋社 (2006), 『仏典を読む』, 新潮社 (2009) 등을 참조.
64　죽은 자라는 관점에서 불교사를 다시 읽은 주목해야 할 논집으로서, Bryan J. Cuevas & Jacqueline I. Stone (ed.) (2007), *The Buddhist Dead*, University of Hawai'i Press.

제2장

계율과 교단

이자랑

1.
인도불교사의 해명에서 '율장'의 역할

경율론을 삼장으로 말하듯이 계율은 불교를 구성하는 가장 기본적이고도 중요한 요소의 하나이다. 하지만 종래에 경이나 론, 즉 교리적인 가르침에 비해 계율에 대한 관심은 일반적으로 대단히 낮고, 그 가치가 과소평가되는 경향조차 있다고 생각된다. 이것은 학문의 세계에서도 해당되는 것으로, 계율에 관한 연구는 교리의 그것에 비해 상당히 늦어진 감이 있다.

그렇지만, 요즈음 불교도의 계율이 가지는 의미가 새롭게 인식되면서 다양한 관점에서 연구가 진행되고 있고, 특히 그 가운데서 전통부파교단의 출가자들의 생활을 규정한 '계율 Vinaya-piṭaka'의 연구는 인도불교사의 해명에서 주목할 만한 성과를 올리고 있다. 종래에 율장은 다만 출가자들의 일상생활을 규정한 일종의 조문집과 같은 재미없는 문헌이라는 선입관이 강했지만, 실제 교단을 담당해왔던 주역들의 일상생활을 포함하는 율장에서 인도불교사의 해명에 필요한 귀중한 실마리를 찾을 수 있다고 하는 그 무한한 가치가 몇 개의 연구를 통해서 증명되어, 그 관심도 증대하고 있는 상황이다. 특히 요즘 대승이 부파교단 중에서 발생한 이른바 '교단 내의 학파'라는 설이 지지되고 있어 율장은 부파뿐만 아니라, 대승교단의 생활을 알기 위해서도 중요한 정보원으로서 더욱 주목받고 있다.

그런데 일찍이 이미 율장이 갖는 이와 같은 가능성을 증명해가면서, 인도불교 교단사의 연구에 크게 한 획을 그은 뛰어난 연구가 있다. 그것은 1968년에 발표된 히라카와 아키라의 『초기대승불교의 연구』이다.[1]

명치시대에 유럽과 미국에서 도입된 근대 불교학의 영향으로 최초기의 불교에 대한 관심을 갖기 시작한 일본의 불교학계에서는 대승경전에 대한 재검토를 재촉하게 되었고, 결과적으로 대승경전 비불설에 관련한 논쟁에 휘말리게 되었다. 그 후 대승경전의 정통성을 둘러싼 논의가 계속되는데, 이것은 대승의 기원을 찾으려는 시도에 연결된다. 대승의 기원을 명확히 함으로써 대승의 정통성을 증명하려는 이런 태도는 당연히 전통적인 부파교단과의 유사성 가운데 해결책을 찾으려고 하는 태도로 발전한다. 우선 분열에 의해 생겨났다고 하더라도 역사상 붓다에 의해 남겨진 교리와 계율을 전하려고 하는 전통부파교단의 정통성이 의문시되는 것은 없기 때문에, 대승불교와 부파교단의 연결이 인정되면 대승불설은 증명된 것으로 생각되는 것이다. 이때 주로 채택된 방법은 대승과 부파 사이에 사상적인 연속을 찾으려고 하는 것이고, 결론적으로 이와 같은 방법을 취하는 학자들은 어떤 특정한 한 부파의 교리와 대승의 교리의 유사성에 주목하게 된다. 그 가운데도 대승과의 관련이 가장 자주 지적되는 것은 대중부였다. 특히 진보적인 경향을 가지고 불타관 등에서 진일보한 교리가 보이기 때문에, 일본이나 유럽과 미국에서도 대중부와 대승의 직접적인 관련을 지적하는 학자가 많다.

대승과 대중부의 교리적인 유사성 및 몇 개의 역사적 기록에 의해 '대중부기원설'이 일본에서 거의 반세기에 걸쳐 정설과 같은 위치를 점하게 되었지만, 1968년에 발표된 히라카와의 연구에 의해 이 설은 힘을 잃게 된다. 히라카와는 대승불교와의 교리상의 유사성은 단지 대중부라는 한 부파만에 보이는 것이 아니라, 다른 여러 부파 사이에도 인정되는 것으로, 대승으로부터 소승으로서 심하게 비난받은 유부의 교리가 가장 많이 대승불교에 채용되어 있는 것을 언급하며, 다만 교리의 유사성이라는 것만으로 대승불교의 '교단으로서의 기원'은 결정할 수 없다고 지적하면서 대중부기원설을 부정한다. 결국 교리나 사상상의 영향은 대립해가는 학파 사이에도 일어날 수 있다고 언급하며, 대승의 기원은 교리의 기원임과 동시에 교단의 기원임을 강조하고, 또한 교단으로서의 대승불교가 초기에 어떠한 모습을 가지고 어디에 관련을 가지고 있는지를 구명해야만 한다고 말한다.[2] 아마도 이런 입장에서 히라카와가 대승을 '교단'이라는 개념으로 파악하는 이해가 생겨났고, 그것은 학자들 사이에서 무의식적으로 받아들여졌을 것이다.

아무튼 이와 같은 문제의식에서 히라카와가 취한 주된 연구방법의 하나는 전통적인 부파교단의 실생활을 반영하고 있다고 생각되는 율장의 정보와 대승경전에 보이는 대승교도의 생활을 비교하는 것에 의해 대승불교의 기원을 명확히 하려는 것이었다. 예를 들면 대승과 소승의 공동거주, 불탑공양 등의 검토를 통해서 대승은 부파교단과는 연속성을 갖지 않는, 그 루트 자체를 별도로 상정하지 않으면 안 된다는 결론에 도달하여, 불탑을 중심으로 신앙생활을 행하고 있던 재가자에게 대승의 기원을 추구한다. 이른바 이것이 '대승불교 재가불탑 기원설'이라고 불리는 것으로, 대승불교를 만든 것은 부파교단에 있던 출가자가 아니라 불탑을 중심으로 독자적인 종교생활을 행하던 재가자의 그룹이라는 설이다. 이런 주장에 따르면, 부파와 대승의 직접적인 관련성은 완전히 부정되어버린다.

히라카와설의 영향은 대단히 큰 것으로 소수의 반론은 있었지만, 이후 대승불교의 기원을 설명하는 가장 대표적인 학설로서 받아들여졌다. 요즈음 이 설은 다양한 각도에서 비판되고 있고, 벌써 지지하기 어려운 설이 되어가지만, 그가 재가불탑 기원설을 구축하는 과정에서 제시한 여러 문제는 여전히 퇴색하지 않았다. 최근에 이러한 것은 대승의 기원에 대해 뛰어난 성과를 올리고 있는 많은 연구가 히라카와 설의 검토, 즉 히라카와가 제시한 문제점을 하나하나 재확인하는 형태로 진행되고 있는 점에서도 엿볼 수 있다. 특히 계율을 중심으로 부파교단과 대승의 관계를 찾는 가운데 제시한 다양한 문제는 부파의 율장에 대한 그의 폭넓고 해박한 지식에 근거해 있기 때문에 재검토가 쉽지는 않지만, 요즈음 가장 눈에 띄는 성과를 내고 있는 분야이기도 하다. 그래서 본 장에서는 주로 대승과 부파교단의 공동거주문제와 관련하여 히라카와가 '율장'에 근거해 검토하고 있는 문제점을 중심으로 그 연구 성과를 토대로 하여, 대승이 부파교단 가운데 어떻게 자리매김하고 있는지를 생각해보려고 한다.

2.
부파교단의 특징

1) 분열의 원인

대승과 부파교단의 관계를 생각하기 전에, 우선 부파교단이 어떠한 특징을 가지는지를 검토해둘 필요가 있다. 부파교단이 가지는 특징이 명확히 됐을 때, 그것과 구별되는 또는 공통된 대승의 모습도 반드시 부각될 것이기 때문이다. 그래서 우선 부파성립의 배경에서 보고자 한다.

부파성립의 배경으로서는 다양한 점이 생각되지만, 불교문헌의 전승을 솔직히 받아들이는 한, 부파는 교단분열에 의해 생겨났다고 보아야 할 것이다. 하나의 교단 가운데 '어떠한 사항'을 둘러싼 의견의 차이가 발생하고 나뉘게 되어, 부파가 생겨난 것이다. 거기서 그 '어떠한 사항'의 내용에 대해서는 여러 율장 및 부파분열을 전하는 여러 문헌에 '파승破僧'이든가 '부파분열'이라 하여, 교단에 심각한 사태를 일으켰다고 생각되는 대표적인 몇 가지 사건을 통해서 그 구체적인 내용을 알 수 있다. 이것은 부파분열의 직접적인 원인 및 그것에 의해 성립하는 정통성을 상정할 때에 반드시 고려해야만 하는 것이다.

우선 여러 부파의 율장에 공통적으로 전해지고 있는 가장 대표적인 교단분열의 사건부터 살펴본다. 그것은 데바닷타 Devadatta에 의한 파승과 코삼비 Kosambī의 비구 사이에 일어난 파승 등의 두 가지 사건이다. 팔리 율장에 의거해 말하면, 전자는 건도부소품「파승건도」에, 후자는 건도부대품「코삼비 건도」에 전해지고 있고, 양자 모두 붓다 재세 시의 사건이다.³ 데바닷타에 의한 파승사건이 붓다와 일반 비구의 대립이라면, 코삼비의 사건은 일반 비구 동료 간의 분쟁이라는 점에서 양자가 가지는 의미는 다르다. 그렇지만 양자 모두 계율적인 문제에 대한 의견의 차이가 분열의 원인이라는 점에서는 공통된다.

먼저 데바닷타의 사건부터 보기로 하자. 팔리율에 따르면 데바닷타는 파승을 일으키는 방편으로 '5법'을 주장했다고 한다. '5법'이란 '일생 동안 숲에 거주해야 하는 자로서 마을에 들어가는 것은 죄가 된다. 일생 동안 걸식해야만 하는 자로서 초대를 받는 것은 죄가 된다. 일생 동안 분소의를 입어야만 하는 자로서 거사의를 입는 것은 죄가 된다. 일생 동안 나무 아래 거주해야 하는 자로서 지붕에 접근하는 것은 죄가 된다. 일생 동안 생선과 고기를 먹어서는 안 되며 생선과 고기를 먹는 자는 죄가 된다'고 하는 다섯 조항이다. 그의 예측대로 붓다는 이런 '5법'을 인정하지 않고,

중도적인 답을 했기 때문에, 결과적으로 데바닷타는 파승을 일으켰다고 한다.[4]

이 '5법'의 내용에서 알 수 있듯이, 데바닷타가 문제시한 것은 비구들의 의식주에 관한 생활방법이고, 이것은 계율상의 문제로 분류될 수 있다. 율에 따르면 불교의 출가자는 '4의依'라고 하여, 분소의·걸식·나무 아래 거주·약을 갖지 않는 4종의 생활방침에 의해 생활하는 것이 원칙으로 되어 있다. 그러나 이것은 이상적인 원칙에 지나지 않고, 실제로는 시주받은 옷이나 공양대접, 건물 등의 기증을 받아 그러한 것들을 향유하는 비구가 증가해간다. 데바닷타가 제안한 '5법'에는 교단의 생활에서 나타나는 생활상의 변화에 대한 반대가 담겨 있다고 생각되지만, 극단적인 입장을 지향하지 않은 붓다의 입장과의 차이는 교단분열이라는 결과를 낳게 된다. 이 사건은 붓다를 상대로 하는 유일한 파승사건으로서 여러 율에서는 빠짐없이 전승되고 있다.

다음으로 코삼비의 비구 사이에서 일어난 사건을 보기로 하자. 코삼비의 비구들 사이에서 어떤 비구의 행동이 율에 저촉되는지 아닌지를 둘러싸고 분쟁이 일어났다. 여러 율에서는 문제가 된 행위에 관한 상세한 언급은 없지만, 주석에 따르면 화장실의 사용을 둘러싼 문제가 있었다고 한다. 아무튼 자신은 계율을 범하지 않았다고 주장하는 비구와 그를 지지하는 비구들, 그리고 그의 행동은 죄에 저촉된다고 주장하는 비구들 사이에서 분쟁이 일어나, 파승의 상태에 이를 정도로 심각한 사태가 되어 있었다. 최후에는 문제의 비구가 자신의 잘못을 인정하는 것에 의해 대립해 있던 양자가 화합포살을 통해서, 다시 화합하게 되지만 붓다의 중재도 듣지 않을 정도로 양자의 대립은 격렬했다고 한다. 이런 파승사건의 원인도 한 비구의 행동, 결국 계율적인 문제였던 것이다.

한편 부파분열의 원인을 전하는 여러 전승에서도 계율의 차이가 분열의 가장 큰 원인으로 작용하고 있던 것을 알 수 있다. 인도불교 교단의 역사를 언급하는 여러 전승에는 하나로 화합해 있던 불교교단이 불멸후 100년경, 보수적인 상좌부와 진보적인 대중부로 분열했다고 기록되어 있다. 분열의 원인에 대해서는 전승에 의해 제각기 설명이 일치하지 않기 때문에 학자들 사이에서도 다양하게 논의되어 왔지만, 다만 분열의 원인으로 계율의 문제가 어떠한 문제보다도 큰 원인이었다는 것에 대해서 이견을 제기하는 사람은 없다.

근본분열의 대표적인 원인으로서는 밧지족 출신의 비구들이 실천하고 있었던 '10사', 대천 大天의 '5사', 그리고 '율의 증광'의 세 가지가 전해지고 있지만, 이 가운데 '10사'와 '율의 증광'은 틀림없이 계율적인 논의이다. 우선 '10사'는 『도사 島史』 『대사 大史』 등의 문헌에 전해지는 것으로, 불멸 후 100년경 바이샬리에서 밧지족 출신의 비구들이 실천하고 있던 잘못된 10종의 행동, 결국 '10사'를 둘러싼 의견대립에 의해 분열이 생겨났다는 것이다. 10사란 금은의 보관을 비롯해, 소금과 같은 약의 저장, 식사시간, 음료, 남은 음식 등의 식생활에 관련된 문제, 좌구 등의 주거생활에 관련된 문제 등 주로 일상생활에 관한 10종의 행동이다. 이러한 것들의 적법성을 둘러싸고 교단회의가 열렸지만, 결과적으로 거의 모두의 행동이 율에 반한다는 결론이 내려졌다. 그래서 '10사'를 실천하고 있던 밧지족 출신의 비구들은 그 결정에 불복하여 혁신적인 대중부로, 또한 10사를 인정하지 않았던 비구들은 보수적인 상좌부로 나뉘었다는 것이다.[5]

또한 '율의 증광'은 대중부의 문헌으로 알려져 있는 『사리불문경』[6]에 보이는 전승이다. 이 전승에서는 근본분열의 원인으로서 가섭이 제1 결집에서 집성한 대중율을 지지한 집단과, 어떤 장로비구가 새롭게 증광한 율을 지지한 집단이 있었고, 결국 그것이 두 부파로 나뉘어졌다고 한다. 요컨대 가섭이 결집한 오래된 율을 지지한 자들은 수가 많았기 때문에 대중부로 불리고, 새로운 율은 수가 적었지만 모두 상좌였기 때문에 상좌부로 불렸다는 것이다.[7]

그러면『대비바사론』등의 설일체유부계의 문헌으로 근본분열의 원인으로 전해지는 대천의 '5사'는 대천이라는 비구가 설한 다섯 가지 주장을 둘러싸고, 이것을 받아들인 대중부와 인정하지 않았던 상좌부로 분열했다는 것이지만, 이것을 계율적인 논쟁으로 보아야 할지, 그렇지 않으면 교리적인 논쟁으로 보아야 할지 논의의 여지가 있다. '5사'의 내용이 아라한의 본질에 관한 것이기 때문에, 일반적으로는 교리적인 논쟁으로 간주되어 왔지만, 한편 앙드레 바로 Bareau는 '5사'가 비구(니)의 계율과 밀접히 관련되어 있다고 주장한다. 예를 들면 아라한의 몽정에 관한 첫 번째 명제는 바라제목차의 승잔죄와 관련되고, 나머지 네 가지 명제도 아사리 ācārya와 화상 upadhyāya이 강하게 요구했던 것으로, 구족계에 관한 여러 장에서 열거되는 것과 같은 정신적·지적 자격에 관한 사색에서 생길 수 있는 문제라고 한다.[8]

이와 같이 '5사'를 어떻게 취급할 것인가라는 문제가 남지만, 교단에 대표적인 분열을 일으키고, 부파성립의 기반을 제공한 가장 중요한 원인은 거의 모두가 계율적인 문제를 둘러싼 의견의 차이였다는 것을 알 수 있다. 계율은 결국 생활의 문제이고, 따라서 매일 공동으로 생활하는 동료 사이에 공통으로 지켜지는 내용이 아니라면 그것은 사상 이상의 불편을 끼치기 마련이다. 그러나 교리적인 문제는 다르다. 불교의 근간을 이루는 교리에 반하는 것, 예를 들면 연기나 중도를 부정하는 것과 같은 것이 아닌 한, 실제 자신과 다른 생각을 가지고 있는 자라도 함께 생활하는

데 그다지 불편은 없을 것이다.

2) 부파교단의 성립근거

부파란 일반적으로 불멸후 100년경의 근본분열에 의해 생겨난 상좌부·대중부의 두 부파를 비롯한 그 후의 지말분열에 의해 생겨난 10부파 등을 가리키고, 독자의 교리와 율장을 가지는 출가교단을 가리킨다고 일반적으로 정의될 수 있지만, 그들의 정체성을 판단하는 근거가 되는 것이 과연 뭔지는 간단히 답할 수 없다. 대중부의 비구가 대중부의 비구로서 타 부파와 구별될 수 있는 것, 또한 설일체유부의 비구가 설일체유부의 비구로서 자타모두 구별될 수 있는 것은 과연 무엇이었을까.

이런 질문에 대해 '계율에 대한 공통된 이해', 즉 동일한 율에 근거해서 구족계를 받는 것이나 또는 동일한 경계 sīmā 내에서 갈마를 집행하는 것 등, 계율적인 사항을 중요한 판단기준으로서 지적하는 학자가 많다. 예를 들면 일찍이 뿌생은 니카야 sect를 구족계에 의해 그 소속이 결정되고 서로 그 구족계의 유효성을 인정하면서, 자립성을 가지고 활동하는 것으로 정의하고 있다.[9] 베헤르트도 니카야는 서로 구족계의 유효성을 인정하고, 또한 포살 등의 갈마를 함께 행하는 것으로 이해하고 있다.[10] 계율에 대한 공통된 이해가 부파를 특징지우는 것은 이상에서 본 바와 같이 교단분열의 요인으로서 계율에 대한 이해의 차이가 주된 원인으로 작용하고 있는 것에서도 충분히 생각될 것이다.

특히 베헤르트는 팔리율에 근거해 '파승 saṃghabheda'이라는 용어의 용례를 상세히 검토하여 그 의미를 밝혔는데, 그 결과 파승이란 개개의 지방승가에서 포살 등의 집단양식, 즉 갈마의 집행을 둘러싸고 일어난 분열이라는 것을 명확히 했다.[11] 베헤르트는 파승(현전승가의 분열 saṃghabheda)＝부파분열 nikāyabheda이라고 단언하지 않지만, 파승이 지방 승가공동체의 형성에 깊이 관련되어 있고, 이것이 교통체계가 강화되는 시기였던 마우리아 왕조시대의 직전과 마우리아 왕조시대에 니카야로 불리는 부파로 변형되어갔을 것이라고 추측되어 파승이 부파성립의 기반으로서 중요한 역할을 다했을 것이라고 인정된다. 그리고 계율의 문제에 의해 성립한 니카야Vinaya Sects의 성립 후 그다지 멀지 않은 시기에 다른 유형의 니카야, 즉 교리적·교의적인 여러 학파가 발생하였다고 한다. 그리고 이들은 일반적으로 지방공동체의 토대 위에 형성되어 왔던 부파들의 내부에 존재하게 되었다고 한다.[12] 이것은 교리적인 문제가 실제로 교단분열을 일으키는 요인이 아니었다는 것을 나타낸다. 종래에 교단의 분열이라고 하면 근본·지말분열의 여러 전승에서 떠오르는 배경밖에 고려하지 못했지만, 베헤르트의 일련의 연구는 그 이전의 단계에서 교단분열의 실정을 파악하는 실마리를 제공한다는 점에서 대단히 흥미 깊게 더욱 주목해야만 한다.

이 외에도 부파성립에 계율의 문제가 깊이 관련되어 있고, 교리적인 문제에 의한 부파발생의 직접적인 영향을 고려하지 않거나, 또는 시대가 지나간 시기의 일로서 생각하는 학자는 많다. 폴 윌리엄스도 베헤르트의 견해에 동의하면서 교단 가운데 불협화음, 즉 분열을 일으키는 것은 일상생활에서 수행자들의 극히 사소한 행위에 대한 불일치였을 것이고, 계율적인 문제가 분열의 주된 원인이었을 것이라고 기록하고 있다.[13]

또한 이전의 것이지만 후라우발너Frauwallner의 연구는 이 문제와 관련하여 지금도 그 가치를 잃지 않고 있다. 그는 현존하는 여섯 부파의 건도부의 내용을 비교하여, 그러한 것들이 고건도Old Skandhaka로 불리는 공통의 건도부에 근거하고 있다는 것을 지적하고, 어떻게 이들 부파가 동일한 율을 받아들이게 되었는지에 대해 면밀한 검토를 진행하고 있는데, 그 결론으로서 설일체유부, 법장부, 화지부, 분별상좌부의 성립이 아쇼카왕의 시대에 행해진 전도사파견과 관계가 있으며, 그들의 율장인 『십송률』 『사분율』 『오분율』 『팔리율』은 각각 기원전 250년의 아쇼카왕 시대에 비디샤Vidiśā의 교단에서 유행하고 있던 원본적 율장에 근거한 것으로 전도 시에 각 전도사에 의해 전래되었다고 주장한다. 그리고 현존하는 6종의 광율廣律의 내용이 거의 완전히 일치하는 것은 이것을 전한 여러 학파가 본래 먼 나라에 대한 전도에 의해 생겨난 것이기 때문이며, 교리적인 의미에서의 학파는 보다 후기의 발전과정에서 생겨난 것이라고 한다.[14] 이런 의견을 모두 인정할 수는 없지만, 율장의 기원과 발전을 여러 부파의 발생문제와 관련시켜 생각한 점은 주목해야 할 것이다. 특히 그가 주목하고 있는 건도부가 교단의 운영방법을 규정한 것이라는 것을 고려하면, 율과 부파발생의 직접적인 관련을 이해할 수 있다.

    이와 같이 많은 연구자가 다양한 각도에서 검토하여, 한 부파가 성립하기 위한 가장 기본적이고 근본적인 요소로서 그 공동체가 공통으로 지켜야 할 율을 들고 있다. 즉, 그 교단의 규칙에 따라서 구족계를 받고, 또한 그 교단에서 결정된 다양한 규칙을 함께 지키는 것에 의해 같은 부파의 구성원으로서의 소속의식이 생긴다고 생각하는 것이다. 이것은 갈마 자체에 대한 구체적인 이해는 말할 필요도 없이 갈마를 행할 때의 의식상의 문제를 둘러싸고 차이가 일어나게 될 정도로 격렬하게 되어 간 것 같다. 예를 들면 히위버는 갈마설을 제창하는 형식을 둘러싸고 부파 간에 차이가 보이며, 자파와 다른 갈마설을 제창하는 타파의 갈마의 유효성은 인정하지 않는 것을 지적한다. 이것은 부파 사이에서 갈마설의 차이에 의해 자파와 타파를

구별했을 가능성을 나타내는 것으로서 주목해야 할 것이다.[15]

 이런 점에서 생각해서 구족계나 포살 등에서 공통된 내용의 갈마를 행하는 것이 같은 부파에 속한다는 소속감을 결정하는 가장 중요한 요소였을 것이라는 것은 부정하기 어려울 것이다. 특히 포살은 바라제목차를 제창하면서, 보름 동안의 자타의 행위를 돌아보면서 반성하는 의식이지만, 실제 여러 부파의 현존하는 바라제목차의 조문수에는 상위가 있다. 이런 점에 대해서는 여러 율의 바라제목차의 조문 중에 상위가 나타나는 것은 중학법衆學法이라는 가벼운 죄이기 때문에 비록 자신이 출석하고 있는 포살에서 약간 다른 조문이 제창되더라도 별로 상관하지 않을 것이라는 의견도 있다. 그러나 코삼비에서 일어난 파승사건의 원인이 화장실의 사용법이라는 극히 하찮은 문제였다는 것을 상기해보면 사소한 조문의 상위는 문제시하려면 얼마든지 가능하였을 것이다. 따라서 바라제목차에 대한 공통의 이해는 반드시 필요한 것이었을 것이라고 생각된다. 게다가 갈마는 교단운영에 관한 거의 모든 문제를 결정하는 결의기관과 같은 것이지만, 그것은 현전승가 구성원들의 만장일치를 전제하고 있고, 그곳에서 결정된 결정사항이 그 공동체를 운영해가는 방침이 된다. 따라서 갈마에서 제대로 의견이 수렴되지 않거나, 또는 갈마에서 결정된 사항에 따르지 않는 자가 출현하면 교단의 질서는 유지할 수 없기 마련이다. 일반적으로 불교교단의 특질로서 '화합samagga'을 들 수 있지만, 율장에서는 동일한 경계의 비구들이 동일한 포살과 동일한 갈마를 행할 것을 화합의 상태로서 묘사하고 있고, 이런 점으로 보더라도 교단의 운영에 갈마의 공동집행이 가지는 의미는 충분히 상정될 수 있을 것이다.

3.
대승과 부파교단의 공동거주

　이상, 여러 율 및 부파분열에 관한 제 전승에 나타나는 분열의 원인을 검토하여, 계율을 둘러싼 의견의 상위가 교단분열의 가장 중요한 요소였던 것을 확인했다. 그리고 이것은 부파의 성립에도 영향을 미치고, 특히 '동일한 구족계의 수지'와 '동일한 갈마와 동일한 포살의 실행'이 각 부파의 정체성을 결정하는 가장 중요한 요소였을 것이라는 것도 지적했다. 그러면 대승은 이와 같은 특성을 가지는 부파와 어떠한 관계를 가지고 있었을까. 이런 점에 대해 히라카와가 검토하고 있는 문제점 가운데, '대승과 부파교단의 공동거주'를 중심으로 언급하고자 한다.

　만약 대승이 부파교단과 공동거주가 가능했다고 한다면, 대승은 독자적인 교단을 형성하지 않고 본래 부파 내에서 생겨났을 가능성은 크다. 한편 공동거주가 불가능했다면 대승은 부파와 다른 교단을 형성하고 있었을 것이다. 이런 점에 대해 히라카와는 율장의 연구 성과에 근거해서 부파교단의 출가자 생활을 상정할 때, 대승불교도는 부파와 공동거주가 불가능하여, 따라서 그 연원 자체를 별도로 상정하지 않으면 안 되기 때문에, 재가에서 기원을 찾는 '재가불탑의 기원설'을 제창하고 있다. 대승과 부파교단의 관계를 검토하기 위해 히라카와가 취한 방법은 율장을 중심으로 부파 동료 간의 공동거주 관계를 탐색하는 것이었다. 결국 『근본유부율』이나 『사분율』에 대승의 교리가 약간 보이지만, 여러 율에 대승불교도를 예상하게 하는 것과 같은 기술은 보이지 않기 때문에, 대승과 부파교단의 관계를 직접 확인할 수는 없고, 부파 동료의 공동거주 상황을 검토함으로써, 이 양자의 관계를 추측할 수밖에 없다고 생각한 것이다. 그 결과 부파 간의 공동거주 관계에 대해 '각 부파는 개별적으로 갈마를 실행하고 있고, 결코 타 부파의 비구를 자신들의 갈마에 출석시키지 않았다'고 기술하여 그 가능성을 인정하지 않는다.

그에 따르면 부파교단의 발생은 승가의 분열, 그 가운데서도 갈마를 공동으로 했던 현전승가가 분열하여 별도로 갈마를 하게 되는 경우의 파승을 의미하는 '파갈마승karmabheda'과 관련되는 문제이다. 갈마는 승가의 의지를 표명하는 방법이고, 교단의 화합은 갈마의 집회에 의해 제시되는 것이기 때문에, 부파불교시대에는 당연히도 갈마에는 자기 부파의 비구만이 집합한다. 결국 동일한 절에 살아도 갈마의 회의에는 타 부파의 비구를 참여시키지 않는다. 그리고 각 부파가 계승하는 율은 부파별로 어느 정도 다르기 때문에 다른 부파의 비구가 함께 모여 갈마를 행하는 것은 가능하지 않다고 한다. 그리고 히라카와는 그 예로서 부파별로 바라제목차의 조문수에 상위가 있다는 것을 지적하고, 부파불교시대에는 승가는 부파를 단위로 형성되어 있었기 때문에 비구는 타 부파의 율을 지킬 의무가 없었으며, 부파교단은 타 부파의 비구를 갈마에 내세워 벌하는 것도 불가능했다고 주장한다.[16]

이와 같이 히라카와는 부파성립에 갈마의 공동집행 문제가 깊게 관련된 것이나 갈마가 가지는 특징에 근거하여, 부파 간의 공동거주 관계를 완전히 부정하고 있는 것이다. 물론 그가 말하는 공동거주란 포살을 비롯한 갈마의 공동집행을 의미하는 것이었고, 일상생활의 공동생활까지 부정하는 것은 아니다. 그러나 승가의 의지를 표현하는 갈마를 공동으로 집행할 수 없다는 것은 엄밀한 의미에서 공동거주는 행하지 않았다는 것을 의미한다고 이해할 수 있다. 부파 동료의 공동거주를 인정하지 않는 히라카와의 의견은[17] 위에서 살펴본 교단분열의 배경이나 몇 가지 학자들의 견해와 일치하는 것으로, 충분히 그 가능성을 인정할 수 있다.

그러나 이런 결론에 근거하여 "대승교도가 갈마에서도 부파교단과 공동생활을 하려 했다고 생각하면, 특정 부파의 구족계를 받지 않으면 안 되었을 것이다. 그러나 이것은 환언하면 특정부파의 비구가 되는 것이다. 그래서 더욱이 대승의 보살이 있을 수 있는가라는 문제가 남을 것이다"[18]고 대승과 부파교단의 공동거주 가능성을 부정하는 히라카와의 주장은 실제 어떤 근거에 의해 도출된 것이 아니라, 대승교도가 부파의 구족계를 일부러 받지 않았을 것이라는 선입관이 포함된 상황근거에 의한 추측에 지나지 않은 느낌이 든다. 본래 대승의 출가보살이 부파교단에서 생겨났을 가능성이 처음부터 제외되기 때문에 대승과 부파교단 비구 사이에 너무나 큰 거리가 존재하게 된 것이다.

그런데 부파 동료의 공동거주관계, 또한 부파와 대승교단의 공동거주 관계를 둘러싸고, 요즘 흥미 있는 연구결과가 사사키 시즈카에 의해 제시되고 있기 때문에, 언급해두고자 한다(본 시리즈 제1권 제3장을 참조). 사사키 시즈카는 여러 율이나 설일체유부의 아비다르마문헌에 보이는 파승이라는 용어의 용례를 조사하여, 2종의 파승개념, 즉 파법륜승 cakrabheda과 파갈마승 karmabheda의 의미를 명확히 하고 있다. 위에서 말한 것처럼 베헤르트는 팔리율의 용례에 근거하여 파갈마승이 개개의 지방승단 내에서 갈마를 둘러싸고 일어난 분열이라는 것을 분명히 했지만, 한발 더 나아가 사사키는 한역율과 몇 가지 아비다르마문헌에 보이는 파승의 용례도 세밀히 조사하고 있기 때문이다. 그 결과 그는 파갈마승이 베헤르트가 언급한 바와 같이 갈마라는 집단행사를 둘러싸고 각 현전승가에서 일어나는 분열이기 때문에, 파법륜승은 불설에 반하는 의견을 제창하여 별개의 그룹을 만드는 것으로, 본래

파법륜승이었던 파승의 개념이 아쇼카왕의 시대에 파갈마승으로 전환됐다고 주장하고, 다양한 각도에서 이것을 논증하고 있다. 그리고 이런 파승개념의 전환에 의해 교의가 다른 동료 간이라도 갈마만 함께 행하지 않으면 파승이 되지 않는 상황이 일어나게 되었다고 한다. 이와 같은 연구 성과에 근거하여 사사키는 교의가 다른 동료 사이의 공동거주 가능성을 언급하면서, 히라카와의 의견에 반론을 제시하고 있다.[19]

파승개념의 전환에 의해 갈마만 함께 행하지 않으면, 교의가 다른 동료 간에도 공동거주가 가능하다는 상황이 된다고 언급하는 이 연구 성과는 갈마가 교단 구성원의 의견을 수렴하는 중요한 역할을 가지는 교단회의인 것을 고려하면, '갈마만 함께 행하지 않으면'이라는 원칙이 과연 성립할 수 있을지 의문의 여지는 있지만, 여러 율의 정밀한 연구에 의해 얻어진 결론이고, 대승과 부파교단이라는 교리가 다른 동료 간의 공동거주의 가능성을 언급한 것으로서 주목할 만하다.

이상과 같이 대승과 부파교단의 관계를 생각할 때에 가장 중요한 과제이다. 대승과 부파교단의 공동거주 문제는 아직 확실한 결론에는 이르지 못했으므로, 더 검토할 필요가 있다. 아마도 부파교단의 갈마가 가지는 역할과 그 중요성을 고려할 때, 히라카와가 주장하듯이 부파 동료 사이에 엄밀한 의미에서 공동거주는 불가능했다고 보아도 괜찮지 않을까 생각된다.[20] 다만 그 기준은 대승과 부파교단의 관계를 생각할 때에도 그 대로 적용해야 할지는 의문이다. 부파는 주로 계율적인 문제를 둘러싼 상위에 의한 분열에서 발생한 것이고, 그 때문에 계율에 대한 공통의 이해가 무엇보다 중요한 기준이 될 수 있지만, 대승은 그렇지 않기 때문이다. 히라카와는 대승은 교단이라는 전제에서 논의를 진행하고 있고, 대승이 새로운 사상을 앞에

내걸은 학파로서 등장하여, 존재하고 있었을 가능성은 처음부터 배제되고 있다. 그러나 만약 대승이 최초에 독자적인 계율을 갖지 않은 학파로서의 성격을 가지고 생겨난 것이라면, 부파교단과 계율 면에서 특히 충돌을 일으키지 않는 한, 공동거주가 불가능할 이유는 없을 것이다.

    이 외에도 히라카와는 불탑숭배의 문제 등을 내세워, 대승과 부파교단의 연속성을 부정함으로써, 이 양자의 직접적인 관계를 인정하지 않는다. 그에 따르면 불탑숭배는 부파교단에서는 본래 인정되지 않는 대승불교 특유의 것으로서 대승은 불탑을 중심으로 모여 불탑공양을 통해 부처를 찬탄하는 재가자들이 담당자가 되어 일으킨 새로운 운동이라고 한다. 요컨대 대승의 기원을 부파와 별도로 독립한 그룹에서 찾고 있고, 그 이해에 따르면 대승은 부파교단의 외부에서 발생한 것이 되고, 당연히 이 양자의 공동거주 관계도 부정되어버린다. 그러나 요즘 발표되고 있는 많은 연구는 모두 불탑공양과 부파교단의 밀접한 관계를 지적하는 것뿐으로, 부파와 대승의 연속성을 나타내는 것으로서 주목된다.[21]

4.
부파교단에서 대승의 위치

    이상, 히라카와가 '재가불탑 기원설'의 구축을 위해 제시한 문제 가운데, 대승과 부파교단의 공동거주를 중심으로 양자의 관계를 최근의 연구 성과를 소개하는 형태로 살펴보았다. 그것에 따르면, 대승을 부파교단의 외부에 두는 근거는 희박하고, 오히려 대승은 부파교단 가운데서 성장했을 가능성이 높다고 생각된다. 그렇다면 대승과 부파교단은 구체적으로 어떠한 관계를 가졌을까.

많은 학자들은 대승의 존재형태에 대해, 교단으로서의 자립성을 갖지 못한 채, 학파로서 존재했을 가능성을 언급하고 있다. '교단'과 '학파'가 가지는 구체적인 의미에 대해서는 논의의 여지가 있을 것이지만, 이미 지적되고 있는 바와 같이 전자는 구족계에 의해 소속이 결정되고, 또한 시마 sīmā의 유효성의 문제에서 생겨난 것이다. 한편 후자는 교리적인 입장의 상위에서 존재하는 것으로 이해해도 좋을 것이다. 종래에 대승이 실체가 있는 이른바 교단으로서 존재했을 가능성에 대해서는 주로 고고학적·계율적인 면에서 부정되어 왔던 경향이 있다.

우선 고고학적인 측면에서는 비문이 주목된다. 대승불교의 발생기에서 인도에 존재했던 많은 수의 기증된 비문이 현재 알려져 있지만, 그 대부분이 부파의 소속으로 귀착되고 있고, 대승의 이름을 기록한 것은 없다는 점이다. 쇼펜의 연구는 이런 문제점을 가장 잘 지적하고 있다. 그는 대승 Mahāyāna을 언급하는 6세기에서 12세기에 걸친 14종의 비문과 별도의 표현으로 대승을 언급하고 있다고 생각되는 80종의 비문을 조사한 결과, 대승은 4세기까지 비문 상으로 나타나지 않은 점을 지적하여, 4세기까지 대승은 독립적인 교단을 형성하지 않고 부파 가운데서 공존했을 가능성을 언급하고 있다.[22] 또한 그는 대승불교가 일반적으로 생각하고 있는 것처럼 그 발생 이후 인도에서 번영을 누리면서 주류를 형성한 것이 아니라, 어디까지나 주류는 부파교단이고, 대승은 5-6세기가 될 때까지 극히 '변두리'에 위치하면서 약한 움직임을 보이고 있는 것에 대해서도 '근본설일체유부율' 등의 검토에 근거하여 흥미 있게 논하고 있다.[23]

한편 대승불교에 부파교단의 구족계에 해당되는 것과 같은 새로운 계율을 찾을 수 없는 것도 대승의 교단으로서의 존재에 의문을 품게하는 요인의 하나이다. 대승 경전에서는 '십선계'라고 하여, 이전에 계율의 성격을 갖지 못한 10종의 선행이 계로서 강조된 것을 제외하고, 특히 교단이라는 조직을 통제할 수 있는 율과 같은 것은 별도로 보이지 않는다. 오히려 보살이 지켜야 할 계율로서 부파교단에서 지켜졌던 바라제목차나 재가자의 오계, 8재계 등의 수지가 거론되고 있고, 내용적인 면에서 모든 중생에 대한 대비심에 근거하여 적극적인 선행의 실천이 강조되고 있을 뿐이다. 이런 점에 대해 히라카와는 본래 부파교단과 완전히 관계를 갖지 않고, 10선계를 주로 이용한 보살들도 시대가 흘러감에 따라 부파교단과 밀접한 관계를 가지게 되고, 출가보살들은 부파교단의 비구들과 마찬가지로 바라제목차를 계율로서 이용하게 되었다고 설명하고 있지만,[24] 초기대승경전에서도 보살이 지키는 계율로서 바라제목차가 등장하고 있어, 이런 이해를 그대로 수용하기에는 문제가 있다고 지적되고 있다.[25]

아무튼 대승이 부파와는 구별되는 교단으로서의 조직을 가지고 있던 것을 확인할 수 있는 것과 같은 것은 없다고 생각되지만, 한편 대승의 학파로서의 존재 가능성에 대해서는 최근 대승불교의 기원을 연구하는 학자들 사이에서 대체로 의견의 일치를 보이는 것처럼 생각된다. 대승을 하나의 교단 또는 부파로서 인식하지 않고 학파로서의 특징을 가지는 것으로 간주하는 것은 이미 유럽과 미국에서는 일찍부터 지적되고 있다.[26] 위에서 언급한 쇼펜을 비롯한, 예를 들어 베헤르트는 대승의 형성은 성문승 Śrāvakayāna 또는 소승 Hīnayāna과 대비하는 것으로서, 부파교단 nikāya이 서로 그들의 구족계를 인정하면서 특정 성전을 사용하는 승려집단으로 정의된 것이라면, 대승불교의 발생은 불교의 모든 영역과 모든 니카야를 지배하는 발전이었다고 하고, '대승은 모든 불교도들에 대한 특별한 요청을 받아들인 사람들의 참회이다. 이것은 붓다의 지위로 인도하는 길, 즉 보살이 오래도록 고난의 길로 진행하려고 하는 요구였다'고 설명하고 있다.[27] 베헤르트와 같이 대승을 어떤 특정한 부파나 부파의 외부에서 발생한 움직임으로 파악하지 않고, 모든 부파 내에서 일어난 '불교도로서 걸어야만 하는 특별한 길에 대한 자각'으로서 이해하는 학자는 많은 것 같다. 또한 요즈음『대승열반경』을 중심으로 대승경전과 부파의 교리가 연결되는 것을 훌륭히 논증해보이면서, 대승은 '부파 내부의 경전제작 운동'이라고 결론내린 시모다 마사히로의 연구[28]를 비롯해, 이제는 대승을 학파로서 보는 것에 이견을 제기할 여지는 없는 것처럼 보인다.[29]

그런데 대승의 정체성이 승원생활에서 중요한 의미를 갖는 계율적인 행위에 관련한 문제가 아니었다는 것을 인정한다면, 인도를 방문한 사람들이 대승불교의 비구와 전통부파교단의 비구들을 같은 사원에서 목격한 사실도 쉽게 이해될 수는 없을 것이다. 예를 들면 7세기에 인도를 여행하고 나란다 사원에 유학한 구법승 의정(635-713)은 대승과 부파교단이 하나의 승원에서 섞여서 생활하고 있는 모습을 전하면서, "(그런데 대승·소승에 대해) 그 취지를 생각해보면, (대승도 소승도 율장의 가르침에 의한 검증·교정) 율검은 다르지 않아, 다 같이 5편을 제정하고 있는 것이고, (대승이나 소승이나) 대체로 4제를 닦고 있는 것이다. 만약 보살을 예경하여 대승경을 독송한다면, 이것을 대(승)이라 명명하는 것이고, 이런 것을 하지 않으면 그것을 소(승)으로 부른다(는 단지 그 뿐인) 것이다. 그리고 대승을 말하더라도 2종이 있는 것에 지나지 않는다. 그 하나는 중관, 둘째는 유가이다"라는 기술을 남기고 있는데,[30] 이것은 계율에 대해 공통된 이해를 가지고, 또한 4제와 같이 기본적인 교리를 인정하는 입장에 상위가 없다면 대승이거나 소승이거나 하나의 승원에서 공동거주가 가능했다는 것을 나타내는 것으로 이해해도 좋을 것이다.

또한 마찬가지로 7세기 무렵에 인도를 방문한 현장은 '대승상좌부 Mahāyāna-Sthavira'가 있었던 승원으로서 다섯 곳을 들고 있지만, 이미 지적한 바와 같이 이 '대승상좌부'라는 표현에서도 상좌부에서 구족계를 받고 상좌부의 갈마에 의해 생활하는, 이른바 상좌부의 비구이면서 대승의 가르침을 받아들인 자들의 집단을 상기할 수가 있을 것이다.³¹ 이러한 의정이나 현장의 보고는 7-8세기의 인도교단의 상황을 전하는 것이고, 후대의 인도불교교단의 실정을 반영하는 것이지만, 대승교도와 부파의 비구들 사이에 계율의 수지 또는 4제라는 불교의 가장 기본을 이루는 교리에서 동일하다면 부파교도이거나 대승교도이거나 공동거주생활에 문제가 없었다는 것을 나타내는 것으로도 주목될 것이다.

1   平川彰, 『初期大乗仏教の研究』, 春秋社 (1968). 이 책은 1998년과 1990년에 각각 『平川彰著作集3 初期大乗仏教の研究』I と『平川彰著作集4 初期大乗仏教の研究』II로서 춘추사에서 재판되었지만, 본 장에서는 1968년에 출판된 것에 의해 논의를 진행한다.
2   平川彰, 前揭書, p.23.
3   Vin.3. pp.171-177; Vin.2, pp.180-206; Vin.1, pp.337-360.
4   Vin.3. p.171.
5   Dīpavaṃsa, 제4장, vv.47-53, 제5장, vv.16-32; Mahāvaṃsa, 제4장, vv.9-66; Vin.2. pp.294-308. 다만 「10사」를 둘러싼 논쟁은 『도사』 등의 초기 팔리연대기에서만 분열의 원인으로서 언급되고, 제율의 건도에도 전해지지만, 분열의 원인으로서는 언급되지 않는다.
6   이 문헌에서는 '仏言. 摩訶僧祇其味純正. 其余部中如被添甘露.'로 기술하여, 대중부만이 그 내용이 섞이지 않고 바르다고 하는 것에서 대중부의 소속인 것은 아마도 확실하다고 생각된다 (大正24, No.1465, p.900 c25-26). 다만 사사키 시즈카가 지적하듯이, 대중부의 문헌에서 투표로 대중부는 '黒籌'를 취하고, 상좌부는 '白籌'를 취했다고 기록하고 있는 것은 불교에서 흑색과 백색이 가진 의미를 생각할 때, 확실히 기묘하다. 佐々木閑, 『インド仏教変移論-なぜ仏教は多様化したのか-』, 大蔵出版 (2000), pp.261-274.
7   대정24, 900b20-28.
8   Bareau, Les Premiers Conciles Bouddhiques du Petit Véhicule, Paris (1955), pp.95-96.
9   L. de la Vallée Poussin, "Notes bouddhiques VII: Le vinaya et la pureté d'intension" and "Note additionnelle," Académie Royale de Belgique: Bulletins de la Classe des Lettres et des Sciences Morales et Politiques, 5e série, vol.15 (1929), pp.201-217, 233-234; "Notes bouddhiques VIII: Opinions sur les relations deux véhicules au point de vue du Vinaya," Académie Royale de Belgique: Bulletins de la Classe des Lettres et des Sciences Morales et Politiques, 5e série, vol.16 (1930), pp.20-39.
10 H. Bechert, "Notes on the Formation of Buddhist Sects and the Origins of Mahāyāna", German Scholars on India, vol.1, Varanasi (1973), pp.6-18.
11 H. Bechert, "Aśokas Schismenedikt "und der Begriff Saṅghabheda," WZKSO, vol.5, pp.18-52.
12 H. Bechert, "Notes on the Formation of Buddhist Sects and the Origins of Mahāyāna", German Scholars on India, vol.1, Varanasi (1973), pp.6-18.
13 Paul Williams with Anthony Tribe, Buddhist Thought —A Complete Introduction to the Indian Tradition, London: Routledge (2000), p.98.
14 E. Frauwallner, The Earliest Vinaya and the Beginnings of Buddhist Literature, Rome (1956).
15 힌위버는 각 부파의 구족계갈마에서 제창하는 구나 문자의 발음 및 그 형성에 상위가 있는 것을 지적하고 있다. O. von Hinüber, Das Buddhistische Recht und die Phonetik des Pāli: Ein Abschnitt

aus der Samantapāsādikā über die Vermeidung von Aussprachefehlern in Kammavācās,, SII, Vol. 13/14 (1987), pp. 101-127. 더욱이 Bizot는 후대에 동남아시아에서 삼귀의 "buddhaṃ saraṇaṃ gacchāmi"를 제창하는 경우, ṃ의 발음으로 발음할지, 또는 "buddham saraṇam gacchāmi"와 같이 m으로 발음할지 이런 두 가지 발음을 둘러싸고 분열이 생겼다는 것을 보고하고 있다. F. Bizot, *Les traditions de la pabbajjā en Asie du Sud-Est*, Vandenhoeck & Ruprecht in Göttingen (1988).

16 平川彰, 前揭書, pp. 678-686.
17 다만 히라카와는 부파가 각기 율에 의해 운영된 것을 증명하는 근거를 여러 율에서 몇 가지를 제시하고 있지만, 이것은 이미 사사키 시즈카가 지적하고 있듯이, 그 대부분은 맞지 않다. 平川彰, 前揭書, p. 679; 佐々木閑, 前揭書, p. 332.
18 平川彰, 前揭書, pp. 680-681.
19 佐々木閑, 前揭書, pp. 331-334.
20 이런 문제를 생각할 때에, 여러 율에서 나타나는 '동주同住' samānasaṃvāsaka와 '이주異住' nānāsaṃvāsaka라는 용어에는 주의할 필요가 있다. 이러한 용어가 가지는 구체적 의미에 대해서는 아직 검토 중이고, 명확한 것은 말할 수 없지만, 동일 경계 중에서 같은 견해(아마도 계율적인 문제에 관해)를 가지는 비구 동료로서 갈마를 공동으로 행하는지 아닌지에 의해 공주와 이주의 개념을 구분해서 사용했다고 생각된다. 히라카와와 같이 동주는 자파의 비구를, 이주는 타 부파의 비구를 의미한다고 단정할 수 있는 증거는 없지만, 적어도 Kieffer-Pülz가 지적하듯이 부파분열의 기초로서 역할을 했을 가능성은 있다. 平川彰, 前揭書, pp. 687-691; P. Kieffer-Pülz, *Die Sīmā,Vorschriften zur Regelung der buddhistischen Gemeindegrenze in älteren buddhistischen Texten*, Berlin (1992), pp. 52-54 ; 李慈郎, 「サンガの「和合」を巡って-samānasaṃvāsaka と nānāsaṃvāsaka の検討」『仏教研究』제36호 (2008), pp. 231-253.
21 불탑신앙이 대승뿐 아니라, 부파교단과도 밀접한 관계를 가졌던 것에 대해서는 下田正弘, 『涅槃経の研究-大乗経典の研究方法試論』, 春秋社 (1997)에서 종래의 연구를 토대로 상세하게 논하고 있다.
22 G. Schopen, "Mahāyāna in Indian Inscriptions," IIJ, vol. 21, pp. 1-19.
23 G. Schopen, "Monastic Buddhism in India During the Mahāyāna' Period" 大谷大学大学院特別セミナー講義録, 1996.11-1997.10; 小谷信千代訳, 『大乗仏教興起時代-インドの僧院生活』, 春秋社 (2000).
24 平川彰, 前揭書, pp. 481-482.
25 佐々木閑, 前揭書, pp. 320-321.
26 이 연구의 흐름에 대해서는 下田正弘, 前揭書, pp. 13-17에 정리되어 있다.
27 H. Bechert, "Notes on the Formation of Buddhist Sects and the Origins of Mahāyāna", *German Scholars on India*, vol. 1, Varanasi (1973), p. 11.
28 下田正弘, 前揭書.
29 이 외에 대승이 부파교단 중에서 실제 병존하여 흥기했던 양상을 율장의 기술에서 추출하는

시도를 한 袴谷憲昭, 『佛教教団史論』, 大蔵出版 (2002)도 대승교단으로서의 존재를 부정하는 것으로 흥미롭다.

30 대정54, p.205c; 宮林昭彦·加藤栄司訳, 『南海寄帰内法伝－七世紀インド仏教僧伽の日常生活』, 法蔵館 (2004), pp.17-18.

31 베헤르트는 북인도의 대승공동체가 설일체유부의 성전을 사용했듯이, 스리랑카의 대승상좌부가 특별한 버전의 팔리성전을 사용했던 것을 지적하면서, '대승상좌부'라는 표현 중에 포함되어 있는 의미를 이와 같이 추정하고 있다. H. Bechert, "Notes on the Formation of Buddhist Sects and the Origins of Mahāyāna", *German Scholars on India*, vol.1, Varanasi (1973), p.13.

참고문헌

미야바야시 아키히코(宮林昭彦)·가토 에이지(加藤榮司) 訳
    2004   『南海寄帰内法伝－七世紀インド仏教僧伽の日常生活』, 法蔵館.
사사키 시즈카(佐々木閑)
    2000   『インド仏教変異論 －なぜ仏教は多様化したのか』, 大蔵出版.
시모다 마사히로(下田正弘)
    1997   『涅槃經の研究－大乗経典の研究方法試論』, 春秋社.
이자랑(李慈郎)
    2008   「サンガの「和合」を巡って－samānasaṃvāsakaとnānāsaṃvāsakaの検討」(『仏教研究』제36호).
하카마야 노리아키(袴谷憲昭)
    2002   『仏教教団史論』, 大蔵出版.
히라카와 아키라(平川彰)
    1968   『初期大乗仏教の研究』, 春秋社.

Bareau. A
    1955   *Les Premiers Conciles Bouddhiques du Petit Véhicule*, Paris.
Bechert. H
    1973   "Notes on the Formation of Buddhist Sects and the Origins of Mahāyāna", *German Scholars on India*, vol.1, Varanasi.
Bechert. H
            "Aśokas "Schismenedikt" und der Begriff Saṅghabheda," *WZKSO*, vol.5.
Bizot, F.
    1988   *Les traditions de la pabbajjā en Asie du Sud-Est*, Vandenhoeck & Ruprecht in Göttingen.
de la Vallée Poussin, L.
    1930   "Notes bouddhiques VII: Le vinaya et la pureté d'intension" and "Note additionnelle," *Académie*

Royale de Belgique: Bulletins de la Classe des Lettres et des Sciences Morales et Politiques, 5e série, vol.15, 1929; "Notes bouddhiques VIII: Opinions sur les relations deux véhicules au point de vue du Vinaya," *Académie Royale de Belgique: Bulletins de la Classe des Lettres et des Sciences Morales et Politiques*, 5e série, vol.16.

Frauwallner, E.
1956 *The Earliest Vinaya and the Beginnings of Buddhist Literature*, Rome.

Geiger, W.
1958 *The Mahāvaṃsa*, London: Pāli Text Society.

Kieffer-Pülz, P.
1992 *Die Sīmā, Vorschriften zur Regelung der buddhistischen Gemeindegrenze in älteren buddhistischen Texten*, Berlin.

Oldenberg, H.
1992 *The Dīpavaṃsa —an Ancient Buddhist Historical Record*, 1st ed. 1879; New Delhi: Gayatri Offset Press.

Paul Williams with Anthony Tribe
2000 *Buddhist Thought —A Complete Introduction to the Indian Tradition*, London: Routledge.

Schopen, G.
 "Mahāyāna in Indian Inscriptions," IIJ, vol.21.

Schopen, G.
2000 "Monastic Buddhism in India During the Mahāyāna 'Period" 大谷大学大学院特別セミナー講義録, 1996.11-1997.10; 小谷信千代訳『大乗仏教興起時代ーインドの僧院生活ー』春秋社.

von Hinüber, O.
1987 *Das Buddhistische Recht und die Phonetik des Pāli: Ein Abschnitt aus der Samantapāsādikā über die Vermeidung von Aussprachefehlern in Kammavācās*, SII, Vol.13/14.

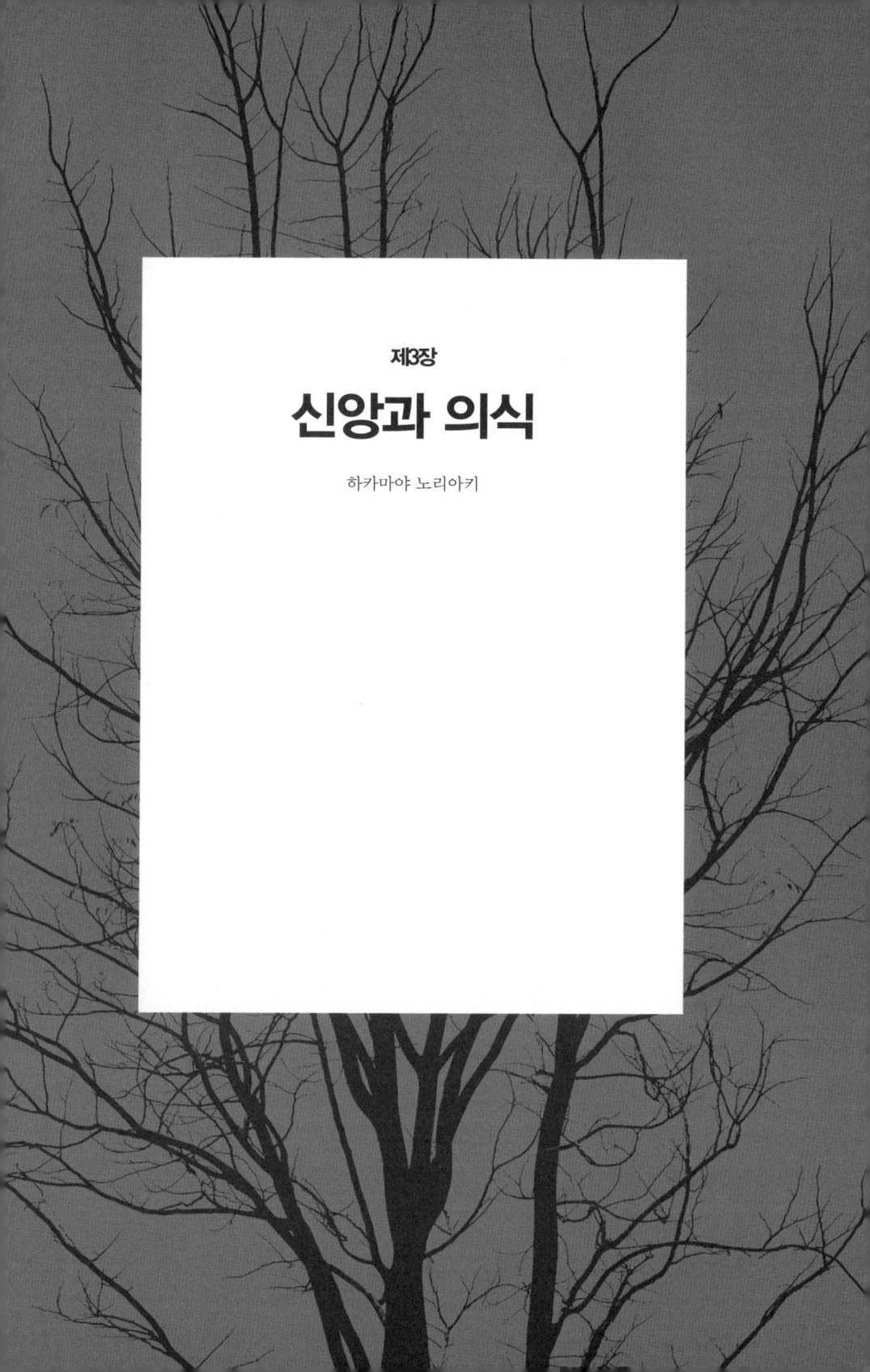

제3장
신앙과 의식

하카마야 노리아키

1.
문제의 설정

불교의 개조인 석존 Śākyamuni이 불교를 창시한 이래 불교는 교단 saṃgha 없이는 존재하지 않았고, 존재하지 않으며, 존재하지 않을 것이다. 더욱이 그 교단은 기본적으로 출가자 남녀인 비구와 비구니, 한편 재가자 남녀인 우바새와 우바이라는 4부대중 catuṣ-pariṣad으로 구성되어 있다. 그리고 대승이나 밀교의 전개까지를 포함해서 불교의 발전이란 매우 희귀한 사례를 제외하면, 이러한 의미에서 전통적인 불교교단을 중심적인 무대로 하여 운영되는 것 이외에는 있을 수 없었다.[1] 특히 대승불교로 불리는 운동이 전개되는 듯하는 시대가 되면, 그 거점에서는 반드시 활발한 경제활동으로 지지되어 대규모화된 교단이 불상을 포함한 화려한 갖가지 건축의 위용을 뽐내고 있었음에 틀림없다고 생각된다. 불교의 신앙이나 의식도 이러한 전통적인 불교교단에서 대승불교로 불리기까지 크게 변용해가지 않을 수 없었다.

그 신앙이나 의식은 교단을 무대로 출가자와 재가자의 관계에서 성립하고 있었는데, 교단에 대승불교가 배태되어 침투해감에 따라 '성불발심(ahaṃ buddho bhaveyaṃ 내가 부처가 될 수 있도록)의 원력'을 갖추고 있다고 간주된 출가자와 재가자란 각각 '출가보살'과 '재가보살'로 불리게 된다.[2] 한편 그 출가자와 재가자 또는 '출가보살'과 '재가보살'이라는 양자의 관계를 원활하게 되도록 노력하는 교단의 담당자가 vaiyāvṛtyakara(zhal ta pa, zhal ta byed pa, 집사)를 대표적 호칭으로 하는 karma-dāna(las su bsko ba 維那)나 upadhi-vārika(dge skos 知事) 등 관리직의 출가자들이었다.[3] 더욱이 교단 내에 그들의 존재를 명확히 인정하는 것에 의해 대승불교의 흥기와 함께 전통적인 불교교단과는 완전히 별개로 새로운 재가자들만의 교단이 형성되었다고 상정할 필요도 없게 되었지만,[4] 그 관리인들의 실상을 생생하게 묘사한 기술이 근본설일체유부 Mūla-Sarvāstivāda의 『율분별』 추방죄 波羅夷 제3조의 살인에 관한 해석 가운데서 인정된다.[5] 나는 일찍이 그러한 기술에 주목하여 그것을 이미 일역으로 소개한 적도 있지만, 최근 조나단 실크 교수도 새로운 관점에서 동일한 기술에 주목하고 있기[6] 때문에, 이전의 졸역을 다시 번역하고, 그런 후 교단의 관리인들에 초점을 두어 교단의 조직을 개관하고자 한다. 또한 이하는 이전의 상태, 즉 문자 그대로 재번역이지만, 밑줄 친 부분은 번역이나 이해에 문제가 남아 있는 곳이라는 것을 나타내고 있다.

불세존은 슈라바스티(mNyan yod, Śrāvastī)에 제타바나(rGyal byed kyi tshal, Jetavana)의 아나타핀다다(mGon med zas sbyin, Anāthapiṇḍada)의 정원에 머물고 있었다. 바로 그 무렵 연세가 든(tshe dang ldan pa, āyuṣmat, 具壽, 長老) 마하=마우드갈야야나 Maudgalyāyana는 우파리(Nye bar 'kor, Upāli) 등 새로운(sar pa, nava) 젊은(skyes phran, dahara) 소년(gzhon nu, kumāra, 童子) 17명의 무리를 출가·수계시켰을 때, 17명 중 만약 1명에게 업무집행직(las su bsko ba, karma-dāna)이 맡겨졌을 경우에도 그들 모두가 함께 일에 종사하도록 했다. 얼마 뒤의 일이었는지 그 승원(gtsug lag khang, vihāra)에서 밤새 법문을 듣는 행사(chos mnyan pa, dharma-śravaṇa, 독송)가 있었기 때문에, 거기서 그들 모두는 일체가 되어 임무를 완수했다. 그 후 어느 날 교단(dge 'dun, saṃgha)에 사우나욕탕(bsro khang, jentāka)이 생긴 이후 거기서도 그들 모두는 일체가 되어 책무를 다했다. 그 후 어느 날 17명의 무리 가운데 한 사람에게 사찰 안의 관리직(dge skos, updhi-vārika)

이 맡겨졌고, 그날 중에도 모두는 승원을 장식하고 있었다. 거기서 사찰 안의 관리직 임무를 다해가면서, 17명의 무리 가운데 한 사람에게 다음과 같은 생각이 떠올라, '나는 피로하기 때문에 자자. [나머지] 16명으로 임무가 불가능한 것도 아닐 것이야'라고 생각했던 것이다. [그렇지만] 마찬가지로 [다른] 사람들도 그와 같은 생각이 떠올라, 16명의 다른 사람들도 모두 각자 자고 말았다. 단지 남은 한 사람의 사찰 내 관리직만이 밤새 일을 하고, 날이 밝자 등잔 mar me'i kong bu을 모아 문을 열고 승원에 물을 뿌리고, 기름을 바르고(byug pa byas te, vilepanaṃ kṛtvā), 때를 알린 dus shes par byas 후, 좌석(stan, āsana)을 정리하고, 불탑(mchod rten, stūpa)의 광장('khor sa, aṅgaṇa, pradakṣiṇa-paṭṭikā)에 훈향(bdug spos, dhūpa)을 뿌리고, 승원의 위에 서서 징(gaṇḍī 楗椎)을 치기 시작했다. 그러자 [다른] 16명도 징소리에 깨어나 각자의 승방(gnas khang, layana)에서 발우(lhung bzed, pātra)를 손에 들고 나와, 그들은 단지 사내관리직 혼자서 이곳저곳 뛰어다니는 것을 보고 서로 말했다. "이봐 모두 그 혼자서 이곳저곳 뛰어다니는데, 우리들은 어느 한 사람도 그에게 협력해주지 않았잖는가"라고 한 사람이 말했다. "나에게는 다음과 같은 생각이 떠올라, 나는 피곤하니까 잘까, [나머지] 16명으로 일이 불가능한 것도 아닐 것이라고 생각한 것이다"고. 마찬가지로 다른 한 사람도 그렇게 말하자, 나머지 사람들도 그렇게 말하고, 전원이 그렇게 말한 것이다. 그러자 16명이 말하기를, "여러분 그는 우리들의 임시적인 일('phral gyi bya ba, sahasākriyā) 전부에 처음부터 걸려 있는 것이니까, 우리들이 그에게 협력해주지 않은 것은 우리들이 부정한 것을 행하게 된 것이다. 그는 우리들은 비난할 것이기 때문에 식사를 끝낸 직후에 용서해달라고 부탁해야 한다"고 말하게 되어, 그들은 식사를 끝낸 후 용서해달라고 부탁하러 갔다. 연하의 사람 gzhon pa들은 그의 양발에 엎드리고, 연상의 사람 rgan pa들은 머리에 손을 대고, "그대여, 아무쪼록 용서해주기를 부탁합니다"라고 말했지만, 그는 완전히 침묵할 뿐이었다. 그와 가장 친한 사람이 간질이자 ga ga tshil byas pa 그는 웃기 시작하며 "용서해요"라고 말했다. [그래서] 그들이 생각하건대 '그것은 좋은 방법이다'고 생각하여 다른 사람도 간지럽히고 마찬가지로 모두가 간질이자, <u>그는 [체내의] 바람기운이 위쪽에 이르러 죽어버렸다</u>. 그들이 갑자기 슬퍼하고 있을 때에 비구(dge slong, bhikṣu)들이 말했다. "아 17명이 모인 사람들은 왜 갑자기 슬퍼하고 있는가"라고. 그들은 말했다. "우리들은 이전 17명의 모임이었는데, 지금은 16명의 모임이 되어버려, 뜻이 맞는 청정한 생활자와 이별하고, 추방죄(pham par gyur pa'i ltung ba, pārājikâpati)가 생겼다"고. 그 비구들은 "좋지 않은 일이다"고 말하고 사라졌다. 그 16명도 또한 다른 쪽으로 사라졌지만, 마음이 슬픔에 젖어 있는 것을 다른 비구들이 보고, 그 비구들은 비웃기 시작하여, "자네들, 이 17명의 모임은 마치 짚이 불붙는 순간은 불타는 순간에 사라져버리듯이, 다발 사이는 서로 장난 하더라도 다발 사이에 마음이 슬픔에 젖어버리는 것이다"고 말했다. 그들은 슬픔의 불에 의해 마음이 상처 입었기 때문에 비웃음을 당해도 아무말도 하지 못했지만, 그 상황을 비구들이 세존에게 아뢰자, 세존은 말씀하셨다. "비구들이여! 그 비구들에게 죄는 없다. 또한 비구는 간지러서는 안 된다. 한다면 그는 유죄가 된다('gal tshabs can du 'gyur, sātisāro bhavati)"고.

긴 인용이지만, 흐뭇하면서도 슬픈 이야기의 배경으로 교단에서 부지런히 일하고 있는 젊은 출가자들의 실정이 잘 묘사되었을 것이다. 그들은 여기서는 karma-dāna, upadhi-vārtika로 불리는 교단의 관리인들이지만, 실제로는 교단의 실무자라고 할 만한 관리직으로 승원에서 불탑에 이르는 그 일은 쉬면 순식간에 곯아떨어질 것 같은 중노동이었다. 여기에서 직무명이 나오지 않은 vaiyāvṛtyakara(veyyāvaccakra)도 역시 마찬가지 직종으로 그것은 교단의 규율조문 prātimokṣa 몰수자백죄 捨墮法 제10조에 나온 이후의 직명이지만, 다른 동종의 직무와 함께 명칭 사이의 차이보다는 유사한 직종의 시대에 의한 변화나 세분화에 의한 차이 쪽이 크다고 느껴진다.[7] 그러나 어쨌든 그 관리인들은 대승불교가 성립한 듯한 시대에는 앞의 인용문 말미에 '간지럽혀서는 안 된다'는 제정에서도 명확한 것과 같이 '비구'로서 취급되는 출가자들이었다.

그들이 교단을 참배하는 재가자들을 위해 앞에서 인용한 율장에서 묘사하고 있는 것과 같이 승원을 정비한다든지, 불탑을 장식한 후, 아마도 당일에는 실제로 재가자들을 돌보기도 했을 것이지만, 바로 참배하는 재가자들이 지향하는 교단의 앞에는 틀림없이 영험이 뛰어난 '복전(dakṣiṇīya, puṇya-kṣetra)'이 있었을 것이다. 그리고 그 '복전'에 대해 재가자가 '보시(dakṣiṇā, dāna)'를 행하는 경우의 기본적인 생각을 정형화한 대표적인 문구가 "deya-dharmo 'yam (of, title+name) yad atra puṇyaṁ tad bhavatu x : '이것은 (직함 t, 이름 n인 사람의) 보시이다. 여기에 있는 공덕의 모두가 x를 위하게 되도록[8]'"이다.

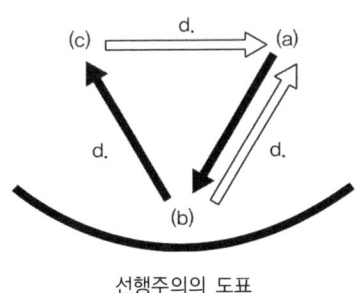

선행주의의 도표

이상을 도식화한 것이 앞에서 제시한 '선행주의'의 그림[9]이지만, 그림 (a)는 '보시'를 행하는 재가자, 원주의 한 변 (b)는 '복전', (c)는 'x를 위해'라는 명목을 가리킨다.[10] d.는 그들 사이를 왕래하는 '보시' 또는 '보시'의 힘이지만, 그 힘은 '복전'이 뛰어난 것인 만큼 크다. 더욱이 '복전'은 '불탑'이나 '영지' 등의 건축

물뿐만 아니라 진정한 고행자인 불보살을 의미한다. 그리고 (a)의 재가자나 (b)의 고행자가 '성불에 대한 발원'을 갖추고 있다고 간주된다면, 각각이 순서대로 본 절의 모두에서 말한 '재가보살'과 '출가보살'이라고 칭하게 되는 것이다.

그러면 전통적인 불교교단만으로 전개되는 대승불교의 문제를 이상과 같은 무대로서 설정한 다음, 그 신앙과 의식의 문제를 이하에서 순서대로 살펴보기로 하자.

2.
신앙의 실천

우선 앞 절에서 다룬 '복전'이라는 말에 관해서도 약간 더 상세하게 설명을 보충하자면, 그 직접적인 원어로서는 '복puṇya'이 생기는 '전kṣetra'이라는 의미의 puṇya-kṣetra가 일반적으로 쓰이지만, 그것이 '보시dakṣiṇā할 만한 것'이라는 의미로는 dakṣiṇīya도 '복전'으로 한역되어 완전히 동의어로 쓰이고, 또한 그것이 '제물 yajña'의 대상이 될 수 있는 것으로 간주되는 경우에는 ijyat(제물이 되는 것) 등의 용어가 쓰이기도 한다. 이러한 '복전'에 대해서 큰 과보를 기대하는 것을 대략적인 의미로 우선 인도적인 신앙으로 파악하는 것은 허락될 것이다.

이런 의미로 불교도에게 최고의 '복전'이란 틀림없이 불세존인 석존이지만, 그 것을 표명하여 '남전'이나 '북전'에서도 유포하여 인구에 회자된 유명한 게송은 다음과 같은 것이다.[11]

불에 대한 제사는 제사 중의 최고이다. 가야트리[찬가]는 신에 대한 찬가 가운데 최고이다. 왕은 사람 가운데 최고이다. 대해는 하천 가운데 최고이다. 달은 별 가운데 최고이다. 태양은 빛나는 것 가운데 최고이다. 위에서도 옆에서도 밑에서도 사람들이 나아가는 한, 신들을 동반하는 세간에서 실로 등각자(saṃbuddha=佛)는 공양받는 자 ijyat 가운데 최고이다.

그런데 본 장에서 '복전의 게송'으로 부르기로 한 이 게송은 불전 가운데 곳곳에서 인정될 뿐만 아니라 이것과 유사한 의도는 이미 알려진 바와 같이 힌두 성전이나 쟈이나 성전에서도 서술되어 있기[12] 때문에, 이 게송의 불교 독자적인 의미는 가능한 한 통인도적인 문맥을 떠나 불교의 '사상(dṛṣṭi 견해)'이나 '철학(abhidharma 논)'을 주장하려고 한 경전 중에서 구하지 않으면 안 된다. 여기서는 그와 같은 자격을 갖춘 경전으로서 한역『잡아함경』권110경, 및 중요한 게송은 갖추지 않았지만, 이 정도로 평행하는 팔리 중부 제35경『소삿챠카경 Cūlasaccaka-sutta』을 지적할 수 있다.[13] 그러나 이런 '사상'이나 '철학' 상의 주장을 전면에 내세운 것으로 생각되는 한역이나 팔리 경전 중에도 '복전'으로서의 여래에 대해 나중에 대승경전에도 많이 쓰이게 되는 '공경의 4연결어'라고 내가 부르는 통인도적인 상투어가 부가되어, 다음과 같이 서술되고 있는 것에는 충분히 주의할 필요가 있을 것이다.[14]

Tathāgatañ-ñeva sakkaroti garukaroti māneti pūjeti
([그는] 여래만을 존경하고 존중하여 숭배하고 공양한다)
於大師所, 恭敬尊重供養, 如佛.

더욱이 그 직후에는 '해탈의 4연결어'라고 내가 부르는 상투어와도 흡사한 표현이 한역과 팔리 양쪽에 함께 등장하고 있지만,[15] 이러한 부가적 요소를 제외하는 방향으로 양 본에 공통하는 본경의 기본적인 주장점을 생각해보면, 그 역점은 오온의 무상(anicca, anitya)과 무아(anattan, anātman)에 놓여 있지 않은가라고 추측된다.[16] 그리고 경전의 교설이 전개되는 골자는 쟈이나교도 삿챠카가 자아설 ātma-vāda에 입각해 석존을 논파하려고 하지만, 오히려 그 무아설 anātma-vāda에 의해 삿챠카 쪽이 굴복된 경우가 있다. 그 때문에 필시 전통적인 불교교단의 하나인 설일체유부 Sarvāstivāda에 소속되면서도 '습관(śīla 계)'이나 '생활(vinaya 율)'의 측면을 중시하여 그 실천 yoga의 매뉴얼을 형성하고 있던 실수행파(Yogācāra 유가사)조차 『유가사지론』의 「섭사분」 가운데 본경에 근거하는 해석[17]에서는 '유아론'과 '무아론'을 대비적으로 논하여 이 논의를 중시하지 않을 수 없었던 점은 크게 주목해야만 한다.

그러나 전통적인 불교교단이 앞에서 언급한 부파 또는 다른 부파에 소속되면서도 개조의 가르침이 무엇이었는지를 '사상'이나 '철학'의 측면에서 논의나 비판을 통해서 구명해가기보다는 교단에 참배하러 오는 재가자들을 위해 '복전'에 상응하는 부처 또는 그것에 유래하는 불상이나 불탑의 공덕이 위대함을 찬미하여 그것에 대한 신앙을 역설하는 출가자들도 경제의 번영에 뒤따르는 교단의 대규모화와 함께 급격하게 증대해갔을 것이다. 그것은 문헌상으로 말하자면 앞에서 본 '복전의 게송'이나 '해탈의 4연결어'나 '공경의 4연결어' 등에 비견되는 요소의 부가 또는 그 요소 자체를 새롭게 표현하는 창작이 등장하는 것과 같이 된 것을 의미하지만, 후자의 활동이 대승경전의 성립과 다름없다. 그 대승경전에 나타난 동향의 일례로 말해도 좋은 '일음연설법'이란 불仏은 일음만으로 모든 유정에게 법을 나타내는 것이 가능한 것으로서 '복전'에 상응하는 불덕을 찬양한 것이지만,[18] 오히려 이러한 현상 자체는 불교를 교단에서 넓게 세상에 개방하는 운동으로서 평가되어야 할 것이다. 그러나 개조의 가르침의 의미를 '사상'이나 '철학'의 측면에서 그다지 엄밀하게 해석하려고는 하지 않고, 개조의 '복전'으로 신비로운 힘만을 찬미하는 방향으로 너무 나가면, 아무래도 통인도적인 '습관'이나 '생활'에 따라 그것을 지탱하고 있는 애니미즘적인 영혼인 자아 ātman를 긍정하기 쉽게 되고, 그 정신주의에 서서 물질이 감소하면 할수록 정신은 증대한다는 '소선성불'적인 발상을 허용하여 부풀게 되어버린다. 그 결과 『대지도론』은 그 '소선성불'을 다음과 같이 당연한 것으로 말하게 되는 것이다.[19]

　　有小因大果, 小緣大報, 如求佛道, 讚一偈, 一稱南無佛, 燒一捻香, 必得作佛.

그런데 이와 같은 교단 내의 대승불교적인 동향에 대해 북서인도의 전통적인 불교교단의 대표적 부파였던 설일체유부는 『발지론』을 중심으로 하는 논의나 비판의 집대성인 『대비바사론』 가운데서 앞의 '일음연설법'적인 경향을 찬불의 레토릭으로서는 일단 용인하면서도 이러한 찬불송이 과연 불교일까라는 점에서는 다만 수사가 과다할 뿐이었고, 진실로부터는 거리가 멀다고 그것이 불설이라는 것은 부정하고 있었다.[20] 그리고 설일체유부의 입장에서 불설, 즉 '불교 buddha-vacana'란 개조의 언설의 전승으로서의 '삼장 tri-piṭaka'을 가리킨다. 그들은 이 '삼장'에 대해 율장은 '습관'이나 '생활'에 관한 불설이기 때문에 그 제정이 시대나 지역에 따라 변화하는 것임을 고려하여, 논리적 또는 윤리적으로 일방적인 선악의 판단을 내리는 것이 불가능한 '무기 無記'로 간주했지만, 이것과는 달리 경장은 '사상'이나 '철학'에 관한 불설이기 때문에 그것을 처음으로 세상에 보여준 개조 석존을 '일체지자 sarva-jña'로 믿고, 그 언설은 기준으로 타자와의 논의나 비판을 매개로 불교의 바른 해석을 구축하려고 노력했다. 그리고 이런 것 자체가 『대비바사론』을 비롯한 그들의 '논장'의 전승과 저술을 지칭하는 것이다.[21] 그들의 이러한 자세는 『대비바사론』의 모두에서 명백하지만,[22] 『발지론』 이래 북서인도에서는 특히 문제시 되었을지도 모를 이 논서 중의 광의의 신앙에 대해 논의하는 개소에서는 불제자 중의 최고의 지자로 찬양된 사리푸트라(사리자)에 맡겨진 다음과 같은 말이 기록으로 남겨져 있다.[23]

> 만약 부처가 이 세상에 출현하지 않았다면, 나 사리푸트라는 눈먼 채로 생애를 마쳤을지도 모른다.

나는 이 사리푸트라에게서 불교도가 보여준 석존에 대한 신앙의 전형을 보는 것 같은 느낌이 든다. 인도의 '습관'이나 '생활'에 깊이 뿌리내리고 있는 까닭에 그때까지 어느 한 사람도 의심한적 없는 애니미즘적인 영혼과 같은 자아 ātman를 처음으로 존재하지 않는 것이라고 가르쳐, 그 무지를 일깨워준 석존에 대한 그의 생각은 바로 신앙 śraddhā 이외의 그 무엇도 아니었을 것이다.

그러나 '자아는 존재하지 않는다 ātmā nâsti'라는 주장은 그것을 믿지 않는 사람에게는 단지 명령에 지나지 않기 때문에,

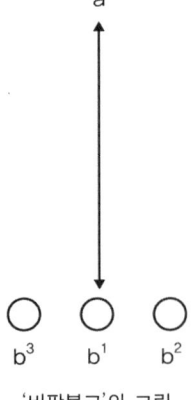

'비판불교'의 그림

그것을 사리푸트라와 동일하게 다른 사람들에게도 이해받기 위해서는 석존이 입멸한 후, 후대가 되면 될수록 교단의 출가 학승들은 언어에 의한 논의나 비판을 거듭하는 것에 의해 그 단절된 희유의 가르침을 설한 석존에 대한 신앙으로 사람들을 이끌려고 했을 것이다. 그와 같은 불교를 임시로 '비판불교'[24]로 부르기로 한다면, 앞에서 제시한 그림과 같이 될지 모른다. b¹b²b³는 다수의 사람들을 의미하고, 그 사이에서는 언어에 의한 논의나 비판이 전개되지만, 석존a와 그들b와의 관계를 나타내는 쌍방향의 화살표는 후자가 전자로부터 단절되어 있으면서 불설을 통해 후자가 전자에게 신앙에 의해 연결되어 있는 것을 의미하고 있다.

그렇지만 이와 같은 불교는 수적으로는 결코 많지 않았지만, 예를 들어 중인도에서 북서인도의 설일체유부의 교단으로 옮겨 활약했다고 생각되는 아쉬바고샤(마명, 100년 전후)의 (α)『불소행찬』제25장제45송이나 중인도의 나란다 사원에서 활약한 다르마키르티(법칭, 600-660년경)의 (β)『기준론』「기준성립장」제145후반송—제146송에 그 생각이 잘 제시되고 있다고 생각되기 때문에 다음과 같이 그것을 인용해 둔다.[25]

- (α) 마치 연소에 의해 절단에 의해 연마에 의해 금이 [확인되는 것]과 같이, 비구들이여 학식이 있는 자들은 음미검토한 후에, 나(=부처)의 말을 받아들여야 한다. 결코 숭배에 의해서는 안 된다.
- (β) [세존의] 구제란 스스로 보이신 길의 가르침이다. 불모인 까닭에 진실이 아닌 것은 말씀하실 수 없다. 자비 때문에 또한 타인을 위해 모든 기획을 돌리기 때문에 [세존은] 기준 pramāṇa이다. 또는 구제를 위해 사제 catuḥ-satya를 개시하신 것이다.

3.
의식의 실천

그러면 2세기 전반에 북서인도에서 활약하고 있었다고 생각되는 아쉬바고샤가 직전에 인용한 게송 중에서 '결코 숭배 gaurava에 의해서는 안 된다'라고 강조해서 말한 시대에는 교단의 확장과 더불어 '복전'을 둘러싼 이런 종류의 용어인 gaurava 등은 오히려 유행하고 있었을지 모른다고 생각된다. 그렇기 때문에 그도 당시 통속적으로 유포된 gaurava의 실태에는 경계하지 않을 수 없었던 것이지만, 그 경계는 반드시 불교의 개조의 말에 대한 신앙 śraddhā까지를 거부하는 것은 아니었을 것이다.[26] 그리고 실제로도 교단에 참배하는 사람들 사이에서는 팔리 불전 중의 '신앙이 있는 사람 saddha'과 동일계통의 śrāddha가 '신앙이 없는 사람(asaddha, aśrāddha)'을 파악하는 형태로, 칭찬의 뜻을 담아 쓰이고 있었을 것이지만, 그 무렵 급속하게 전파되었다고 생각되는 『법화경』 「방편품」에서는 그 점이 다음과 같이 역설되고 있었던 것이다.[27]

사리푸트라여! 자네들은 나(=붓다)를 믿고 śraddadhādhvam 신뢰하고 신복하는 것이 좋다. 왜냐하면 사리푸트라여! 여래들에게는 허언 mṛṣā-vāda이라는 것이 없기 때문이다. 사리푸트라여! 이 수레는 하나뿐이었고, 즉 그것이 불승 buddha-yāna이다.

앞의 인용문 가운데 '믿다(śrad-√dhā)'라는 동사의 명사가 śraddhā(신, 신앙)이라는 용어인데, 이 용어를 둘러싼 논의는 아쉬바고샤를 거슬러 올라가 약 200년 정도

이전에 활약한 카티야야니푸트라(迦多衍尼子, 기원전 100년 전후)의 『발지론』에서 기본적으로는 preman(愛), gaurava(敬), pūjā(공양), satkāra(공경)의 4연결어에 의한 문제제기가 아쉬바고샤보다도 수 세기 후까지나 편찬이 계속되었을 『대비바사론』 가운데 śraddhā 등도 포함하여 더욱 복잡하게 전개된 것이다.[28] 그러나 여기서는 이 논의에 할애된 지면이 없기 때문에 『구사론』부터 그 논의의 요약으로 볼 수 있는 한 구절만을 인용한다.[29]

> 실로 애 preman란 오염 kliṣṭa과 불오염 akliṣṭa의 이종이다. 그 가운데 오염의 [애]란 갈애 tṛṣṇa였고, 예를 들면 처자식 등에 대한 것과 같다. 불오염의 [애]란 신앙 śraddhā였고, 교주 śāstṛ나 스승 guru이나 덕 있는 사람 guṇânvita에 대한 것이다.

따라서 앞의 아쉬바고샤의 교주인 불세존의 말에 따라 그 의미의 음미검토를 중시하여 gaurava에 의해서는 안 된다는 주장은 오히려 앞의 『구사론』이 규정하는 경우의 교주에 대한 śraddhā의 강조로 보아도 좋지만, 이런 의미에서 śraddhā를 강조한 학식자는 불교의 전개에서 불설의 언어적 해석과 그 해석을 위한 논리를 중시하고 있었을 것이다. 그렇지만 이 경우의 śraddhā의 대상인 석존은 마치 저 사리푸트라의 경우와 마찬가지로 śrāddha인 사람들에게는 자기의 무지를 일깨워 바른 인식으로 이끌어준 pramāṇa(기준)임에 틀림없다. 더욱이 이 pramāṇa는 디그나가(진나, 480-540년경)가 활약하기 전 시대의 5세기 전반 무렵까지는 pramāṇa-bhūta라는 복합어로서 쓰이고 있었던 흔적도 있지만, 그 자신이 이 말을 그 의미가 '기준인 (사람)'인지 '기준이 된 (사람)'인지 '진실의 기준'인지에 대해 지금까지 해석에 의문이 남아 있더라도, 주저『집량론』의 귀경게에서 사용한 이래 다르마키르티의『기준론』을 결정적인 계기로 해서 개조의 일체지자성과 함께 그 기준성이 문제시되고 있다.³⁰

그리고 이러한 방향에서 정통설이 언어를 중시한 논리에 의한 해명을 주로 한 것에 비해, 이것과는 다른 통속적이었고 더욱이 대다수인 불교의 흐름은『발지론』에서 시작된 이상과 같은 정통설과 병행하면서, 논리보다는 직관을 중시하고, 개조의 '복전'으로서의 공덕의 위대함을 찬미하는 쪽으로 향하고 있었다. 그것은 말하자면 '복전의 게송'의 증광과 같은 것이지만, 그것은 바로 대승경전에서 불덕의 찬가의 묘사와 다름없다. 그 결과 불덕의 하나로서 설법의 언어는 당연히 중시되지만, 그 의미내용의 해석에 무게를 두는 일 없이, 마치 '일음연설법'과 같이 신비적인 그 초능력성만이 강조된다. 그 일단이 여래에게는 허언이 없다는 의미로 '위로 범천의 세계에 도달케 한다 yāvad brahma-lokam anuprāpnutaḥ'는 장광설 prabhūta-tanu-jihva을 비롯한 여래의 32상의 과시인 것이다.³¹ 그러나 이러한 여래는 불교의 설시자라기보다는 '깨달음 bodhi을 지향하는 영혼 sattva'으로서의 보살 bodhi-sattva이 무량겁에 걸친 고행의 결과 '성불'한 부처 buddha라고 이미지화되어, 그것이 본 장 제1절에서 본 '선행주의'의 도표(b)로서 기능하고, 끝으로는 '성불발심의 원'을 갖춘 '출가보살'의 극치로 간주하게 된다.³² 그리고 이러한 의미에서의 (b)를 옹호하는 교단에 다수의 재가자가 참배하게 된 상태가 인도에서 '고행주의'를 매개로 한 '제식주의'의 부활로도 간주될 수 있는 '선행주의'의 확립과 다름없고, 이것을 사람들은 대승불교라고 부르고 있는 것에 지나지 않는 것이다.³³

더욱이 이 구조 가운데서 (a)가 (b)의 영험적인 '복전'의 힘을 빌려 자신의 악업 (pāpa, pāpa-karman)을 불식시키기 위해 마음을 정화하여 보시(dāna, dakṣiṇā) 등의 '선행

(puṇyāni karoti, kṛtāni puṇyāni)'에 힘쓰는 '소선성불 小善成佛'이 권해지게 되지만, 그것이 숫자대로의 유형이 인정되는 '악업불식의 양식'의 실천과 다름없다.[34] 여기서는 그 전형이라고 할 만한, '참회 pratideśanā', '권청 adhyeṣaṇā', '수희 anumodanā', '회향 pariṇāmanā'으로 구성되는 4종의 유형을 나가르쥬나(용수, 150-250년경)에 귀속되는 라집역『십주비바사론』에 의해 간략하게 보고자 한다. 그것은 우선 아미타불을 비롯한 삼세시방의 제불의 명호를 입으로 칭명하는 것으로부터 시작되지만, 교단의 (b)인 그 무대에서 (a)인 '재가보살'이 악업을 '참회'하고, 제불에게 설법을 '권청'하고, 선업에 '수희'하고, 복업을 '회향'하면, 그 의식은 완료하는 것이다.[35] 그런데 이런 '회향'의 명목이 '선행주의'의 그림 가운데 (c)와 다름없지만, 다음과 같이『십주비바사론』에서 '수희'의 게송 가운데 구절 하나하나를 해석하고 있는 개소의 주석문만을 제시하고자 한다.

「布施福」者, 從捨慳法生. 「持戒福」者, 能伏身口業生. 「禪行」者, 諸禪定是. 「從身口生」者, 因身口, 布施持戒迎來送去等. 「因意生」者, 禪定慈悲等. 「去來今所有」者, 一切衆生三世福德. 「行三乘」者, 求聲聞乘 śrāvaka-yāna 辟支佛乘 pratyekabuddha-yāna 大乘 mahā-yāna. 「具足三乘」者, 成就阿羅漢乘辟支佛乘佛乘. 「一切」者, 皆盡無餘. 「凡夫」者, 未得四諦者是. 「福德」者, 有二種業. 善及不隱沒無記業是. 「隨喜」者, 他人作福, 心生歡喜, 稱以爲善.

또한 앞과 유사한 문헌이지만, 병행하는 산스크리트본도 있기 때문에 '참회'의 장면을 (c)『결정비니경』과 (s)그 산스크리트본에서 추출하면 다음과 같다.[36]

(c) 如是等處, 所作罪障, 今皆懺悔. 諸佛世尊, 當證知我.

(s) tat sarvaṃ karmâvaraṇaṃ teṣāṃ buddhānāṃ bhagavatāṃ jñāna-bhūtānāṃ cakṣu-bhūtānāṃ sākṣi-bhūtānāṃ pramāṇa-bhūtānāṃ jānatāṃ paśyatām agrataḥ pratideśayāmi āviṣkaromi na praticchādayāmy āyatyāṃ saṃvaram āpadye / (나는 지이고 눈이고 증인이고 기준이고 아시고 보시는 분인 그러한 불세존의 면전에서 그와 같은 모든 업의 장애를 참회하고 드러내어 은폐하지 않고 미래에서도 율의를 지킵니다.)

이것이 35불의 명호를 칭명한 후에 발원하는 '참회'문이지만, (c)(s)두 구절을 비교하면, 후자에서 불세존에 대한 수식어가 과도하게 부가된 것을 알 것이다. 더욱이 거기서는 예컨대 pramāṇa-bhūta라는 말이 쓰이고 있어도, 그것은 이미 말에 의해 무지를 일깨워준 '기준'일 수는 없고, 단지 영험적인 '복전'의 힘을 찬미하기 위한 수식어에 지나지 않는다. 그것과 함께 『발지론』이후의 신앙에 따른 네 용어도 이것과 평행하는 대다수의 동향 가운데서는 śraddhā가 preman과 함께 탈락하고, 남은 gaurava, pūjā, satkāra의 세 용어에 mānana를 부가한 네 용어가 약간 순서를 바꿔, 숭배의 대상이 되는 '복전'의 불세존 그 자체에 대해 '숭배의 4연결어'로서 과거수동분사로 satkṛta, gurukṛta, mānita, pūjita로서 쓰이게 된다.[37] 그 결과 후대의 유식문헌에서는 śraddhā조차 그것은 '심의 정화 prasādaś cetasaḥ'라고 규정하게 된다.[38]

그렇지만 한편으로는 이러한 동향을 지지하면서, 더욱이 그것에 박차를 가하고 있었던 듯이 중요한 장구가 존재했다. 팔리 *Samyutta-nikāya*, XII.20, Paccayo나 『잡아함경』제296경이나 제299경에 유래하는 대품계의 『반야경』 등의 대승경전에 인정되는 "여래가 출현하거나 말거나, 진여 tathatā와 법계 dharma-dhātu와 실제 bhūta-koṭi는 확정되어 있다"라는 표현이다.[39] 이러한 '진여'나 '법계'나 '실제'는, 그 자체로 이미 다른 것을 장소로 하는 것이 없는 최종의 더욱이 가치적으로 최고궁극의 '장소'이기 때문에 문자 그대로 '최종의 궁극적 '장소''와 다름없지만, 이 문구에 의해 불교는 여래가 출현해 있거나 말거나 관계없는 것이 되어버리고, 그 결과 여래는 앞의 '비판불교'의 도표에서 '자아는 존재하지 않는다'고 불교를 언어에 의해 시설하고 있는 석존과는 완전히 다르게 된

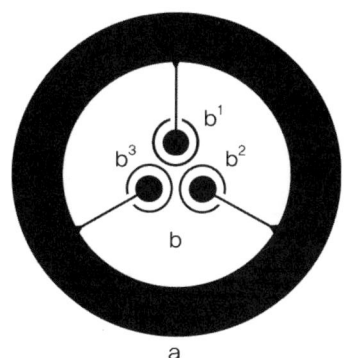

'장소불교'의 그림

다. 그 때문에 언어를 잃고 무화되어버린 여래는 단순한 숭배의 대상에 불과한 최고의 '복전'으로서, 앞에서 언급한 '최종의 궁극적 '장소''에 동화되어버리는 것이다. 이러한 '장소'를 원주 a로 하고, 그 가운데 b로서 존재하는 다수의 사람이나 사물을 $b^1 b^2 b^3$로 하여 나타내면, 상기의 '장소불교'의 도표와 같게 된다.[40] 그 원주 a 내의 $b^1 b^2 b^3$의 각각은 앞의 '수희'의 게송의 주석문 가운데 기록되어 있는 성문승이나 벽지불승이나 대승을 추구하고 있는 자와 같이 제각각 '심의 정화'에 힘쓰면서 '최종의 궁극적 '장소''를 지향할지도 모르지만, 가령 그곳에 도달하지 못하더라도, '선행주의'의 도표와 같이 예를 들면 '재가보살'(a)은 교단 내의 '출가보살'(b)의 '복전'의 공덕에 의해 그 나름대로의 과보를 주는 것은 가능한 것이다. 또한 그 (b)가 도표 중의 원주 둘레에 중심점에서 180도 회전하여 맨 위가 된다고 해도, 그것이 '비판불교'의 도표 중의 a가 되는 것이 아니라는 것은 충분히 유의하기 바란다. '선행주의'의 도표 중의 원주가 예컨대 '장소불교'의 도표 중의 그것과 서로 겹쳐지는 것이 있다고 해도, (b)가 '최종의 궁극적 '장소''를 넘는 일은 결코 없기 때문이다.

4.
문제의 전개

다소 가정상의 이치에 빠지기 쉬운 경우로, 이것 이하에서는 가능한 한 교단의 현실에 주목하고 금후의 과제를 시사해가면서 문제를 전개하여 결론에 이르려고 한다.

교단의 현실을 파악하기 위해서는 각 부파의 '습관'이나 '생활'을 기록하여 전승해온 율장에 근거하는 것이 중요하지만, 근본설일체유부의 율장인 『잡사 Kṣudraka-vastu』를 중심으로 하는 문헌에는 교단 내에서 실제로 읊조렸을지도 모를 일종의 정형구로서 다음과 같은 문구가 기록되어 있다.[41]

세존이 그곳에 모여 있는 사람들의 의향 āśaya이나 기질 anuśaya이나 자질 dhātu이나 본성 prakṛti을 안 후, 그 나름대로의 설법을 설해주시면, 그것을 듣고 100인 정도의 많은 유정들은 위대한 탁월성을 증득한 것이지만, 어떤 사람들은 예류과를 현증하고, 어떤 사람들은 일래과를, 어떤 사람들은 불환과를 어떤 사람들은 모든 번뇌를 단멸함에 의해 아라한과를 현증한 것이고, 어떤 사람들은 난위 煖位의 어떤 사람들은 정위 頂位, 어떤 사람들은 하품과 중품의 인위 忍位, 선근 kuśala-mūla을 일으키고, 어떤 사람들은 성문의 깨달음을 향해, 어떤 사람들은 벽지불의 깨달음을 향해, 어떤 사람들은 무상정등각 anuttara-samyak-saṃbodhi-을 향해 마음을 일으킨 것이고, 어떤 사람들은 [삼]귀의를, 어떤 사람들은 [오]학처를 받았던 것이고, 그 집회(pariṣad=4중)는 지금까지 이상에서 부처를 우러러 nimna 법에 경주하고 pravaṇa 승려에게 경도하는 prāg-bhāra 것과 같이 정한 것이다.

『잡사』가 성립이 늦은 문헌인 것은 충분히 고려해야 하지만, 이 정형구에 담겨 있는 의도는 앞 절에서 본『십주비바사론』의 '수희'의 게송의 주석문 가운데 서술되고 있는 것과 같기 때문에 특히 늦은 성립으로 간주할 필요는 없고, 대승의 '무상정등각'도 이와 같은 형태로 전통적인 불교교단 내에 침투하고 있는 것이다. 이와 같이 본래 삼장을 계승하고 있던 부파교단도 새롭게 대승경전을 소장하게 되었다고 생각되지만, 이러한 흔적은 아마도 법장부 Dharmaguptaka의 사례로 추측되지만, 『법주기 Nandimtrāvadāna』에서 대승경전의 부가와 그 증광을 확인할 수가 있다.[42] 그러나 그것은 차치하고 설일체유부나 법장부나 어쨌든 어떤 전통적인 불교교단에서도 상기의 정형구와 같이 '장소불교'는 후대가 되면 될수록 침투해 있었다. 그렇지만 이 정형구에서 '장소불교'의 도표 가운데 원주 a는 '세존'이고, 원 내 b의 $b^1 b^2 b^3$의 각각은 삼승의 제각각을 지향하고 있는 것이라고 말해도 좋지만, 현실의 교단에서는 '선행주의' 도표와 같이 (a)의 '재가보살(재가자, 우바새, 우바이)'이 d.로 대표되는 '선행'에 힘쓰도록 교단에 참배하고, 우선은 (b)가운데 최고의 '복전'으로서 불탑 stūpa의 불세존에게 '숭배의 4연결어'에 의해 표현되고 있는 '선행'을 (c)에 대한 '회향'과 함께 '성불발심의 원력'으로서 다할 것이지만, 현실적으로는 교단 가운데서 생활하고 있는 '출가보살(출가자, 비구, 비구니)'에게 '복전(dakṣiṇīya 보시할 만한 것)'의 과보를 기대하고 있었을지도 모른다. 그리고 그 '재가보살'과 '출가보살'과의 관계를 교단의 담당자로서 준비하고 있던 것이 본 고 제1절에서 언급한 17명과 같은 vaiyāvṛtyakara, karma-dāna, upadhi-vārika 등으로 불린 관리직의 출가자(비구)들이었다.

『십주비바사론』에 따르면 상기와 같은 담당이 생생하게 묘사되는 일은 없지만, '재가보살'과 '출가보살'의 모습은 극명하게 논술되고 있다.[43] 그 일부를 소개하면,

'탑사'에 참배한 '재가보살'은 stūpa(불탑)에서 부처를 '경배'한 후, vihāra(승원)의 부지에 있는 '출가보살'을 찾아 예를 표하게 되지만, 그러한 개개의 명칭은 '설법자' '소지율자' '독수다라자' '독마다라가자' '독보살장자' '작아련약자' '저납의자' '걸식자' '일식자' '상좌자' '과중불음장자' '단삼의자' '저갈의자' '수부좌자' '재수하자' '재총간자' '재공지자' '소욕자' '지족자' '원리자' '좌선자' '권화자' 등이다. 그렇지만 이러한 '출가보살'이 있는 곳으로 '재가보살'을 안내하거나 돌보는 것이 관리직 출가자들이지만, 그 모습은 여기서는 언급되어 있지 않기 때문에 그것을 추측하기 위해 근본설일체유부의 율장에 의해 3개소 정도보다 관리인의 사례를 간단하게 다루어보고자 한다.

우선 『율분별』자백죄(파일저가) 제54조의 제정에 의한 이야기이지만,[44] 거기서는 '지사인 upadhi-vārika'이 등장한다. 포살의 밤에는 설법을 해도 된다는 교단에서 미수계의 재가자들이 많이 참여하고 있는 장면이지만, 거기서는 교단소속의 삼림구획으로부터 한 사람의 '걸식자'도 설법을 듣기 위해 참가하고 있다. 그리고 그 설법 후에도 절 vihāra에서 숙박하려고 밤을 지새우고 있는 그들 모두 앞에서 밤중에 그 '지사인'이 등불을 끄려고 하자 재가자들이 등유를 기증하기 때문에 끄지 말아 달라고 부탁함에 의해 밤사이 등화가 켜지게 되었지만, 그 불빛 가운데 노(마가라, rgan zhugs, mahalla)[45] 비구가 깊이 잠들어 잠꼬대를 하며 추태를 보였기 때문에 빈축을 샀다. 그 건을 삼림구획에 돌아간 '걸식자'가 동료에게 전한 것으로부터 이것이 세존의 귀에 들어가고, 그 이후 비구들이 미수계의 재가자와 함께 자는 것과 불빛 속에서 자는 것은 금해졌다는 것이 이 이야기이다.

다음은 『잡사』의 사례[46]를 보기로 하자. 이 이야기의 관리직 비구는 의정역에서는 '지사인'과 '전좌'로 별도의 약어가 쓰이고 있지만, 티벳역에서는 dge skos (upadhi-vārika)로 통일적으로 번역되어 있고, 이런 편이 좋다. 이런 예는 재가자가 출가자를 절 vihāra에서 자신의 집으로 식사에 초대하는 것이 이야기의 줄거리이자, 그때 그 관리직 비구는 식사에 과부족이 생기지 않도록 절 내의 출가자 수나 외래의 출가자 수를 정확하게 파악해두지 않으면 안 되는 역할을 담당한다.

마지막도 『잡사』의 사례이지만,[47] 이 이야기에서는 절에 온 외래의 출가자를 어떻게 대접할 것인지가 주제로 되어 있다. 이것은 어느 때 교단 내에서 숙박한 비구나 점검받지 않은 침구를 쓰고 거기에 숨어 있던 독사에 물려 사망한 것으로부터 '지사인'이 외래의 출가자와 침구를 정중하게 다루어야 한다는 교단의 고사에 유래하는 것이다. 그런데 그 의정역의 '지사인'에 상당하는 티벳역은 산스크리트어의 śayanâsana-vārika(침구관리인)을 예상시키는 mal stan gyi zhal ta pa이지만 이 가운데 zhal ta pa는 또한 산스크리트어의 vaiyāvṛtyakara의 역어이기도 함을 유의할 필요가 있다. 또한 이 이야기 가운데 절에 온 외래의 출가자가 도착하자마자 절 내의 불탑(mchod rten, stūpa)과 순결행을 공양하고 있는 출가자(범행자)에게 예배하고 있는 것에도 주목할 가치가 있을 것이다.

그러면 이상의 세 가지 사례에서 같은 교단이나 절 내에 거주하면서 다른 출가자를 돌보고 있는 관리직 출가자가 의정역에서는 '知寺人', '知事人', '典座'로서 나오고 있지만, 그 원어는 같은 경우나 다른 경우로도 생각될 수 있지만, 그 역할은 예를 들면 선종교단의 그런 종류의 역할이 네 가지 또는 여섯 가지 '지사'로서 통합되는 것과 같은 의미로 유사한 것이고,[48] 아마도 그들이 앞에서 언급한 바와 같이 『십주비바사론』의 '출가보살'을 돌보고 있었다고 추측된다. 그렇지만 문제는 돌보는 일을 하는 관리직의 출가자도 때로는 '복전'의 '출가보살'의 측면으로 간주되는 경우도 있을 수 있다는 것이다. 근본설일체유부의 율장의 『약사 Bhaiṣajya-vastu』에는 이런 측면이 세존을 잇는 다섯 가지 '복전'으로서 시사된 후에 다섯 가지가 다음과 같이 열거되고 있다.[49]

何等爲五. 一者, 從遠方來 āgantuka. 二者, 欲達遠處 gamika. 三者, 有病之人 glāna. 四者, 爲看病人 glānopasthāyaka. 五者, 授事之人 upadhi-vārika.

여기서는 당면문제의 upadhi-vārika뿐만 아니라, 근본설일체유부율의 율장 가운데 앞의 세 가지 사례 중 제2와 제3에 나오는 외래의 출가자도 포함하고 있는 것이 주목되지만, 한마디로 이 '복전'의 리스트의 특징을 말하면, 소위 '약자'가 '복전'으로 간주되고 있는 것이다. 이런 생각은 당시에 자주 화제가 되었다고 생각되는 '유의 aupadhika'와 '무의 niraupadhika' 각각의 7종의 '복업사 puṇya-kriyā-vastu'와도 깊이 관계하는 것이지만,[50] 이것들이 문자 그대로 '약자'에 대한 자비의 현현이라면, '이타'의 극치로 칭찬되는 것도 좋을 것이다. 그러나 어느 한 측면에서는 특히 관리직 출가자에 대해서는 오늘날 화제가 되고 있는 '이름뿐인 관리직'적인 측면도 없다고 할 수 없는 것에는 비판적인 눈으로 고찰할 필요가 있을 것이다. 무엇보다 management(경영, 관리)만이 유행하는 세상이지만, 중요한 것은 어떠한 '사상'이나 '철학'에 의해 management를 행사할까라는 문제이다. 이런 관점에서 말하면, 우리들에게 대승불교의 실천은 단순히 있는 것이 아니라, 불교의 '사상'이나 '철학'에 의해 어떻게 토착적인 '습관'이나 '생활'을 새롭게 하여 불교를 보다 넓고 크게 개방해가야 할 것인가라는 의미에서 바로 '대승'의 실천만이 과거에도 있었고, 현재에도 있을 것이고, 미래에도 있지 않으면 안 될 것이다.

---

1   이런 사견에 대해서는 졸저, 『仏教教団史論』, 大乗出版 (2002)을 참조. 특히 히라카와 아키라 박사의 〈대승불교 재가보살교단 기원설〉에 대한 비판에 대해서는 같은 책, 제2부 제4장(초출, 1993) 및 졸고, 「初期大乘仏教運動における『法華經』の用例を中心として」『勝呂信靜博士古稀記念論文集』, 山喜房仏書林 (1996), pp. 235-250 참조.
2   졸고, 「出家菩薩と在家菩薩」村中祐先生古稀記念論文集『大乘仏教思想の研究』, 山喜房仏書林 (2005) 참조.
3   전통적인 불교교단에서 이런 부류의 관리인이 출가자를 담당했던 최근의 가장 주목해야 할 성과로 Jonathan Silk, *Managing Monks: Administrators and Administrative Roles in Indian Buddhist Monasticism*, Oxford University Press, Oxford/ New York (2008)이 있고, 필요한 참고문헌도 그 권말에는 거의 망라되어 있다.
4   전게 졸서(앞의 주1), 전게 졸고(앞의 주1) 참조. 또한 이것들과는 관점이 다르지만, 대승불교가 성립한 배경으로서 교단사의 연구에서 중요한 한 가지를 제기하는 것으로 사사키 시즈카의 『インド仏教変移論』大蔵出版 (2000)이 있는 것을 참조하기 바란다.
5   팔리 율장을 중심으로 한 이런 조항 및 그 해석에 대해서는 平川彰, 『二百五十戒の研究』I(平川彰著作集, 제14권, 春秋社, 1993), pp. 255-298 참조.
6   旧졸역에 대해서는 전게서(앞의 주1), pp. 252-254, 실크역에 대해서는 Silk, *op. cit.*(앞의 주3), pp. 111-112 참조. 대응하는 티벳역과 의정역은 Silk, *ibid.*, pp. 253-255에 "Textual Materials 37"로서 제시되어 있다. 또한 밑줄 친 부분은 졸역과 영역에 눈에 띄는 다른 것을 나타내는 것뿐이고, 미묘한 차이에 대해서는 생략되어 있다. 그런데 졸역의 밑줄 친 부분 1-8을 실크 역은 순서대로 "the Elder", "some role", "would perform it", "when", "gave it an application [of cow dung]", "on the circumambulatory platform of the shrine [*caityāṅga*]", "that we need to do right away", "he could not catch his breath"로 번역하고 있다. 졸역의 밑줄 친 부분 1은 "tshe dang ldan pa"의 역어로서 엄밀히 말하면 오류이지만, 이것 이하의 복수에 대한 호칭으로서는 '여러분'으로 번역되어, 이 시기 이후의 나의 번역에서는 대개 '씨'로 번역되어 있다. 졸역의 밑줄 친 부분 3의 티벳역은 "bsdongs te byed do"로 졸역으로는 자신이 없다. 실크 역은 그 앞에서의 흐름으로 "(the seventeen decided that …… all of them) would perform it"이 되기 때문에, 17명

전원이 그렇게 하려고 결정하게 되는데, 나는 "bsdongs"나 "byed"도 타동사임을 중시하여, 숨은 그 주어에 마우드가리야야나를 상정하고 있는 것이지만, 이런 이해에 확신은 갖고 있지 않다. 졸역의 밑줄 친 부분 4는 티벳역에 "pa'i tshe"로 되어 있기 때문에, 무심코 실수인지도 모르지만, '로 있었을 때'로 고치는 것이 좋다. 졸역의 밑줄 친 부분 6에서 "mchod rten"은 stūpa로 상정되는 것에 비해, 실크역은 caitya를 상정하고 있다. 티벳역은 양자를 구별하지 않고, 더욱이 이 시대가 되면, 어느 것이나 교단에서 가능했을 것이지만, 나 자신은 여기서는 stūpa가 좋다고 생각하고 있다. 졸역의 밑줄 친 7에 해당하는 것을 실크역은 '바로 하지 않으면 안 되는 일'로 이해하고 있지만, 졸역으로 고집하고 싶은 기분도 있는데도, 실크역이 맞을지도 모른다. 밑줄 친 부분 8의 경우는 실크역도 충분한 이해가 아니라고 주를 달고 있지만, 나의 이해는 기가 위쪽으로 빠져나가는 것이 죽음을 의미한다는 것이다.

7   문제의 제10조에 등장하는 vaiyāvṛtyakara 및 그 조문의 역주와 해석에 대해서는 전게 졸서(앞의 주1), pp.230-231 및 그 전후를 참조하기 바란다. 또한 이 말에 대응하는 팔리어 veyyāvaccakara의 어의설명에 대해서는 전게 졸서(앞의 주1), pp.213, 222, 주22에 제시한 Samantapāsādikā를 참조. 또한 Ratnachandraji Maharaj, *An Illustrated Ardha-Magadhi Dictionary*, Vol.IV, First published (1932), Meicho-Fukyū-Kai repr. (1977), p.503의 veyyāvaccakara의 항목에는 "One who devotedly serves(헌신적으로 봉사하는 자)."로 되어 있다. 또한 그 역할을 상세히 기술한 중요한 문헌으로 Ratnarāśi-sūtra의 제4장이 있지만, 이것에 대해서는 蜜派羅鳳洲, 『梵藏漢和対照宝聚經』, 山喜房仏書林 (2004), pp.78-97, Silk, *op. cit.* (앞의 주3), pp.27-32, pp.227-236 참조. 그런데 vaiyāvṛtyakara에 대해서는 본고 중에서 실례를 제시하고 있지 않지만, 다른 동종의 직무 정도에 대해서는 뒤의 주 44, 46, 47 및 그 주 번호하의 본문 중의 요약을 참조하기 바란다. 또한 upadhi-vārika 등의 복합어의 뒷부분에 쓰이는 -vārika에 대해서는 辛嶋静志, 「パーリ語・仏教梵語研究ノート」『創価大学国際仏教高等研究所年報』제3장 (2003.03), pp.57-59, 「-vārika or -cārika」참조.
8   이 정형구에 대해서는 졸서(앞의 주1), p.301 참조.
9   이 원인과 그 의미에 대해서는 졸서(앞의 주1), p.413, 및 졸서, 『불교입문』, 大蔵出版 (2004), p.136을 양자의 전후의 페이지와 함께 참조하기 바란다. 또한 도표 중의 (b)부분을 원주의 일부와 같이 구부린 것은 이번이 처음이다.
10 '복전'을 언급하는 주요한 문헌에 대해서는 졸고, 「『道世『法苑珠林』の「福田」文獻」『駒沢短期大学研究紀要』32 (2004.03), pp.1-54 참조. 또한 후세의 문헌이지만, (a)를 dātṛ(보시자), (b)를 dakṣiṇīya(복전), d.를 dakṣiṇā(보시)로 명시한 문헌으로 S. Lévi, *Mahā-Karmavibhaṅga et Karmavibhaṅgopadeśa*, Librairie Ernest Leroux, Paris, 1932(이 문헌의 입수에 대해서는 池田道浩의 도움을 받은 것에 대해 감사함을 표하고 싶다)에 수록된 후자가 있기 때문에, 특히 그 pp.163-164(원문), p.177(불어역)을 참조하기 바란다. 그런데 이 개소의 일역은 友松円諦, 『仏教における分配の理論と実際』上, 春秋社 (1965), p.269에 주어져 있다. 또한 본 문헌이 주석된 경전에 대해서는 Noriyuki Kudo, *The Karmavibhaṅga: Transliterations and Annotations of the Original Sanskrit Manuscripts from Nepal*, The International Research Institute for Advanced Buddhology, Soka University (2004)가 있기 때문에

참조할 것.
11 이 송을 가진 여러 문헌에 대해서는 전게서(앞의 주1), pp.77-78, 88, 주41 참조.
12 中村元訳,『ブッタのことば―スッタニパータ』, 岩波書店 (1984), p.353의 제568, 569송에 대한 주를 참조. 이것에 의해 *Bhagavadgītā* X(=*Mahābhārata* VI-32), vv. 21, 24, 27, 35 : 上村勝彦訳,『バガヴァッド・ギーター』, 岩波書店 (1992), pp. 89-91, Jarl Charpentier (ed.), *The Uttarādhyayanasūtra Being the First Mūlasūtra of the Svetāmbara Jains*, First published (1914), Ajay Book Service repr. (1980), p.183, XXV, 16 : Hermann Jacobi (tr.), *Jaina Sūtras*, Pt. II, The Sacred Books of the East, Vol. 45, First published (1985), Motilal Banarsidass repr. (1989), p.138 참조할 것.
13 대정2, pp.35a-37b : 印順編,『雑阿含經論会編』(상), 正聞出版社, 台北 (1983), pp.203-210, *Majjhima-Nikāya*, PTS, Vol. I, pp.227-237 : 片山一良訳,「小サッチャカ經」『중부 근본50경편II』, パーリ仏典, 제1기2, 大蔵出版 (1998), pp.171-192 참조.
14 *Majjhima-Nikāya, ibid.*, p.235 : 片山一良訳, p.190 : 대정2, p.37a. 한역의 대응원문에는 '존경의 4연결어'의 하나가 아직 부가되지 않았을 가능성이 있다. '존경의 4연결어'란 sat-KR(존경), guru-KR(존중), MAN(숭배), PŪJ(공양)이지만, 이것에 대해서는 졸고,「『法華經』과『無量寿經』の菩薩成仏論」『駒沢短期大学仏教論集』6 (2000.10), pp.282-248, 및 藤田宏達,「*Sukhāvatīvyūha*とPāli 聖典」『北海道大学文学部紀要』24 (1970.03), pp.1-45(横), 특히 p.22 참조. 또한 이 용어와 관련된 통인도적인 경향을 알기 위해서는 *Bhagavadgītā* XVII(=*Mahābhārata* VI-39), v. 18 : 上村勝彦訳, p.128(문제의 4용어 중 satkāra, māna, pūjā의 3용어가 사용된다)을 중심으로 제17장 전체를 참조하기 바란다. 통인도적인 의미에서 '신앙을 갖추고 있는 사람들 śraddhayānivitāḥ'이 어떠한 사람들인지가 이것에 의해 이해될 것이다.
15 '해탈의 4연결어'란 TR(渡), MUC(解), ā-ŚVAS(安), pari-nir-VR̥/VĀ(放)이지만, 이것에 대해서는 전게 졸고(앞의 주2), 특히 pp.13-14 참조. 또한 앞의 주14 지시의 개소의 직후에 제시되는 '해탈의 4연결어'에 흡사한 표현으로는 팔리어로 말하면, danta, santa, tiṇṇa, parinibbuta이지만, 이런 표현에 대해서는 平岡聡,『ブッダ謎解く三世の物語―『ディヴィヤ・アヴァダーナ』全訳』상, 大蔵出版 (2007), pp.105-106, 주122, 및 同,『説話の考古学―インド仏教説話に秘められた思想』, 大蔵出版 (2002), pp.327-328 참조.
16 왜 이렇게 추측하는가 하면, 본경의 팔리어에서는 '삼법인'이라고 하는 경우의 '열반적정'적인 요소가 꽤 농후하게 되어 있는 것에 비해, 한역에서는 아직 그 정도는 아니고, 어디까지나 무상과 무아가 본래의 주장인 것을 전하고 있는 듯한 느낌이 들기 때문이다. '무상' '무아'에 대해 '열반'은 본래 익숙하지 않은 것은 아닐까라는 사견에 대해서는 졸고,「〈法印〉覚え書」『駒沢大学仏教学部研究紀要』37 (1979.03), pp.60-81(横) 참조할 것. 그러나 '열반'이 과연 불교적일 수 있을지 등의 결론에 대해서는 완전히 애매한 대로이지만, 나중에 松本史郎,「解脱と涅槃―この非仏教的なるもの」『縁起と空―如来蔵思想批判』, 大蔵出版, pp.191-224에 의해 '열반'은 '해탈'과 함께 비불교적인 생각이라는 것이 논증되었다고 생각한 이래, 현재의 나에게는 뒤의 주4에서 언급하는 바와 같은 문제가 남아 있다 하더라도, 그것에 대한 기본적인 동

의는 완전히 변하지 않았다. 또한 '삼법인'이나 '사법인'의 문제에 대해서는 藤田宏達, 「三法印と四法印」橋本博士退官記念『仏教研究論集』, 清文堂 (1975), pp.105-122, 高崎直道, 「〈諸法無我〉考」, 초판 (1985), 『大乗仏教思想論』I(高崎直道著作集 2), pp.63-90을 참조하기 바란다.

17 대정30, 800a : 印順編(앞의 주13), pp.210-212 : D. ed., No.4039, Zi, 188a8-189b5 참조.
18 '一音演説法'의 이러한 의의에 대해서는 전게 졸서(앞의 주1), pp.259-265, 전게 졸서(앞의 주9), pp.182-191.
19 대정25, p.112. 이 개소에 대해서는 É. Lamotte, *Le Traité de la Grande Vertu de Sagesse*, Tome I, First published, 1994, Université de Louvain, Institut Orientaliste repr., Louvain-la-Neuve (1981), p.441도 참조할 것. 또한 『대지도론』의 이 개소는 道元, 「日本国越前永平寺知淸規」, 小坂機融・鈴木格禪校訂・註釈『道元禅師全集』6, 春秋社 (1989), pp.140-141에 약간의 변경과 아울러 '복전'의 논거로서 인용되어 있다. 또한 '小善成佛'에 대해서는 졸고, 「弥勒菩薩半跏思惟像考」木村清孝博士還暦記念論文集『東アジア仏教-その成立と展開』, 春秋社 (2002), pp.449-462를 참조하기 바란다.
20 『대비바사론』의 「諸讚佛頌, 言多過失」의 해석에 대해서는 전게 졸서(앞의 주1), p.263, 전게 졸서(앞의 주9), pp.188-189 참조.
21 이상의 『발지론』에서 『대비바사론』에 이르기까지의 '불교'에 대한 설일체유부의 견해에 대해서는 졸서 『唯識文献研究』, 大蔵出版 (2008), pp.195-197, 225-226, 주59 참조할 것.
22 대정27, p.1a, 졸서(앞의 주9), p.97 참조.
23 신구양역에 입각한 해석에 대해서는 졸서(앞의 주21), pp.129-130 참조.
24 이 명명은 나에 의한 것이지만, 결코 내 독자의 가설로서 이것을 제시했다고는 생각하지 않는다. 실제 이런 호칭은 유럽과 미국에서 비판철학 critical philosophy과 장소철학 topical philosophy의 대립이 인도 동쪽의 아시아 불교권에도 인정된다고 판단한 후, 거기서부터 나에 의해 만들어진 말에 지나지 않는 것이다. '비판불교'에 대한 내 나름의 정의는 졸서(앞의 주21), p.128에 부여하고 있지만, 이런 계통의 불교는 木村의 후계 논문(뒤의 주30)이 「論理学仏教学説」로 명명한, 다르마키르티 이후의 불교까지 오래도록 이어졌다고 생각된다. 또한 '비판불교'의 원인에 대해서는 전게 졸서(앞의 주9), p.181, 졸서, 『日本仏教文化史』, 大蔵出版 (2005), p.127, 전게 졸서(앞의 주21), p.98, 주127 참조.
25 (α)의 산스크리트 원문은 샨타락시타의 *Tattvasamgraha*, v. 3587에 따르지만, 원문회수 등의 문제에 대해서는 졸고, 「『維摩經』批判資料」『駒沢大学仏教学部研究紀要』47 (1988.03), pp.288-286, 자료(5), 및 졸고, 「選別学派と典拠学派の無表論争」『駒沢短期大学研究紀要』23 (1995.03), pp.48-50 (橫)을 참조할 것. (β)에 대해서는 Yūsho Miyasaka (ed.), "Pramāṇavārttika-Kārikā(Sanskrit and Tibetan)"『インド古典研究』II (1972), pp.22-23에 의한다.
26 『대승기신론』의 저자로 추정되는 '마명'을 물론 제외한 다음의 것이지만, 아쉬바고샤의 śraddhā의 문제에 대해서는 金倉圓照, 『馬鳴の研究』, 平楽寺書店 (1966), pp.77-88을 참조하기 바란다. 또한 그의 불교사상사적인 위치부여에 관해서는 本庄良文, 「經を量とする馬鳴」『印仏

研』42-1 (1993.12), pp.486-481, 山部能宜, 藤谷龍之, 原田泰教, 「馬鳴の学派所属について－Saundaranandaと『声聞地』との比較研究(I)」『九州龍谷短期大学仏教文化』12 (2002.03), pp.1-65(横)를 참조할 것. 다만 그가 경량부적 또는 유가행파 Yogācāra적인 것과 동시에 설일체유부 소속의 비구인 것은 사견에 따르면 반드시 모순되는 것은 아니다. 또한 śraddhā라는 말이 있으면 불교적이라는 등이 되는 것은 결코 아니라는 사례로서는 앞의 주14에서 제시한 Bhagavadgītā의 경우를 참조하여 음미하기 바란다. '신앙'이 불교적인지 힌두교적인지를 결정하는 것은 어디까지나 그 '사상'이나 '철학'에 따르지 않으면 안 된다.

27 Ken and Nanjio ed., p.44, ll.3-4 : 대정9, p.7c. 또한 졸서, 『批判仏教』, 大蔵出版 (1990), p.292, 전게서(앞의 주9), p.13도 참조할 것.

28 『팔건도론』대정26, 777a-b : 『발지론』대정26, 923a : 櫻部建, 加治洋一 校註, 『発智論』I(신국역대장경, 비담부, 大蔵出版, 1996), pp.36-37, 『대비바사론』대정27, 150c-154b : 木村泰賢訳, 森章司校訂 『阿毘達磨大毘婆沙論』(国訳一切経, 毘曇部8, 大東出版, 1929, 1986개정3쇄), pp.131-145 참조.

29 Abhidharmakośabhāṣya, Pradhan ed., p.60, ll8-9 : P. ed., No.5591, Gu, 77b1-3 : 현장역, 대정29, 21a : 진제역, 대정29, 180a : 櫻部建, 『俱舎論の研究 界・根品』, 法蔵館 (1969), pp.295-296 참조. 또한 「교주(śāstṛ, ston pa, 自師)」에 상당하는 말이 현장역과 櫻部建 역에는 제시되어 있지 않지만, 다른 곳에는 모두 있기 때문에 보충되어야 한다.

30 pramāṇa-bhūta의 문제에 관해서는 졸고, 「pramāṇa-bhūtaとkumāra-bhūtaの語義-bhūtaの用法を中心として」『駒沢短期大学研究紀要』6 (2000.10), pp.328-299, 및 졸고, 「pramāṇa-bhūta 補記」『駒沢短期大学研究紀要』29 (2001.05), pp.433-448(横) 참조. 또한 다르마키르티 이후의 불교를 그의 사상해석을 둘러싼 두 사조, 즉 '논리학 불교학설'과 '논리학 비불교학설'로서 파악한 중요한 논문으로 木村誠司, 「チベット仏教における論理学の位置付け」山口瑞鳳監修『チベット仏教と社会』, 春秋社 (1986), pp.365-401이 있기 때문에, 참조하기 바란다.

31 32상 중의 통상은 숨겨져 있어 보이지 않는 특징인 '광장설상 廣長說相'과 '세봉장밀상 勢峯藏密相'과의 문제에 대해서는 졸고, 「貧女の一灯物語-「小善成佛」の背景(1)」『駒沢短期大学研究紀要』29 (2001.03), pp.457-458, 469, 주27, 29 참조. 또한 여기서 '광장설'에 대해 부여되어 있는 산스크리트어는 Bodhisattvabhūmi, Wogihara ed., p.376, l.3에 의한다.

32 이상에 대해서는 전게 졸고(앞의 주2) 외에, 졸고, 「アビダルマ仏教における菩薩論」加藤純章博士還暦記念論集『アビダルマ仏教とインド思想』, 春秋社 (2000), p.19-34 참조.

33 이상에 대해서는 전게서(앞의 주1), pp.399-423, 「悪業払拭の儀式と作善主義」, 初出 (1999) 참조.

34 이상에 대해서는 전게서(앞의 주1) 참조 외에, 제 유형에 대해서는 졸고, 「十二巻本『正法眼蔵』と懺悔の問題」, 初版 (1991), 『道元と仏教-十二巻本『正法眼蔵』の道元』, 大蔵出版 (1992), pp.264-265 참조.

35 대정26, 40c-47a : 瓜生津隆真校註, 『十住毘婆沙論』I(신국역대장경, 석경론부12, 大蔵出版, 1994), pp.92-118 참조. 그런데 본문 중의 인용개소는 대정26, 46a-b : 114이다.

36 (c)는 대정12, p.39a에 따르지만, 異譯의 『대보적경』「우바리회」, 대정11, p.516a도 거의 동일

한 문장이다. (s)는 Pierre Python, *Vinaya-Viniścaya-Upādli-Paripṛcchā*, Adrien-Maisonneuve, Paris, 1973, pp. 35-36, §25에 의한다. 또한 이 직후의 §27의 초두에는 "sarvaṃ pāpaṃ pratideśaāmi / sarvaṃ puṇyam anumodayāmi / sarvān buddhān adhyeṣyāmi / bhavatu me jñānam anuttaram/"라고 산문으로 언급되어 있지만, 한역에서는 양역 모두 「衆罪皆懺悔 諸福盡隨喜 及請佛功德 願成無上智」라고 게송에서 4종류의 '참회'문이 언급되어 있다.

37 그 결과 역문은 '불세존은 존경받고 존중되고 숭배되어 공양 받았다'고 되어 있지만, 그 전형적 인 예에 대해서는 전게 졸서(앞의 주1), pp. 59-60에 제시된 상투적인 표현을 참조하기 바란다.

38 유식문헌에서 이 규정에 대해서는 전게 졸서(앞의 주21), pp. 564-566 참조. 또한 이런 문제를 취급한 旧졸고 전체(초출, 1992)는 소위 '信'을 śraddhā에서 adhimukti로 라는 용어의 추이 가운 데 찾으려고 했던 것이지만, '信'의 변화를 용어만으로 추구했다고 판정한다면, 그 시도는 분 명히 실패라고 간주해야 되지만, 이러한 의도 자체가 실패했다고는 지금도 생각할 수 없다.

39 이상에 대해서는 졸고, 「縁起と真如」, 초판 (1985), 『本覚思想批判』, 大蔵出版 (1989), pp. 96-98, 105, 주22, 106, 주44 참조. 또한 위의 주44에서 지시한 『이만오천송반야』의 산스크리트 원문 에 대해서는 최근 간행된 Takayasu Kimura (ed.), *Pañcaviṃśatisāhasrikā Prajñāpāramitā*, I-2, Sankibo Busshorin Publishing Co., Ltd., Tokyo (2009), p. 63, ll. 25-29를 참조할 것. 그런데 이런 종류의 표현에 유래하는 중국에서 불교의 전개에 대해서는 졸고, 「『大乗大儀章』第一三問答の 考察の 고찰」『駒沢短期大学仏教論集』9 (2003.10), pp. 187-208을 참조하기 바란다.

40 이상에서 '장소불교'의 본래 의도에 대해서는 졸고, 「安然『真言宗教時義』の「本迹思想」」『駒沢短期 大学研究紀要』31 (2003.03), pp. 136-137, 전게서(앞의 주9), p. 176, 전게서(앞의 주24), p. 125, '장소 불교'의 일단의 정의에 대해서는 전게서(앞의 주21), pp. 127-128 참조. '최종의 궁극적 '장소''에 대해 말하면, 그것은 나에게 도표와 같은 '원의 이미지'이지만, 松本史郎 박사는 졸서(앞의 주 21), p. 123에 기술한 바와 같이, 이런 '원의 이미지'를 부정하기 때문에, 일부러 말하면, 나에 게 도표 중의 b에서 a로 라는 방향에는 松本 전게 논문(앞의 주16)에서 언급되고 있는 '아트만 (A)의 非아트만(b)로부터의 이탈, 탈각'이라는 구조가 승인되는 것이다. 그리고 나에게 완전 한 '이탈'이란 완전한 '원의 이미지'인 '최종의 궁극적 '장소'' 그 자체가 되는 것에 다름없지 만, 여기에 도달하는 양상에 대해서는 같은 '장소불교'이더라도 원 내의 개개의 b의 형태를 어떻게 파악하는가에 따라 그 견해가 다르게 될 것이라고 생각한다. 그 b의 '마음'의 파악방 식도 두 가지로 나뉘게 된다고 생각되지만, 이것에 대해서는 졸고, 「心染淨証經典考」『駒沢大 学仏教学部研究紀要』67 (2009.03), pp. 53-96을 참조하기 바란다.

41 이런 정형구를 포함하는 대승불교 성립 후의 전통적인 불교교단을 생생하게 묘사하는 『잡사』 중 의 대표적인 일화가 대정24, pp. 210c-217b이다. 졸역은 이것에 대응하는 *Divyāvadāna*, Cowell and Neil ed., pp. 262-289의 제19장 "Jyotiṣkāvadāna"에 의한 것(p. 271)이지만, 이 장 전체의 일 역에 대해서는 平岡 전게서(앞의 주15 전자), pp. 470-518을 참조하기 바란다. 인용개소의 平 岡 역은 同, p. 479이다. 또한 이 정형구에 대해서는 平岡전게서(앞의 주15 후자), pp. 186-187, 9.E.을 참조할 것.

42 『법주기』에 대해서는 졸고, 「羅漢信仰の思想背景-『法住記』私釈」『駒沢大学仏教学部研究紀要』65 (2007.03), pp.1-17, 同, 「Nandimitrāvadānaの両訳対照とチベット訳和訳」『駒沢短期大学研究紀要』35 (2007.03), pp.43-86, Helmut Eimer, "Die Liste der Mahāyāna-Texte im tibetischen *Nandimitra-Avadāna*", Klaus, Hartmann (eds.), *Indica et Tibetica: Festschrift für Michael Hahn zum 65. Geburtstag von Freunden und Schülern überreicht*, Wien (2007), pp.171-182 참조.

43 전체적으로는 「入寺品」, 대정26, pp.59b-63c : 瓜生津隆真校註(앞의 주35), pp.171-189를 참조해야 하지만, 본문의 이것 이하에서 직접적으로 관련하는 것은 대정26, pp.62c-63a : 같은 책, pp.185-186이다. 그렇지만 품명 가운데 「寺」 및 문중의 '탑사'의 원어에 대해서는 平川彰, 「大乗仏教と塔寺」『初期大乗仏教の研究』, 春秋社 (1968), pp.549-601 : 平川彰著作集, 제4권, 春秋社 (1990), pp.189-255에 상세한 고찰이 있으므로 참조하기 바란다.

44 『근본설일체유부비나야』대정23, pp.838c-839a : 西本龍山訳, 국역일체경, 율부21, 大東出版 (1933), pp.102-104 : P. ed., No. 1032, Nye, 190b7-192a3 : D. ed., No. 3, Ja, 203a3-204a7 참조. 또한 이 제54조는 팔리율과 사분율에서는 제5조로 되고, 그 이외의 율 모두 순서의 차이가 있지만, 이것들을 포함하여 이런 조항의 해석에 대해서는 平川彰, 『二百五十戒の研究』III, 平川彰著作集 제16권, 春秋社 (1994), pp.104-113 참조.

45 의정에 의해 일부러 '摩訶羅'로 음사된 이 비구의 교단내의 지위가 어떠한 것이었는지 상당히 궁금한 것이지만, 이 말에 대해서는 전게 졸서(앞의 주1), p.339, 주40을 참조할 것.

46 『근본설일체유부비나야잡사』대정24, p.295a-b : 西本龍山訳, 국역일체경, 율부25, 大東出版 (1935), pp.321-323 : P. ed., No. 1035, De, 242a5-243b5 : D. ed., No. 6, Tha, 256a6-258a3 참조. 또한 이 개소의 문제점에 대해서는 佐々木閑, 「典座に関する一考察」『禅文化研究所紀要』19 (1993.05), pp.70-76 (横), 또한 이것에 관련하는 의정역어의 여러 견해에 대해서는 Silk, *op. cit.* (앞의 주3), p.81, p.143 등을 참조.

47 『근본설일체유부비나야잡사』대정24, p.381a-b : 西本龍山訳, 국역일체경, 율부26, 大東出版 (1935), pp.287-288 : P. ed., No. 1035, Ne, 214b6-215b6 : D.ed., No. 6, Da, 223a1-b7 참조. 티벳어의 zhal ta pa나 산스크리트어의 vaiyāvṛtyakara/ vaiyāpṛtyakara 등의 용어의 문제에 대해서는 Silk, *op. cit.* (앞의 주3), p.39, n.1 및 그 이하 참조.

48 선종교단의 '四知事'에 대해서는 鏡島元隆, 佐藤達玄, 小坂機融, 『訳註禅苑清規』, 조동종종무청 (1972), p.107 참조. '都寺', '監寺', '副司' 등은 용어에 중국적인 요소도 느껴지지만, 책을 수정하면, '지사'로서 동일한 종류의 담당이었던 듯이 생각되어, '直歳' 등도 『선원청규』의 설명에서는 navakarmika를 상기시키지만, 특별히 『대비구삼천위의』 등의 오래된 역어의 혼입이 있었을지도 모른다.

49 『근본설일체유부비나야잡사』대정24, p.16a : P. ed., No. 1030, Ge, 4b4 참조. 또한 병행문헌으로서 *Divyāvadāna*, p.50 : 平岡 전게서(앞의 주15 전자), p.89도 참조할 것. 인용괄호 내의 산스크리트어는 이것에 의한다.

50 두 가지 방식의 7종의 '福業事'에 대해서는 전게 졸고(앞의 주25의 후자), pp.74-76(横) 참조. 이

것에 따르면, 본문 중에서 제시한 다섯 가지 '복전' 가운데 마지막을 제외한 āgantuka, gamika, glāna, glānopasthāyaka의 네 가지는 무도 '有依'의 '복업사' 중에 포함되는 것이다. 하지만 이런 '복전'관이 좋은 방향으로 기능한 경우에는 예를 들면, 일본의 광명황후에 귀속되는 '비전원 悲田院' 등과 같이, '약자'에 대한 '이타'로서 크게 평가되어도 좋은 측면도 있을 수 있다. 그러나 이러한 '복전' 중에는 여기서 '복업사'에 들어가지 않은 upadhi-vārika는 본래 앞의 주43에서 제시한 '塔寺' 거주자도 포함되지만, 그러한 가운데 어떤 류의 비구는 현대에도 '이름뿐인 관리직'이 있듯이, 교단에서도 '이름뿐인 '복전''으로서 존재했을 가능성도 있다고 나는 생각한다. 그 차별주의에 대해서는 전게 졸서(앞의 주1), pp.317-342를 참조하기 바란다.

2009년 3월 3일
본 원고의 축소를 위해 다시 가감하여 정정함. 2011년 3월 25일

제4장

대승불교의 선정실천

야마베 노부요시

1.
서언

전통적인 불교의 실천이 '계·정·혜의 삼학'에 통합되는 것은 잘 알려져 있다. 대승불교의 실천에서 선정이 중시된 것은 대승경전에서 원시불교 이래의 전통적인 수행항목(염처, 선, 수념 등)이 자주 언급되는 점, 보살의 기본적인 실천항목인 6바라밀의 하나로서 선정이 거론되는 것, 또한 대승경전에서 다양한 종류의 삼매가 설해져 있는 것 등으로부터 엿볼 수 있다. 대승불교의 기원을 삼림에서의 수행자의 전통과 관련시켜 생각하는 최근의 연구동향으로 볼 때도 대승불교에서 선정실천이 중요한 의미를 가지고 있었다고 생각하는 것은 자연스러운 상정일 것이다.[1]

다만 대승경전에 자주 보이는 삼매의 열거에 대해서는 단순히 명칭이 열거되는 것만으로 실천내용이 구체적으로 제시되지 않는 것이 많고, 이러한 기술이 현실에서 행해지고 있던 실천을 직접 반영한 것인지의 여부는 반드시 명확하지는 않다.[2] 대승경전에 보이는 선정의 기술에는 신앙의 대상으로서의 위대한 불·보살의 초인적인 실천을 찬미하기 위해 설해졌는지, 또는 실천법 그 자체보다는 오히려 선정수행의 결과 도달된 보살의 깊은 깨달음의 경지를 나타내기 위해 설해졌다고 생각되는 것도 많고, 반드시 살아 있는 인간이 행해야 할 구체적인 선정의 방법론을 제시하는 것은 아니다. 그러한 것을 생각하면, 대승불교의 선정법을 경전에 근거하여 구체적으로 명확히 밝히는 것은 실은 용이한 일은 아니다.

물론 대승의 실천법을 체계적으로 나타내는 자료가 없는 것은 아니다. 예를 들면 비교적 시기가 빠른 것으로서는 『유가사지론』「보살지」가 중요하고, 약간 시대가 늦어지는 것으로서는 샨티데바(650-700 무렵)의 『입보리행론』이나 카말라쉴라 (740-795 무렵)의 『수습차제』가 잘 알려져 있다. 다만 본 장에서는 〈관불경전〉으로 불리는 일련의 대승경전에 주목해서 고찰을 진행하려고 한다. 현존하는 〈관불경전〉은 이하의 여섯 경전이고, 일반적으로 〈6관경〉으로 불리고 있다.

『관불삼매해경 観仏三昧海経』	불타발타라 仏陀跋陀羅(359-429) 역
『관미륵보살상생도솔천경 観弥勒菩薩上生兜率天経』	저거경성 沮渠京声(5세기) 역
『관보현보살행법경 観普賢菩薩行法経』	담마밀다 曇摩蜜多(356-442) 역
『관허공장보살경 観虚空蔵菩薩経』	담마밀다 曇摩蜜多 역
『관약왕약상이보살경 観薬王薬上二菩薩経』	강량야사 畺良耶舎(383-442) 역
『관무량수경 観無量寿経』	강량야사 畺良耶舎 역

또한 이러한 〈관불경전〉을 연구하는 데 참조할 필요가 있는 것이 대승경전의 형식은 취하지 않지만, 시기적·내용적으로 〈6관경〉과 가까운 관계에 있는 이하의 여러 〈선경〉이다.

『달마다라선경 達摩多羅禅經』	불타발타라 仏陀跋陀羅 역
『좌선삼매경 坐禅三昧経』	구마라집 鳩摩羅什(344-413) 역
『선법요해 禅法要解』	구마라집 鳩摩羅什 역
『사유략요집 惟略要法』	구마라집 鳩摩羅什 역
『오문선경요용법 五門禅経要用法』	담마밀다 曇摩蜜多 역

『선비요법경 禪秘要法経』	구마라집 鳩摩羅什 역
	(오래된 전승에 따르면 曇摩蜜多 역)
『치선병비요법 治禪病秘要法』	저거경성 沮渠京声 역
『범문유가서 梵文瑜伽書』(Yogalehrbuch)	한역 없음[3]

    이러한 〈관불경전〉과 〈선경〉을 총칭하여 〈선관경전〉이라 한다. 다만 이러한 문헌의 대부분은 한문으로만 현존하고, 이 가운데 어떤 것에 대해서는 중앙아시아 또는 중국성립의 가능성이 지적되고 있기 때문에 그곳에 설해지는 실천을 인도불교적 문맥 가운데 자리매김하는 데는 신중한 취급이 필요하다. 나는 일찍이 이러한 문헌의 일부에 대해 그 성립문제를 자세하게 검토한 적이 있지만, 이번은 지면 관계상 관련 문헌의 성립지역의 문제를 깊이 파고드는 것은 불가능하다.[4]

    본 장의 논술에 필요한 범위에서 나의 현 단계에서의 견해를 언급한다면, 선관경전에 설해지는 대승의 행법에는 후술하는 바와 같이 유사한 내용이 인도부파불교의 문헌에 확인되는 예가 적지 않기 때문에, 기본구조로서는 인도의 행법을 전하는 것으로 생각하는 것에 큰 문제는 없는 것으로 생각된다. 나아가 인도 및 그 영향하에 있던 중앙아시아의 선정실태에서 성문승과 대승의 수행은 확연히 구별되는 것은 아닌 듯하다. 이런 것은 부파불교교단과 대승불교의 관련성을 강조하는 최근의 초기대승불교연구의 추세와도 부합하는 것이다. 본 장에서는 이런 점에 주목하여 선정에서 성문행과 보살행의 관계를 중심으로 생각할 것이다.[5]

2.
관불

『팔천송반야경』이나 『반주삼매경』과 같은 초기대승경전에서 행자가 붓다를 직접 알현하는 '견불'의 종교체험이 설해져 있는 것은 잘 알려져 있다. 이러한 경전에서 '견불' 수행이 절정에 달한 때에 얻어지는 이른바 일종의 신비체험이고,[6] 반드시 의도적인 이미지 조작의 결과는 아니라고 생각되지만, 선관경전의 단계가 되면 붓다를 보기 위한 구체적인 방법론이 확립하기에 이르러, '관불' 또는 '염불'로 불리게 된다.[7] '관불'의 수행은 특히 『관무량수경』을 비롯한 이른바 〈6관경〉에서는 중심 테마로 되어 있다. 우선 이 행법에 대해 검토해보기로 한다. 예를 들면 『관불삼매해경』(이하, 해경)에서는 관불의 방법이 다음과 같은 설화의 형식으로 기술되고 있다.

> 한 왕자가 있었는데, 이름은 금동이라고 한다. 교만·사견으로 정법을 믿지 않았다. 지식 있는 정자재라는 비구가 왕자에게 아뢰어 말하기를, "세상에 불상이 있고, 많은 보배로 엄숙히 장식하여 극히 사랑스럽습니다. 잠시 탑에 들어가 붓다의 형상을 관해야 합니다." 때로는 그 왕자가 좋은 벗의 말에 따라 <u>탑에 들어가 상을 관하여</u> 상의 상호를 보고, 비구에게 말하기를, "불상의 단정한 것 역시 이것과 같구나. 하물며 붓다의 진신이야." 이 말을 마치자, 비구가 아뢰어 말하기를, "그대 지금 상을 보고, 만약 예배할 수 없다면, 마땅히 나무불이라고 칭명해야 합니다." 이때 왕자가 합장공경하고 '나무불'을 칭명한다. <u>궁에 돌아가 생각을 집중하여 탑중의 상을 생각한다</u>. 즉, 한밤중에 꿈에서 불상을 본다. 불상을 보기 때문에 마음은 크게 환희한다(대정15, 689a-b, 밑줄은 필자, 이하 동일).

동일한 행법은 『좌선삼매경』에서는 다음과 같이 기술되고 있다.

염불삼매에 3종의 사람이 있다. 또는 초습행, 또는 이습행, 또는 구습행이다. 만약 초습행의 사람은 [스승이] 장차 불상이 있는 곳에 이르러, 또는 가르쳐 스스로 이르게 하여, 불상의 상호를 체관하도록 한다. 상호의 상이 명료해지면, 일심으로 집중하여 마침내 고요함에 이르면, 심안으로 불상을 관하여, 생각이 바뀌지 않도록 한다. 집중하여 상에 머물게 하여, 다른 생각이 나지 않도록 한다. 다른 생각이 생기면 이것을 섭수하여 항상 상에 머물게 한다(대정15, 276a).

또한 『오문선경요용법』에는 다음과 같은 기술이 보인다.

만약 관불할 때에는 바로 지극한 마음으로 붓다의 상호를 관해야 한다. 명료하고 분명하게 본질을 본 후, 그런 연후에 눈을 감고 마음을 집중한다. 만약 명료해지지 않으면, 다시 눈을 뜨고 보아, 지극히 마음이 명료해지도록 한다. 그런 연후에 자리에 돌아가 바른 몸과 바른 생각으로 생각을 한 곳에 집중하여, 진불에 대한 것과 같이 명료해지는 데 틀림없도록 한다. 즉, 자리에서 일어나 무릎을 꿇고 스승에게 아뢰어 말하기를, "내가 방 가운데서 생각을 모으는 것과 붓다를 보는 것이 다르지 않다." 스승이 말하기를. "그대는 본좌에 돌아가 이마 위에 마음을 집중하여 일심으로 염불하라."(대정15, 325c)

이러한 인용문은 기본적으로 동일한 취지의 것을 기술하고 있다고 이해해도 좋을 것이다. 즉, 관불을 닦는 데는 우선 불상을 잘 관찰하여 그 '상을 취한다', 결국 이미지를 마음에 새긴다. 그런 다음 별도의 고요한 장소에 가서 눈앞에 불상이 없어도 마음의 눈 앞에 불상의 이미지가 선명하게 떠오를 때까지 관상을 반복하여 닦아 나가는 것이다. 이와 같이 생각할 때, 우리들은 『관무량수경』(이하, 관경)의 유명한 '日想觀'도 그 기본구조를 공유하고 있는 것을 알 수 있다.

> 눈 있는 사람들, 모두 일몰을 보아라. 바로 상념을 일으켜, 서향으로 정좌하여, <u>해를 활관해야 한다</u>. 마음으로 견고하게 머물러 집중된 마음이 움직이지 않도록 하고, 해가 지려고 하면, 모양은 매달린 북과 같이 보아라. 이미 해를 본 후에는 <u>눈을 감거나 눈을 뜨거나 항상 명료하게 하라</u>. 이것을 일상 日想이라 한다. 이름하여 초관 初觀이라 한다. 이런 관을 한다면 이름하여 정관이라 한다. 만약 이와 다른 관을 한다면 이름하여 잘못된 관이라 한다(대정12, 342a).

여기서는 지는 석양을 보고, 그 이미지가 눈을 뜨고 있거나 감고 있거나 간에 분명히 보이게 될 때까지 마음에 새겨야만 한다고 서술하고 있는 것이다. 대상이 불상과 석양이라는 차이가 있다손 치더라도 그 기본구조가 동일한 것은 명백하다. 또한 『관경』의 일상관은 무량수불을 보기위한 관상의 제1 단계로서 설해지고 있기 때문에 동일한 관불에 관련되는 문맥인 것도 주의할 필요가 있다.

여기서 『해경 海経』과 『관경 觀経』은 성립지역의 문제가 있다고 하더라도, 내용적으로는 대승불전으로 분류되어야 할 문헌이라는 점에는 이론의 여지가 없을 것이다. 그러나 이하(본 장 제4절)에서 제시하는 것과 같이 『오문선경요용법』에서는 관불(염불)은 삼승의 행자에게 공통의 행법으로 되어 있고, 『좌선삼매경』의 앞의 인용개소는 성문도의 수행을 언급하는 부분에 속하고 있다. 결국 관련된 선경에서도 관불의 수행은 성문도와 보살도에 공통하는 행법으로서 파악되고 있다.

그러면 상술한 대로 관불의 행법을 설하는 한문문헌의 다수에는 원전이 존재하지 않고, 성립상의 의문도 지적되고 있기 때문에 인도불교적인 문맥에서 논하는 것은 어려운 점이 있다.[8] 그러나 여기서 내가 주의하는 것은 상술한 바와 같은 관불의 행법의 기본구조는 인도문헌에서 확인 가능한 성문승의 행법과 공통하고 있는 점이다. 예를 들면 붓다고샤의 『청정도론』(5세기)에는 부정관의 행법이 다음과 같이 설명되어 있다.

> 그 요가행자는 그 사체에서 상술한 상을 취하는 nimittaggāha [방법]에 의해 잘 상을 취해야 한다. 생각을 견고하게 머무르게 하여 사유해야 한다. 반복적으로 이와 같이 해서 잘 사유하고, 결정해야 한다. 사체에서 너무 멀거나 너무 가깝지 않은 곳에 앉거나 서서 눈을 뜨고 관하여 상을 취해야 한다 nimittaṃ gaṇhitabbaṃ. 부풀어 오른 불유쾌한 [사체], 부풀어 오른 불유쾌한 [사체]라고 100회·1000회 [눈을] 뜨고 보고, [눈을] 감고 사유해야 한다. 반복적으로 그와 같이 하면 취해야 하는 상이 잘 취해지게 된다. 어떤 때에 잘 취해지게 되는가? [눈을] 떠서 보고 있을 때나 [눈을] 감고 사유하고 있을 때도 동일하게 보이는, 그때 [상은] 잘 취해진다고 말하는 것이다.[9]

우선 실물의 사체를 보고 그 '상을 취하고', 눈을 뜨고 있거나 눈을 감고 있어도 동일하게 이미지가 보이게 될 때까지 관상을 반복한다는 기본구조는 상술한 관불의 방법과 완전히 동일하다.

또한 산스크리트문헌에도 동일한 기술한 인정된다. 이하의 『성문지』의 일절을 살펴보자.

묘지에 가서, 푸른 [사체] 내지 뼈나 해골에서 상을 취하라 nimittam udgṛhāṇa. 만약 그렇지 않다면 그림에 그려진, 또는 나무·돌·진흙으로 만들어진 묘지에서 상을 취하라. [상을] 취했다면 머무는 곳에 돌아와라. [주처]에 돌아오면, 아란야·나무 밑·빈집에서 바닥·의자·풀로된 자리에 앉아라. 결가부좌를 하고, 양발을 씻고 신체를 바르게 하고, 생각을 현전시켜서 앉고, 우선 생각을 하나의 대상에 머물게 하는 것과 마음이 산란하지 않게 두어라 ekāgratāyāṃ cittāvikṣepe smṛtyupanibaddhaṃ kuru. [10]

『청정도론』 정도로 상세하지는 않지만, 사체의 '상을 취하는' 기본과정은 동일하다. 또한 여기서는 실제의 사체만이 아니라, 그 화상이나 모형이라도 좋다고 되어 있는 점이 불상을 쓰는 관불의 행법과의 유사성을 엿보게 한다. 그리고 이미지를 충분히 새긴 후에는 자기의 주처에 돌아와 관상해야 하는 점도 관불과 공통된 점이다. 여기서도 관불과의 기본구조의 일치를 인정해도 좋을 것이다.

또한 원전은 존재하지 않지만 한역 선경의 하나이고, 원제를 *Yogācārabhūmi* 庾伽遮羅浮迷라고 전해지는[11] 『달마다라선경』에도 다음과 같은 기술이 보인다.

수행하여 애욕이 증가하면　　　마땅히 나아가 묘지에 이르러
그 부정상을 취하여　　　　　　돌아와 본처에 앉아야 하리 (대정15, 314b).

본래『관무량수경』이 인도성립이 아닐 가능성이 높다는 것은 이미 지적되고 있는 바이고, 이는『관불삼매해경』도 마찬가지라고 나는 생각하고 있다. 그러나 그러한 관불경전과 시기적으로 가까운 이러한 인도문헌과 유사한 관상법이 기술되고 있는 것을 보면, 불상을 관찰하여 그 '상을 취하고', 또한 그 이미지를 대상으로서 관상을 닦으라는 관불의 행법 그 자체가 같은 시기의 인도문화권에서 행해지고 있었을 가능성은 높게 생각된다.[12] 바꾸어 말하면, 얼핏 보아 대단히 대승적인 것으로 생각되는 관불의 수행도 원시불교 이래의 부정관 수행의 연장선에서 있었다는 것이 된다.

3.
『좌선삼매경』

다음으로 다른 관점에서 성문과 보살의 수행도를 대비해보자. 여기에서 참조하는 것은『좌선삼매경』이다.『좌선삼매경』에서는 성문·연각·보살의 수행도를 병렬적으로 서술하는 구성방식이고, 그 점에서는 말미의 부분에서 성문의 수행을 연각·보살의 수행과 대비시키는『수행도지경』(이것도 원제를 *Yogācarabhūmi* 偸迦遮復彌라고 전해지고 있다[13])이나「성문지」「연각지」「보살지」를 병렬시키는『유가사지론』 *Yogācarabhūmi*을 상기시킨다.『좌선삼매경』은 구마라집에 의해 편찬된 것이고, 그 전체에 대응하는 단일의 원전은 존재하지 않는다. 다만 성문도의 부분에 대해서는 복수의 인도문헌에 근거하고 있던 것이 기록되어 있고,[14] 실제로 마명의『단정한

난다』나 상가라크샤의『수행도지경』과 광범위한 병행개소가 있는 것이 이미 확인되고 있기 때문에,[15] 성문도의 부분이 인도의 선정전통에 근거하고 있는 것은 우선 틀리지 않는다. 연각도의 부분은『유가사지론』등과 마찬가지로 극히 간략하고, 그다지 실질적인 내용을 갖지 않지만, 보살도의 부분은 상당히 권수가 많음에도 불구하고 전거가 전해지지 않는다. 또는 부파불교에서 대승불교로 전향했다고 전해지는 구마라집 자신의 개인적인 경력을 반영하여, 그 자신의 수행도에 대한 이해를 서술한 것일지도 모르지만, 가령 그렇더라도 젊은 시절에 서북인도에서 유학하여 인도의 사정에도 정통한 구마라집의 이해는 우리들의 논의를 위해서도 하나의 중요한 열쇠가 될 것이다.

그러면『좌선삼매경』에서 성문도와 보살도의 구성은 다음과 같다.

[성문도]	불도(=보살도)
	(1) 염불삼매
(1) 다음욕인 : 부정법문	(2) 음욕편다 : 부정
(2) 다진애인 : 자심법문	(3) 진애편다 : 자심
(3) 다우치인 : 사유관인연법문	(4) 우치편다 : 관십이분
(4) 다사각인 : 염식법분	(5) 다사각 : 염아나반야
(5) 다등분인[16] : 염불법문	

결국 행자의 기질(근기)에 따라 이른바 '5문선' 중에서 적합한 관상을 행하도록 권하는 것이지만, 불도(=보살도)에서는 '염불삼매'가 최초로 나오는 점을 제외하면, 성문도와 보살도에서 완전히 동일한 항목이 같은 순번에서 열거되고 있다. 더욱이 개개의 항목의 내용에도 성문도와 보살도에서 약간의 상위가 있다고는 하더라

도 실질적으로 그다지 큰 차이는 없다. 성문도이거나 보살도이거나 선정의 수행 중에서 구체적으로 행하는 것의 내용은 기본적으로는 동일하다는 라집의 이해를 거기서는 간파할 수가 있을 것이다.

예를 들면 음욕이 강한 사람이 행해야 하는 부정관에 대해 말하면, 성문도의 경우나 보살도의 경우에도 체내의 36종의 부정(36물)이나, 사체가 부패해가는 여러 단계의 관상이 기본이 되어 있는 점에서는 공통된다. 보살도의 기술 중에서 36물이나 사체가 부패해가는 개개의 항목이 열거되는 것은 없지만, 이것은 단순히 선행하는 성문도의 설명에서 한 번 언급되어 있기 때문에, 보살도 쪽에서는 생략되어 있을 뿐이다. 다만 보살도에서는 부정관의 수순이 일단 언급된 후에, 부정관에 의해 신체를 염오하여 빨리 열반에 들어가려고 하는 것이 경계되고, 대비심에 의해 중생제도에 힘쓰는 것이 촉구되고 있다(대정15, 281c). 이것은 후술하는 『범문유가서』의 기술과도 상통하는 것이다. 또한 제법실상의 관점에서는 청정한 것이나 부정한 것도 아닌 것이 언급된다(대정15, 281c). 이상의 내용에서 판단하면, 구체적인 관상의 수순으로서는 성문도나 보살도나 특히 다른 것은 없고, 다만 그 배후에 있는 정신이 다르다는 것이다.

『좌선삼매경』에서 성문도와 보살도의 차이로 첫 번째 눈에 띄는 것은 보살도에서는 염불삼매가 최초에 열거되고 있는 점이다. 성문도에서는 반드시 그것으로 언급되고 있지 않지만, 실질적으로는 상관像觀, 생신관生身觀, 법신관法身觀의 순으로 수행이 구성되어 있다.[17] 상관에서는 우선 불상의 이미지를 마음에 새긴다. 이것은 상술한 그대로이다(본 장 제2절). 다음에 생신관에서는 석존의 일생의 사적을 관상하여, 그중에서 32상·80종 소상도 관상한다. 그리고 최종적으로는 시방무량세계의 제불의 색신을 보고, 그들로부터 설법을 듣는 것이다. 시방무량의 제불이라는 것은 대승적인 표현이기 때문에,[18] 그것이 성문도의 개소에서 나온다는 기술에는 편집자 구마라집의 약간의 혼란을 엿볼 수 있을지 모르지만, 반면에 구마라집에게는 성문도나 보살도나 행법 그 자체로서는 그다지 명확하게 구별할 수 없다고 의식하고 있던 것을 나타낸다.

한편 보살도의 쪽에서는 상관은 생략되어 시방삼세제불의 생신을 보는 것으로부터 기술이 시작되고, 그 후 붓다의 무량한 공덕을 생각하는 법신관에 상당하는 기술이 나타난다. 그리고 그 후에 행자 자신이 언젠가 빛나는 불신과 붓다의 공덕을 얻으려고 하는 원과 일체중생에게 불도를 얻게 하려는 원이 기술되는 것이 특징적이다. 모든 보살도의 시작에는 우선 발원이 있어야 한다는 관점에서 보살도의 최초에 염불관이 열거되어 있는 것은 아닐까. 덧붙여 말하면 보살도에서는 이런 염불관에만 대응하는 행자의 근기가 언급되어 있지 않은 것도, 또는 단순한 실수가 아니라, 붓다가 되려고 하는 발원은 모든 보살행자에게 공통한 것이라는 판단에 근거한 의도적인 처리였을지도 모른다. 여하튼 염불관에 대해서도 구체적인 관상의 내용은 (보살도에서 관상이 생략되어 있는 것을 제외하면) 성문도와 보살도에서 크게 다른 것은 아니다. 다른 것은 자타의 성불의 서원이라는 극히 정신적인 부분인 것이다.

이상의 고찰에서 분명하듯이, 『좌선삼매경』에서 성문의 행법과 보살의 행법은 관상의 내용 그 자체에 대해서는 크게 다른 것은 없고, 다른 것은 행의 배후에 있는 정신적 태도 내지 의미 부여의 부분인 것이다. 본래 이것은 부파불교에서 대승불교로 전향한 구마라집 자신의 경력을 반영한 개인적인 이해였을 가능성도 있을 것이다. 다만 나는 다른 선관경전을 보아도 성문도와 보살도의 구별에 관한 한 동일한 인상을 받는 것이 많다. 이하에서 더 나아가 다른 관련 문헌을 보기로 하자.

4.
『5문선경요용법』

『5문선경요용법』은 『좌선삼매경』과 마찬가지로 안반·부정·자심·인연·염불의 5문선을 설하는 것을 표방하는 선경이지만, 실제로는 염불·부정·자심의 3관밖에 설명되어 있지 않고, 대개 정연한 구조를 가지는 『좌선삼매경』과는 다르게, 구성상의 혼란이 현저하다. 또한 별도의 선경인 『사유략요법』의 혼입이 의심되는 등 문헌상의 문제가 많지만, 이러한 문제에 대해서는 이미 별도의 기회에 논한 적이 있기 때문에 이번에는 다루지 않는다.[19]

그러면 『5문선경요용법』에는 삼승(성문승·연각승·보살승)의 행법의 관계에 대해 어떠한 기술이 보이는 것일까. 예를 들면 염불관에 관한 다음의 기술을 참조해보자.

그때 이마 위에 불상이 현전하여, 하나에서 열에 이르거나 무량하게 된다. 만약 수행자가 보는 것으로서 다불이 이마 위에서 나타나는 사람, 만약 몸을 떠나 그다지 멀지 않게 돌아오면, 스승은 바로 알아야 한다. 이는 그것이 성문을 추구하는 사람이다. 만약 약간 멀리 돌아오면, 벽지불을 추구하는 사람이다. 만약 멀리 돌아오면, 이것은 대승의 사람이다. 3종으로 나타난 붓다가 돌아와 몸 가까이에서 땅을 금색으로 만들고, 더한 제불이 모두 땅에 들어간다(대정15, 325c).

관상 중의 수행자의 이마에서 많은 불상이 나타나는 것이지만, 그것들이 멀리까지 가지 않고 곧 돌아오면 성문승의 사람, 어느 정도 가서 돌아오면 연각승의 사람, 멀리 가서 돌아오면 대승(보살승)의 사람이라고 한다. 결국 3승의 수행자에 관한 관상의 내용은 본질적으로는 같은 것이고, 다만 정도의 차이가 있을 뿐이라는 것이다.

또한 동일한 문헌에는 다음과 같은 기술이 보인다.

스승이 다시 가르쳐서 생각을 집중하여 마음에 머물게 하고, 그런 후에 붓다를 관하게 한다. 즉, 제불이 마음[20]에서 나오고, 손으로 유리의 지팡이를 쥔 것을 본다. 지팡이의 양머리에는 3승의 사람이 나오게 한다. 불꽃에 대소가 있다. 이와 같이 나온 뒤에 마지막의 한 붓다의 지팡이를 쥐고 마음이 바르게 되어 머문다. 마지막에 머무르는 불신을 돌려 돌아간다. 먼저 사라지고 제불도 모두 와서 따라 들어간다. 만약 소승의 사람이라면 완전히 들어가서 바로 멈춘다. 만약 대승의 사람이라면 완전히 들어간 뒤에 모든 몸의 모공에서 나와 4해를 채우고, 위로는 유정천에 이르고 아래로는 풍제에 이른다(대정15, 326a).

여기서도 성문승과 보살승의 차이는 보살승의 행인의 경우에는 더욱 발전해가는 이미지가, 성문승의 경우는 도중에서 끝나버린다는 것일 뿐이고, 내용 그 자체에 본질적인 차이가 있는 것은 아니다.

동일한 구조는 부정관에 대해서도 보인다. '초습좌선법'의 항목에서 설해지는 이하의 내용을 참조해보자.

우선 가르쳐서 주의하여 오른쪽 다리를 관하여 엄지손가락 위에 크게 부풀어 오르도록 보이게 하라. 생각으로 꼬집어 이것을 터트려 황즙이 흐르는 것이 피고름이 나오는 것처럼 해라. 피부와 살이 다 짓무른 다음 단지 백골을 본다. 모두 보면 마땅히 널리 골관을 배워야 한다. 만약 일천하에 넘치는 것을 보면 제대로 <u>대승</u>을 배워야 한다. 만약 가까운 것을 보면 제대로 <u>소승</u>을 배워야 한다(대정15, 327c).

이것은 선관에서 백골의 이미지의 확산정도에 따라 수행자의 근기를 확정하려고 하는 기술이다. 입문자에게 선법을 가르치는데, 지도자는 우선 입문자에게는 어떤 타입의 번뇌가 강한지를 관찰하여, 그의 근기를 파악하여, 그것에 따라 수행법을 전수해야 한다는 기술은 많은 선경류에 보이는 경우와 동일하다.[21]

여기에서 인용한 『5문선경요용법』도 그런 문맥에서 이해해야 하지만, 그러나 거기서 성문승·보살승의 어떤 가르침을 전수해야 할까라는 차원에서 근기를 파악하려고 하는 것은 우선 스승이 입문자를 관찰하여 그 종성을 확인하고, 적합한 가르침을 전수하려고 하는 『유가사지론』(「성문지」「보살지」)의 기술과도 어딘가 통하는 것이다.[22] 어쨌든 이미 보아온 용례와 마찬가지로 성문승과 보살승에서 다른 것은 어디까지나 이미지의 확산 정도이고, 이미지의 내용 자체에 차이가 있는 것은 아니다.

5.
『달마다라선경』

『달마다라선경』은 5세기 초두에 불타발타라에 의해 한역된 선경으로 그 내용은 다음과 같다.

1) 안나반나염 安那般那念
2) 부정관 不淨觀
3) 관계 觀界
4) 사무량삼매 四無量三昧
5) 관음 觀音
6) 관입 觀入
7) 관12인연 觀十二因緣

어느 것이나 전통적인 수행항목이고, 내용상으로도 이 문헌은 일반적으로 설일체유부계의 것이라고 생각된다.[23] 본 서의 내용이 전체적으로 유부계에 가깝다는 것은 나도 의심하는 것은 아니다. 다만 이 유부계문헌의 「사무량삼매」의 장에 다음과 같은 기술이 보이는 것은 주목된다.

이와 같이 대비는 본래 일체제불이 수습하는 것이고, 이것에 의해 일체지해를 궁극적으로 완성한다. 행자가 만약 잘 구족하여 수습한다면, 마땅히 오래지 않아 반드시 이곳에 이르게 됨을 알아야 한다(대정15, 320b).

대비란 일체제불이 일찍이 수행한 것이고, 그것에 의해 일체지해를 궁극적으로 완성한 것이기 때문에, 만약 행자가 이것을 충분히 수행한다면, 오래지 않아 반드시 같은 경지에 이를 것이라는 것이다. 여기에서 '같은 경지'라는 것은 제불이 달성한 일체지의 것을 가리키는 것이기 때문에, 대비를 행하는 것에 의해 제불과 동일한 일체지를 일반의 행자가 얻을 수 있다는 것은 대승적인 사상이라고 해도 좋지 않을까. 유부계 문헌 가운데 이와 같은 기술이 나오는 것은 주목해야 하는 것이다.

6.
『범문유가서』

『범문유가서』는 20세기 초두에 독일·투르판 탐험대에 의해 키질과 숄축에서 발견된 사본단편을 디터 슈링로프 교수가 교정출판한 산스크리트의 사선으로 사본의 결손 때문에 원제가 불명확하고, 슈링로프 교수의 교정본의 독일어 타이틀에 의해 학계에서는 일반적으로 *Yogalehrbuch*(요가 교과서)로 불리고 있는 것이다.[24] 본장에서는 편의적으로 『범문유가서』로 부르기로 한다.

1) 부정관 不淨観 aśubhaprayoga
2) 안나파나 安那波那 ānāpānasmṛtibhāvanā
3) 계 界 dhātuprayoga
4) 관음 觀音 skandraparīkṣā
5) 관입 觀入 āyatanaparīkṣā
6) 관연기 觀緣起 pratītyasamutpādaparīkṣā

7) 자 慈 maitrī

8) 비 悲 karuṇā

9) 희 喜 muditā

10) 사 捨 upekṣā

11) 수념 隨念 anusmṛti

  a. 불수념 佛隨念 buddhānusmṛti

  b. 법수념 法隨念 dharmānusmṛti

  c. 승수념 僧隨念 saṃghānusmṛti

  d. 계수념 戒隨念 śīlānusmṛti

  e. 천수념 天隨念 devatānusmṛti

언뜻 보면 알 수 있듯이, 본 서의 구성은 『달마다라선경』의 그것과 잘 닮아 있어 (이노구치타이쥰 교수에 의해 이미 지적되고 있다), 내용적으로도 『달마다라나선경』과 동일한 유부계의 것으로 생각되고 있다.[25] 다만 본 장의 관점에서 주목할 만한 것은 이미 슈링로프와 세이포드 루엑 두 교수에 의해 지적되고 있듯이, 본 서에는 강한 보살사상이 인정된다는 것이다.[26] 사본이 단편적이기 때문에 축어역은 어렵지만, 번역가능한 개소를 중심으로 개요를 소개하기로 한다.

문제의 일절[27]은 사무량심 중의 '사捨'에 관한 것이지만, 거기서는 우선 수행자의 눈앞에 세존의 열반의 상황이 나타난다. 세존은 장구(악기)를 쳐서 성문승에게 열반의 성 nirvāṇa-pura에 들어올 때가 왔다는 것을 알리고, 그 소리는 무변의 세계에 꽉 찬다. 한편 유리와 같이 반짝이는 문지기가 있어, '이 성에 들어온 사람은 다시 나갈

수는 없다. 그곳에 들어온 사람들은 허공의 구름에 싸인 등화와 같이 적멸에 이른다'고 알리고 있다.

그때 수행자의 몸 가운데는 (10)력, (4)무소외, 불공의 (3)념처, 대비의 상징이 나타난다. (10)력의 상징은 열 마리의 코끼리에 탄 열 개의 불상, (4)무소외의 상징은 사자좌에 앉은 네 개의 불상, 불공의 3념처의 상징은 기름이 들어간 그릇과 무기를 가진 세 명의 남성, 대비의 상징은 (행자의) 심장에 (나타나는) 허공의 색을 하고, 금색에 빛나는 푸른 옷을 걸친 여성이다. … (중략) …

세존의 체내에는 하얀색을 하고 하얀 옷을 걸친 대비를 상징하는 여성이 나타나, '해야 할 것은 행해지고, 서원은 완수되어, 제자들은 성취되고, 열반은 적정하다'고 한다. 그리고 세존은 게송을 읊는다. '제행은 무상하고, 생멸하는 성질을 가진 것이다. 왜냐하면 그것들은 생겨나서는 소멸하기 때문이다. 그러한 적멸이 즐거움인 것이다'라고. 말을 마치자, 세존은 열반의 성에 들어가, 허공과 같은 구름에 싸인 등화와 같이 적멸에 이른다. 세존의 성문들도 나중에 열반의 성에 들어가, 마찬가지로 적멸에 이른다는 것이다.

그러나 수행자는 문지기에 의해 제지된다. 그때 일체중생의 바다가 나타나, 악취로 구속되어, 갖가지 고통을 받고 있는 중생이 나타난다. 그들은 말한다. '자비있는 자여! 우리들을 구해주십시오. 반열반의 성 parinirvāṇa-nagara에 들어가서는 안 됩니다'라고. 그때 그의 심장에는 앞에서 언급한 대비의 상징이 나타나고, 양손으로 그를 잡고 말한다. '괴로워하고 있는 사람들을 버리고, 당신은 어디로 가려고 하는 것입니까?' 그러자, 捨는 물러나고, 悲가 우세하게 된다. 수행자는 양팔로 일체중생의 바다를 포옹하는 것이다.

아쉽게도 이 이후의 부분은 사본이 단편적이고, 의미를 파악하는 것은 어렵다. 그러나 성문들과 같이 열반의 성에 들어가 적멸에 귀의하는 것이 아니라, 수행자는 괴로워하는 중생을 버리지 않고 대비를 가지고 구해내지 않으면 안 된다는 취지의 메시지가 극히 극적인 표현으로 설해져 있는 것은 여기까지의 부분에서 충분히 엿볼 수 있다. 그 때문에 『범문유가서』의 수행자에게서는 사무량심 가운데 사捨는 배경으로 물러나고, 비悲가 전면에 나오는 것이다. 보살도라는 표현조차 없지만, 그 내용은 보살정신 그 자체인 듯이 생각된다. 어떤 의미로는 대비를 강조하는 앞에서 인용한 『달마다라선경』의 태도가 더욱 발전한 것으로 보는 것도 가능할지 모른다. 아무튼 유부계로 생각되는 문헌 중에 이와 같이 강한 보살정신이 간주되는 것은 주목할 만하다.

이와 같은 유부계 선경에서 보살적인 사상의 배경에는 또는 유부계 불전문학의 영향이 있었을지도 모른다. 어쨌든 유부계 선경의 일부에 강한 보살정신이 나타난다는 것은 선정수행에서 성문도와 보살도의 관계를 고찰할 때에 주의해야 할 점의 하나이다. 이 방면에서도 선정에서 성문도와 보살도의 구별에는 극히 애매한 것이 있는 것 같다.

7.
『관불삼매해경』

『관불삼매해경』은 내가 학위논문에서 다룬 경전이고, 많은 중요한 문제를 포함한 문헌이다. 본 장에서 상세하게 다루지는 않지만, 논제에 관련하여 한 가지만을 지적해두고자 한다. 이 경전은 '발무상보리심'(대정15, 654c)을 서술하고, 시방제불이나 사방제불의 명호를 들어(대정15, 688b-c), 보현(대정15, 687b)이나 문수(대정15, 687c) 등의 보살을 언급하는 점 등을 보아, 분명히 대승경전이지만, 꽤 긴 경전임에도 불구하고 대승불교 고유의 교리적 요소를 논하는 것은 거의 없다. 본 경전의 중심을 차지하는 것은 석가모니불의 상호가 자세한(다만 때때로 약간 기묘한) 묘사와 많은 설화적인 요소이다. 본 경전은 '반주삼매'를 언급하는 것으로(대정15, 666a) 『반주삼매경』을 근거로 하고 있는 것은 확실할 것이지만, 내용적으로는 오히려 다양한 설화문학과의 관련이 깊다고 생각된다. 『반주삼매경』에는 반야사상의 강한 영향을 엿볼 수가 있지만,[28] 공사상에 한정되지 않고 명확한 대승의 교리적 요소를 『관불삼매해경』에서 발견하는 것은 거의 불가능하다. 대승의 교리는 반드시 대승의 선관이 불가결한 요소가 아니었던 듯하다. 이런 점에서도 선관에서 성문도와 보살도의 사이의 장벽은 낮았다고 말할 수 있다.

8.
토욕의 선관굴

토욕에는 선관의 수행과 밀접하게 관계하고 있었다고 생각되는 석굴이 남아 있고, 그곳에는 관상의 내용을 그린 벽화가 남겨져 있다. 이러한 석굴에 대해서는 이미 다른 곳에서 논한 적이 있지만,[29] 이번 주제에 관계하는 부분을 다시 논의하고 싶다.

여기서 다루는 것은 토욕 제20굴이다. 본 석굴은 토욕의 서쪽 기슭의 절벽 위에 있는 대규모 석굴사원군의 일부이다. 보존 상태는 좋다고 할 수 없고, 특히 정면의 벽은 파손이 심하다. 정면의 벽을 향해 좌측 벽 옆의 중·하단에는 원광을 가진 선관승이 횡 2열로 그려져 있고, 좌측 벽의 상단(횡 1열, 대부분은 도려내어져 현존하지 않음)과 정면에서 우측 벽 옆의 상·중단(횡 2열)에는 다양한 동물을 타고 공중을 나는 승려들이 그려져 있다. 역시 승려들은 원광을 지니고, 선정의 자세를 하고 있다(그림 1·2).

그림 1 토욕 제20굴 좌벽(필자 촬영)

그림 2 토욕 제20굴 우벽(필자 촬영)

이 좌측 벽 상단과 우측 벽 상·중단의 벽화는 『수마가다-아바다나』의 장면을 그린 것으로 간주되고 있다. 양쪽의 벽화는 선정에 관계하는 모티프로 통일되어 있는 것으로 생각되지만, 대승경전인 『관무량수경』과 부파불교계의 문헌인 『수마가다-아바다나』의 사이에 직접적인 관련성은 인정되지 않을 뿐으로 벽화작성자의 의도가 어디에 있었는지는 얼핏 보아 명백하지 않다.

그러나 이 양자의 관계는 『관불삼매해경』을 참조하는 것에 의해 보다 명료하게 된다. 왜냐하면 『관불삼매해경』에는 『수마가다-아바다나』의 공중비약의 장면이 담겨져 있기 때문이다.

『수마가다-아바다나』는 슈라바스티(사위성)에 사는 수달장자의 아름답고 신심이 깊은 딸 수마가다의 이야기이다.[30] 그녀는 푼드라바르다나라는 먼 마을의 유복한 상인의 아들에게 시집간다. 시댁은 쟈이나교의 신자였기 때문에, 시댁의 사람들에게 석존의 위대함을 보이기 위해, 옥상에서 향을 태우고 물을 뿌리는 것에 의해 먼곳의 석존과 그 제자들을 식사에 초대했다. 향 연기와 물은 멀리 슈라바스티까지 도달해, 향연은 구름의 봉우리, 물은 유리 지팡이와 같은 모습이 되어 석존의 면전에 나타났다. 석존은 이내 그 의미를 알아채고, 신통력을 얻은 제자들에게 푼드라바르다나까지 날아가도록 명했다. 그리고 제자들과 최후에는 석존 자신이 다양한 동물이나 그 밖의 수레를 타고 푼드라바르다나까지 날아왔다. 푼드라바르다나에서 그는 정법을 설하고, 시댁의 사람들을 개종시켰다.

그런데 여기서 주의해야 할 것은 이『수마가다-아바다나』에서 취한 것으로 생각되는「동물 등을 타고 공중을 나는 비구」의 모티프가『관불삼매해경』가운데서 2회,『수마가다-아바다나』와는 전혀 다른 이야기 가운데 끼워져 있는 점이다. 특히 주목해야 할 것은「관사위의품제6」에 보이는 이하의 이야기이다. 이것은 북서인도에 있었던 유명한 순례지·불영굴의 기원에 얽힌 것이다(대정15, 679b-681c).

어떤 때 나가라하라국에서 독룡들이 우박을 내리게 하고, 기근과 역병을 일으키고 있었다. 왕은 그런 것에 곤혹스러워했지만 방도가 없었다. 어떤 바라문이 왕에게 석존의 힘의 빌릴 것을 권했다. 기뻐한 왕은 무릎을 꿇고 합장하고, 석존이 그의 마음을 살펴 그의 나라에 오기를 바랐다. 그때 하얀 유리의 구름과 같은 향연이 석존의 정사에 나타나, 석존을 일곱 번 돌아 금의 우산이 되었다. 우산은 아름다운 소리를 내어, 석존과 제자들을 나가라하라 쪽으로 초대하였다. 석존은 6신통을 얻은 제자들에게 왕의 초대를 받도록 명했다. 거기서 제자들과 최후에는 석존 자신이 다양한 동물이나 그 밖의 수레를 타고 나가라하라 쪽으로 날아왔다. 석존은 악한 용을 항복시키고, 석존 자신의 빛나는 영상을 독룡들의 석굴 가운데 남겼다.

이번에 상세한 문헌비교를 행할 지면의 여유는 없으나, 두 이야기의 전체적인 골격은 완전히 별개이지만 '공중을 나는 비구들'의 장면은 양쪽 이야기에서 아주 닮아 있다. 특히 『관불삼매해경』에서는 국왕이 향을 태우는 장면은 없지만 향연이 돌연히 석존의 앞에 나타나는 것에 주의해야 한다. 한편 『수마가다-아바다나』에서는 우선 수마가다가 향을 태우고, 그 향연이 슈라바스티에 도달해 석존에게 그녀의 초대를 전하는 것이기 때문에, 이야기의 흐름은 자연스럽다. 아마도 『수마가다-아바다나』의 이야기 쪽이 원조이고, 『관불삼매해경』의 쪽은 잘 알려진 이야기를 부주의한 방식으로 고쳤을 것이다.

'공중을 나는 비구들'의 장면은 『관불삼매해경』에서는 「관마왕장품제7」에 한 번 더 나타난다. 거기서는 석존과 제자들이 창녀의 한 무리를 교화하기 위해 다양한 수레를 타고 논쟁의 장소로 날아가는 것이다(대정15, 684a-c). 여기서도 대 제자들이 수레를 만들어, 그것을 타고 공중을 나는 모양은 『수마가다-아바다나』를 상기시키는 것이다. 앞의 불영굴의 이야기도 함께 생각하면, 「관마왕장품」에서도 이런 장면이 『수마가다-아바다나』에서 취했을 가능성은 높다고 할 수 있다.

나는 『수마가다-아바다나』의 이런 장면이 『관불삼매해경』에 담겨 있다는 것이 토욕 제20굴에서 『관무량수경』 관계의 벽화와 '공중을 나는 비구들'의 벽화가 병존함을 설명하는 것은 아닌가라고 생각한다. 미야지 아키라 宮治昭 교수가 지적하고 있듯이, 토욕 제20굴에서 '공중을 나는 비구들'의 장면은 『수마가다-아바다나』의 이야기의 흐름을 나타내는 장면을 그리지 않고, 단독으로 그려져 있다. 이런 것은 이 장면이 설화문학의 한 장면을 그린다는 의도 하에 그려진 것이 아니라, 선정에 의해 얻어지는 신통력을 나타내는 의도 하에 그려진다는 것을 시사한다.[31] 만약 그렇다면 이 '공중을 나는 비구들'의 그림이 관상의 그림과 조합된다는 것은 놀라운 일은 아니다.

물론 '공중을 나는 비구들'의 장면이 담겨 있는 것은 『관불삼매해경』이고, 『관무량수경』 자체는 아니다. 그러나 『관불삼매해경』과 『관무량수경』은 극히 가까운 관계였다는 것과 또한 토욕 제20굴 좌측 벽의 그림 그 자체가 『관무량수경』만으로는 완전히 설명되지 않아, 『관불삼매해경』을 비롯한 다른 선경을 참조할 필요가 있다는 것을 고려해야 한다. 특히 좌측 벽에서 보이는 화토 위에 큰 불꽃이 그려져 있는 그림(그림 3)은 정토의 묘사로서는 약간 기묘한 것이고, 『관불삼매해경』 등 다른 관련 문헌에서 영향을 받고 있을 가능성을 강하게 시사한다. 이 지역에서는 이러한 선관경전은 혼연일체의 것으로서 받아들여졌고, 개개의 문헌을 분명히 구별하는 듯한 의식이 결핍되었던 것은 아닐까. 그리고 그와 같은 선관경전의 혼재상황 가운데 『수마가다-아바다나』와 같은 부파불교계의 문헌에서 비롯된 장면이 간단히 담겨버렸다는 것이 본 장의 논의를 위해서는 중요할 것이다. 선관의 세계에서 대승불교와 부파불교 사이의 장벽은 여기서도 상당히 낮았던 것처럼 생각된다.

그림 3 불타는 나무(필자 촬영)

9.
결언

　이상, 한정된 범위에서의 검토였지만, 선관의 실천에서 성문도와 보살도의 관계를 시사한다고 생각되는 사례를 몇 가지 검토해왔다. 어느 경우에도 양자 사이에는 유사성·연속성이 강하게 인정되는 듯이 생각된다. 극히 대승불교적인 행법인 듯이 생각되는 관불의 수행도 그 기본구조에서는 전통적인 부정관의 수행과 본질적으로 다른 것은 아니다. 『좌선삼매경』에서는 기본적인 수행항목은 성문도와 보살도에서 완전히 동일하고, 정신적인 의미부여에서 차이가 보일 뿐이다. 『5문선경요용법』이나 『달마다라선경』에서도 성문과 보살의 관상의 상위는 단순히 정도의 차이이고, 본질적으로 다르다고는 생각되지 않은 듯하다. 또한 유부계 문헌인 『범문유가서』에는 대승불전으로 잘 못 보는 것 같은 강한 보살사상이 나타났다. 한편 『관불삼매해경』에 대승고유의 교리가 거의 설해지지 않은 것으로 보면, 교리 상에서도 나는 성문도와 보살도의 사이에는 분명한 경계선이 없었다는 인상을 금할 수 없다.[32] 보살승의 행자들은 원시불교이해의 전통적인 선정실천과는 무연의 장소에서 심연한 철학을 논하고 있던 것이 아니라, 오히려 전통적인 실천을 더 한층 심화하는 중에 새로운 종교적 지평을 개척해간 것이 아닐까라고 나는 현 단계에서 추측한다.

---

1   Paul Harrison, Mediums and Messages: Reflections on the Production of Mahāyāna Sūtras, *The Eastern Buddhist* 35(1,2) (2003), 129ff. 참조.

2   Florin Deleanu, A Preliminary Study on Meditation and the Beginnings of Mahāyāna Buddhism『創価大学国際仏教学高等研究所年報』3 (2000), pp.73-78. 또한 본고를 쓰는 데 델레아누 교수의 미발표 초고 Mind-only and Beyond: An Introduction to the Formation and Early History of the Path of Spiritual Cultivation in Yogācāra Buddhism을 참조하여 많은 시사를 얻었다. 미발표논문의 참조를 허락해준 델레아누 교수에게 깊이 감사드린다.

3   이 문헌에 대해서는 후술한다.

4   Nobuyoshi Yamabe, *The Sūtra on the Ocean-Like samādhi of the Visualization of the Buddha: The Interfusion of the Chinese and Indian Cultures in Central Asia as Reflected in a Fifth Century Apocryphal Sūtra*, Ph.D. Dissertation, Yale University, Ann Arbor: UMI (1999)를 참조. 같은 논문의 개요를 일어로 제시한 것에 졸고, 「観仏経典研究における『観仏三昧海經』の意義」(東隆真博士古稀記念論文集刊行会編, 『東隆真博士古稀記念論文集 禅の真理と実践』春秋社, 2005)가 있다. 또한 이러한 문헌 가운데, 적어도 어떤 것에 대해서는 어떠한 원전에서 한역된 것이 아니라, 처음부터 한문으로 쓰였던 것이었을 가능성이 높다. 만약 그렇다면 물론 '한역자'는 존재할 수 없다. 앞에서 제시한 한역자는 기본적으로 대정장의 기재에 의한 것이지만, 확정적인 것은 아니라는 점에 유의하기 바란다.

5   동일한 문제는 일찍이 졸고 The Paths of Śrāvakas and Bodhisattvas in Meditative Practices, *Acta Asiatica* 96 (2009)에서 논의한 것이 있다. 아울러 참조하기 바란다.

6   『범망경』에 설해진 '호상'을 보는 체험도 견불의 일종이다. '호상'에 관해서는 졸고, 「『梵網經』における好相行の研究―特に禅観経典との関連性に着目して」(荒牧典俊編著『北朝隋唐中国仏教史』, 法蔵

舘, 2000)을 참조하기 바란다.
7 선관경전에서 '관불'과 '염불'이란 기본적으로 구별 없이 쓰인다. 다만 '염불'에는 칭명의 요소도 포함되는 것은 여기서 인용하는 『관불삼매해경』의 기술에서도 엿보인다. 또한 '염불' (buddhānussati, buddhānusmṛti)는 원시불전에 이미 보이는 개념이지만, 거기서는 석존의 덕(10호)을 염하는 의미로 사용되고, 시각적으로 부처의 모습을 관상하는 의미로는 (약간의 예외를 제외하고) 사용되지 않은 점을 주의하기 바란다.
8 月輪賢隆, 『仏典の批判的硏究』百華苑 (1971), pp. 43-173 참조.
9 Henry Clarke Warren ed., *Visuddhimagga of Buddhaghosācariya*, originally published as Harvard Oriental Series, vol. 41 (1950), repr. Delhi: Motilal Banarsidass (1989), 151.31-152.4.
10 Karunesha Shukla ed., *Śrāvakabhūmi of Ācārya Asaṅga*, Tivetan Sanskrit Works Series, vol. 14, Patna: K. P. Jayaswal Research Institute (1973), 416.4-13. 또한 텍스트의 문제점을 수정한 다음 일역을 했다. 자세한 것은 전게(주5), 졸고, pp. 53-54 참조.
11 『달마다라선경』대정15, 301b, 『출삼장기집』대정55, 11b 참조.
12 시간의 제약상 상세한 검토는 금후의 과제로 할 수밖에 없지만, 명상 중에서 여래의 상을 명료하게 보는 수행이 『수습차제』후편으로 언급되어 있는 것이 伊原照蓮, 「止觀の密敎化-『修習次第』における」(関口真大編『仏敎の実践原理』, 山喜房仏書林, 1977), pp. 111-113에 지적되고 있다.
13 대정15, 181c 참조.
14 僧叡, 「관중출선경서」『출삼장기집』대정55, 65a-b.
15 松濤誠廉, 「瑜伽行派の祖としての馬鳴」(『馬鳴 端正なる難陀』山喜房仏書林, 1980), pp. 158-181.
16 '등분'의 의미는 확실하지 않지만, 다양한 번뇌를 함께 지닌 사람이라는 의미가 아닐까라고 생각된다. 『대지도론』(대정25, 109a)에 염불삼매는 갖가지 번뇌를 제거할 수 있다고 언급되는 점도 참조하기 바란다.
17 『오문선경요용법』(대정15, 327a-b) 참조.
18 다만 그러한 제불이 석가불의 신통력에 의해 만들어진 화불일 가능성이 있을지도 모른다.
19 졸고, 「『思惟略要法』と『五門禪經要用法』」『印仏硏』49-2 (2001), Nobuyoshi Yamabe, Two Chinese Meditation Manuals in Conjunciton with Pozdneyev's Mongolian Manual, in *From Turfan to Ajanta: Festschrifi for Dieter Schlingloff on the Occasion of His Eightieth Birthday*, Eli franco and Zin, eds., Lumbini: Lumbini International Research Institute (2010).
20 '마음(心)'은 여기서는 심장을 가리킨다고 생각된다.
21 『수행도지경』(대정15, 191c-196a), 『좌선삼매경』(대정15, 270c-271c), 『해탈도론』(대정32, 409b-411a), Visuddhimagga, Warren ed., pp. 82-95 등.
22 *Śrāvakabhūmi*, Shukla ed., pp. 353.12-357.14; 대정30, 397c-398b. Unrai Wogihara, ed., *Bodhisattvabhūmi: A Statement of Whole Course of the Bodhisattva(Being Fiftennth Section of Yogācārabhūmi)*, Tokyo: Sankibo Buddhist Book Store (1971), pp. 4.13-9.26; 대정30, 479a-480a.

23 『불서해설대사전』「달마다라선경」의 항목(7, p.527); Paul Demiéville, La *Yogācārabhūmi* de Saṅgharakṣa, *Bulletin de l'École Française d'Extrême-Orient*, 44(2) (1954), 363; 井ノ口泰淳,「西域出土の梵文瑜伽論書」『龍谷大学論集』381 (1966), p.14.

24 Dieter Schlingloff, *Ein buddhistisches Yogalehrbuch: Nachdruck der Ausgabe von 1964 unter Beigabe aller seither bekannt gewardenen Fragmente*, Jens-Uwe Hartmann, Hermann-Josef Röllicke (Hg.), Buddhismus-Studien5, München: IUDICIUM (2006).

25 井ノ口 전게 논문, pp.12-14. Schlingloff, *op. cit.*, p.30.

26 Schlingloff, *op. cit.*, p.49; D. Seyfort Ruegg, On a Yoga Treatise in Sanskrit from Qïzïl, *Journal of the American Oriental Society* 87(2) (1967): 160-161.

27 Schlingloff, *op. cit.*, pp.169-172(161R2-163V1).

28 Paul Harrison, *The Samādhi of Direct Encounter with the Buddhas of the Present: An Annotated English Translation of the Tibetan Version of the "Pratyutpanna-Buddha-Saṃmukhāvasthita-Samādhi-Sūtra,"* Tokyo: The International Institute For Buddhist Studies (1990), 18-20; 梶山雄一,「般舟三昧經－阿弥陀仏信仰と空の思想」(末木文美士・梶山雄一,『浄土仏教の思想2 観無量寿經 般舟三昧經』講談社, 1992), pp.309-319.

29 Nobuyoshi Yamabe, An Examination of the Mural Paintings of Toyok Cave 20 in Conjunction with the Origin of the *Amitāyus Visualization Sūra, Orientations* 30(4) (1999); Practise of Visualization and the *Visualization Sūra*: An Examination of the Mural Paintings of Toyok, Turfan, *Pacific World: Journal of the Institute of Buddhist Studies* 3rd ser., 4 (2002); An Examination of the Mural Paintings of Visualilzing Monks in Toyok Cave 42: In Conjunction with the Origin of Some Chinese Texts on Meditation, in *Turfan Revisited: The First Century of Research into the Arts and Cultures of the Silk Road*, ed. Desmond Durkin-Meisterernst, et al. (2004).

30 이하, 岩本裕 교정의 산스크리트 텍스트(Iwamoto Yutaka, The *Sumāgadhāvadāna*: A Buddhist Legend. Pt.1. Revised Sanskrit-Text『東海大学文学部紀要』1, 1959)에 근거하여 내용을 요약한다.

31 宮治昭,「トゥルファン・トヨク石窟の禅観窟壁画について－浄土図・浄土観想図(下)」『仏教芸術』226 (1996), pp.46-47.

32 유사한 견해는 Robert E. Buswell, Jr., ed., *Encyclopedia of Buddhism*, New York: Macmillan Reference USA, 2004, 2:525(Luis O. Gómez, "Meditation"의 항목)에서도 표명되어 있다. Harrison, Mediums and Messages, p.118도 참조하기 바란다.

제5장

불탑에서 불상으로

시마다 아키라

1.
머리말

붓다 재세 시의 불교가 특정의 예배대상을 가지지 않고, 오로지 붓다의 가르침(법)의 실천을 지향했다는 것은 이른바 원시불교의 큰 특징으로서 자주 언급된다. 그러나 불제자로 대표되는 많은 신자가 붓다라는 위대한 종교적인 카리스마에 이끌려 불교신앙에 가담했을 거라고 생각한다면, 붓다 개인에 대한 절대적인 신뢰는 법의 실천 이전의 문제로서 대다수의 신자에게는 이른바 자명한 것이었음에 틀림없다. 이런 붓다에 대한 귀의는 붓다의 열반이라는 교단의 존망에 관련되는 중대사를 계기로 하여 모든 불교도에게 공통의 문제로서 현재화하게 된다. 붓다는 입멸의 때에 교단을 이끌 만한 특정한 후계자를 지명하지 않고, 자신의 사후는 그가 설한 교설과 계율, 즉 법으로서의 붓다(법신 *dharmakāya*)를 스승으로 삼아야 한다는 것을 설했다고 한다.[1] 그러나 불교의 삼보에 불, 법, 승이 열거되고, 삼보에 대한 귀의를 설한 정형구가 붓다에서 시작하는 것으로 상징되듯이 실제로는 붓다의 입멸 후도 불교도는 개조에 대한 귀의의 생각을 잊지 않고, 그 신체적 존재(색신 *rūpakāya*)에 대한 신앙을 발전시켜갔다. 붓다의 신체와 동일한 의미의 예배대상으로서 불교도가 우선 중요시한 것은 붓다의 유골(사리)을 봉안한 불탑이었다. 그리고 그것은 기원후 1세기 무렵 불상이라는 새로운 예배대상의 창시로 전개되어갔다.

본 장은 이와 같은 불탑신앙에서 불상의 창시라는 예배대상의 다양화가 어떻게 생겨나고, 그곳에는 어떠한 사상적·신앙적 배경이 인정되는지를 동시대의 고고학, 미술, 문헌자료 등에 근거하여 개관하려는 것이다. 잘 알려져 있는 바와 같이 일본에서는 이런 문제와 대승불교의 관계가 특히 주목되어, 초기대승불교가 이러한 예배대상 숭배의 성립에 주도적인 역할을 다했다는 설이 널리 받아들여져 왔다. 그러나 1990년대 이후, 문헌과 비문, 고고학적 자료를 포괄적으로 논의한 의욕적인 연구가 다수 등장함에 따라 이러한 설은 근본적으로 수정되지 않으면 안 된다. 본 장에서는 이러한 새로운 연구를 참조하여 기원전 3세기에서 기원후 7세기 무렵까지의 불교도의 예배대상의 변천을 교의의 차이를 뛰어넘은 큰 변화로서 파악하려고 시도한다. 그리고 그 결과를 근거로 대승사상이 불탑, 불상신앙의 융성에 미친 역할에 대해서도 생각해본다.

2.
불탑숭배의 기원과 전개(기원전 4세기-기원후 1세기)

사리신앙의 시작

불전의 기술에 따르면 불사리숭배는 열반 직후로까지 거슬러 올라간다. 열반경이 설한 붓다의 유골에 대한 소유를 둘러싼 제 부족 간의 다툼과 유골의 분할, 그리고 유골을 봉안하기 위한 여덟 개 불탑의 건립이 그것이다.[2] 이 전승이 사실인지는 확정되어 있지 않지만, 니가리·사가루 출토의 아쇼카왕 석주비문에 과거불의 한 사람인 구나함불 Kanaka Buddha 의 불탑의 증광이 설해져 있는 것을 보면 강가평원 중류지역에서는 기원전 3세기 이전부터 불탑이 건립되어, 예배의 대상이 되었을 가능성이 높다.[3] 또한 『아쇼카-아바다나』 등의 불전은 마우리아 왕조의 아쇼카왕

(치세 기원전 268-232년 무렵)이 8불탑의 사리를 분할하여 인도 각지에 8만 4천 탑을 건립했다는 것을 전하고 있다.[4] 이것도 사리 8분의 설화와 마찬가지로, 전설의 범위를 벗어나지 못하지만, 아쇼카왕이 불탑조성에 깊이 관여했던 것은 앞에서 언급한 니가리·사가루 비문의 기술 외에도 왕이 건립한 석주(아쇼카왕 주)를 포함하는 불탑이 강가평원이나 중인도에 걸쳐 발견되고 있는 것에서 확인할 수가 있다. 또한 기원전 2세기 무렵의 건립인 산치 제3탑이나 사트다라 제2탑에서 붓다의 직제자인 사리불과 목건련의 사리용기가 발견되고 있는 것이나, 강가평원을 멀리 벗어난 북서인도나 남인도의 안드라 지방에서 불사리인 것을 비문에 새긴 사리용기(기원후 1-3세기 무렵)가 발견된 것은 마우리아 왕조의 인도아 대륙지배 이후, 유서 깊은 사리가 각지에 전파되고, 그것들을 봉안하는 다수의 불탑이 건립된 상황을 전하는 것이다.[5]

사리신앙과 출가

전통적인 불교학 연구는 이상과 같은 사리신앙의 융성을 수행에 의한 열반을 지향하는 출가의 입장과는 본질적으로 상통하지 않는 것으로 생각되어 왔다.[6] 그중에서도 오래된 형태를 전하는 것으로 사료되는 스리랑카 상좌부의 팔리율이나 니카야·아함경전에 불탑에 관한 기술이 나오지 않는 것이나, 팔리 열반경으로 대표되는 비대승계 열반경에 승려가 사리공양에 관련되는 것을 붓다가 금했다고 해석되는 부분이 있는 것은 이런 설을 지지하는 중요한 근거가 된다.[7] 이와 같은 전통불교에 대한 이해와 더불어, 대승불교국인 일본에서는 『법화경』 방편품이나 보탑품에 보이는 불탑건립의 공덕에 대해 설하는 기술이 주목되고, 불탑신앙은 대승교도의 관여에 의해 발전했다는 설이 널리 받아들여지게 되었다. 초기의 불탑을 관리하고 있던 것은 부파에 속하지 않는 출가보살의 집단(보살가나)이고, 이것이 초기대승 교단을 형성했다는 히라카와 아키라의 연구는 그 대표적인 것이다.[8]

그러나 1990년 이후 문헌, 고고학, 비문자료 등을 종합적으로 이용하는 연구가 나타나게 되어, 상술한 바와 같은 전통설은 현재로서는 큰 틀에서 부정되고 있다. 이러한 새로운 연구에서는 전통설에서 중시되어 왔던 팔리 율장에서의 불탑에 관한 규정의 결여는 고대 스리랑카불교에서 불탑의 존재가 어떠한 문제도 되지 않았던 점을 의미하는 것으로, 불탑이 교단에서 수용되지 않았던 것의 결정적인 근거가 되지 않는다고 생각한다. 비대승계 열반경에 언급되어온 출가자의 사리공양 금지에 대해서도 문제의 개소는 출가자가 붓다의 장례 *śarīrapūjā*에 관여하는 것에 대한 주저를 나타내고 있는 것에 지나지 않는 것으로, 승려가 유골공양을 행하는 것을 금지하고 있는 것은 아니라고 한다.[9] 또한 불탑숭배와 출가보살의 관계를 중시하는 히라카와설에 대해서는 히라카와가 제시하는 자료에서는 출가보살이 교단 외부의 집단이었다는 것이나 그들이 불탑을 머무는 곳으로 삼고 있던 점은 확정할 수 없는 것이고, 오히려 고고학, 비문자료에서는 불탑은 부파와 밀접하게 결부되고 있으며, 대승은 부파의 사리신앙과 대립하여, 그것을 초극하려는 것이었다고 생각된다.[10] 확실히 바르훗트나 산치에 남아 있는 현존 최고의 불탑기증비문(기원전 2세기 무렵)에는 상인 *seṭṭhi*이나 대토지소유자 *gahapati* 등의 재가신자와 더불어, 많은 비구나 비구니가 기증한 것으로 기록되어 있고, 그 가운데는 고위적 승려로 생각되는 예도 포함되어 있다.[11] 또한 석굴사원의 예에서 보는 한 승원굴과 사당굴은 별도의 기능을 가진 건물로서 구별되는 것이지만, 최초기의 예에서 같은 장소에 접근하여 개척되어 있어, 불탑굴만이 승려 이외의 집단에 의해 관리되었던 명확한 흔적은 없다.

즉, 현존 자료에 의거하는 한, 불탑은 최초기로부터 불교 가람에 필수이고, 다수의 재가신자가 기증이나 예배를 행하는 한편, 출가자의 신앙생활에 필요불가결한 역할을 다하고 있었다고 생각하지 않을 수 없다. 요컨대 사리나 그것을 봉안하는 불탑은 소승과 대승, 출가와 재가신자라는 사상이나 입장 차이를 넘어, 모든 불교도에게 중요한 것이었다고 보아야 한다.

사리로서의 붓다

모든 불교도에게 왜 사리는 그 정도까지 중요시되었던 것일까. 이런 점을 생각하는 데 참조되는 것이 『마하밤사』가 전하는 스리랑카에 불교를 전한 마힌다 장로의 일화이다. 장로는 스리랑카에 와서 최초의 우안거를 마친 후, 인도를 떠난 뒤로 붓다를 만나지 못하고, 붓다를 숭배하는 것이 불가능한 것을 데바난피야팃사 왕에게 한탄한다. 이미 붓다는 돌아가시지 않았느냐는 질문에 대해, 장로는 '유골이 보이는 때에 승자(붓다)는 보이게 된다 āha dhātusu diṭṭhesu diṭṭho hoti jino iti'고 답했다고 한다.[12] 즉, 일화에 따르면 장로는 유골과 붓다를 동일한 의미의 것으로 파악하여, 유골을 통해 붓다의 존재를 실감하고, 붓다에 대한 직접적인 귀의를 실천할 수 있다고 생각하고 있었다.[13] 사리와 붓다의 존재를 동일시하는 이와 같은 생각은 문헌보다도 확실한 연대추정이 가능한 비문자료 가운데서도 인정할 수가 있다. 예를 들면, 북서인도의 신코트출토의 사리용기명문(기원전 1세기 무렵)에 '생명을 가진 [세존]석가모니의 [사리]'라는 명문이 새겨져 있는 것은 이전부터 알려져 있지만,[14] 최근의 연구는 사리를 살아 있는 것으로 간주하는 동일한 표현이 북서인도 출도의 다른 사리용기명문이나 동시대 무렵에 성립한 불전에서도 인정하는 것을 지적하고 있다.[15] 또한 최근의 쇼펜의 연구에 따르면, 안드라지방의 나가르쥬나콘다 대탑의 기단사방돌 출부에 서 있었던 기둥(아야카 주)에 새겨진 봉헌명문(기원후 3세기 무렵)에서도 '최상의 사리에 포함된 정등각자에게'라고 읽어야 하는 개소가 있다고 한다.[16] 요컨대 이미 당시의 불교도에게 불사리는 살아 있는 붓다와 동등한 숭배의 대상이었다.

또한 이런 것은 사리를 봉안하는 불탑을 붓다가 머무는 곳과 상응하는 장소로서 발달시키게 되었다. 산치, 바르훗트, 아마라바티 등의 초기불탑을 장식하고 있던 부조조각은 이런 점을 나타내는 좋은 예이다. 이러한 부조의 중심 주제는 붓다의 전설을 나타낸 본생도나 불전도이지만, 그것들은 주로 도는 길(요도)에 면한 난간의 내측 부분, 특히 난간주의 중단에 설치된 원형구획과 기둥을 연결하는 관석과 난간주에 올려진 갓돌에 표현되어 있고, 참배자는 불탑을 돌면서, 이러한 설화를 자연히 볼 수가 있게 된다. 이와 같은 설화도의 배치는 참배자에게 붓다의 위대한 생애를 추체험시키고, 그 존재를 구체적으로 느끼게 하기 위한 고안으로 볼 수가 있다. 또한 불전도와 함께 난간을 장식하는 동식물문양에 관해서는 만발한 연화나 증식하는 덩굴풀이나 떡잎이나, 덩굴풀이나 보석을 토해내는 약샤나 마가라 등, 주로 상상적 모티프로 구성된 세계관이 『방광대장엄경』 등에서 설해지는 붓다의 보리도장 *Bodhimaṇḍa*의 묘사나 『법화경』이나 『아미타경』 등에서 설해지는 화려한 정토의 세계를 상기시키는 점이 주목된다.[17] 다만 경전에서 설해지는 붓다의 세계와 불탑 난간부조를 비교한 경우, 전자에는 여성의 관능적인 미에 관한 묘사가 거의 없는 것에 비해, 불탑부조에는 당시의 정원 숲에서의 오락으로부터 소재를 취했다고 생각되는 남녀의 성교나 음주하는 유녀 등의 모습이 대담하게 담겨져 있다. 이런 의미에서 불탑과 난간이 표상하는 붓다의 주처는 피안에서의 이상적인 붓다의 세계를 재현한 것이라기보다, 현세에 머물러 중생과 관계를 계속가지는 붓다의 모습을 나타낸 것으로 말할 수 있을 것이다. 어쨌든 이와 같은 부조에 장식되어, 내부에 사리를 봉안한 불탑은 당시의 불교도에게 붓다의 존재를 실감케 하고, 붓다를 '만나는' 장소로서 기능하고 있었다고 말할 수 있다.

붓다의 시각화에 대한 시도

한편 붓다 열반 후의 불교도가 붓다로서 숭배한 것은 붓다의 유골 만에 한정되지 않았다. 이런 것은 비대승계 열반경에 룸비니, 보드가야, 사르나트, 쿠시나가라를 불교도가 순례할 만한 장소로 설하고 있는 것이나, 붓다의 열반 후, 붓다의 유골만이 아니라 유체를 화장한 재나, 유골을 담은 항아리도 분배되어, 그것들을 봉안하는 불탑이 조성되었다고 기록하고 있는 것으로부터도 알 수 있다.[18]「카링가보디·자타카」나 『쿠다카파다주해』등, 5세기 무렵의 팔리문헌은 이와 같은 숭배대상을 유골에 관계하는 것 *śārīrika*으로 구별하고, 붓다가 '사용한' 것 *pāribhogika*으로 정의하고 있다.[19] 이것에는 붓다가 사용한 발우나 옷 등의 용품뿐만 아니라, 붓다의 유골을 담은 항아리나, 유체를 화장한 재 등, 붓다가 만진 것을 신성시한 것이 널리 포함된다. 또한 붓다가 방문한 다양한 장소나 붓다가 '만졌다'는 사실에 의해 예배대상으로 간주되기에 이르렀다. 아쇼카왕 비문에 왕의 룸비니 순례가 기록되어 있는 것으로부터 이와 같은 성지숭배는 마우리아 시대에는 이미 성립해 있었을 가능성이 높다. 이러한 예배물은 사리는 아니지만,[20] 실제의 예배행위에서는 사리와 마찬가지로 숭배되는 듯하다. 예를 들면 『붓다밤사』에는 유골과 더불어 옷, 발우, 지팡이, 물병, 족적 등의 다양한 신성한 유물이 붓다의 핵심 *dhātu*으로서 열거되고 있다.[21]

이러한 신성한 유물에 사리와 동일한 가치를 인정한 것에 의해 불교도의 예배대상은 크게 확대되고, 그것은 불교의 전파에 크게 공헌하게 되었다. 각각 5세기 초엽과 7세기 전반에 인도를 순례한 법현과 현장은 붓다가 각지에서 남겼다는 족적(붓다의 족적)이나 붓다가 사용한 석장이나 발우 등이 웃디야나, 나가라하라, 푸르샤푸라 등, 붓다가 생활한 강가평원의 중류지역에서 멀리 떨어진 북서인도의 지역에서 깊이 숭상되어, 그러한 장소에 불탑이 건립된 사실을 전하고 있다.[22]

또한 붓다의 사용물이나 성지에 예배물로서의 가치를 인정하고, 그것들에 대한 예배가 정착한 것은 성지를 장식하는 목적에서 기원전 2세기경부터 제작이 본격화한 인도고대의 초기불교미술에 붓다를 시각화하기 위한 몇 개의 기본도상을 제공하게 된다. 아함·니카야에 설해지는 32상의 대인상 *mahāpuruṣa-lakṣaṇa*으로 대표되듯이 불교도는 본격적인 조형활동을 개시하기 이전부터 붓다의 상호에 관한 개념을 발달시켰다고 생각된다. 그러나 기원후 1세기 이전으로 거슬러 올라가는 바르훗트나 산치 등의 불전도 부조에서는 붓다의 상호를 나타내는 사례는 보이지 않고, 불전도 중에서 그 존재는 법륜, 산개, 족적, 대좌, 성스러운 나무, 발우, 불탑 등의 상징물에 의해 나타나 있다(그림 1). 앞에서 본 법현이나 현장의 기록과 함께 생각하면 이러한 모티프는 붓다의 존재를 나타내는 단순한 기호라기보다는 붓다의 성지에서 숭배되고 있던 대표적인 예배물을 나타내고 있는 가능성이 높다.[23] 즉, 현존 조형물을 보는 한 붓다를 시각화하기 위해 불교도가 최초에 사용한 도상은 당시 예배되고 있던 다양한 성스러운 유물의 도상이었다고 생각할 수가 있다.

그림 1 토욕미후봉밀 산치북문 서주 기원전 1세기 후반경

종래에 이러한 붓다상을 표현하지 않던 불전도의 표현이 왜 이루어졌는지에 대해서는 열반에 든 붓다나 불제자의 모습은 이미 보는 일이 불가능하다는 『디가니카야』의 「범망경」이나 『밀린다팡하』의 기술에 주목하여, 열반에 들어가 육체를 멸한 붓다를 나타내는 일은 교의에 반한다고 생각되는 결과라는 의견이 전통적으로 제창되어 왔다.[24] 그러나 최근에는 붓다의 신체의 불가사의성, 초월성을 설하는 『증일아함경』이나 『디뷔야·아바다나』의 기술을 근거로 붓다를 나타내는 행위 그 자체가 금지된 것이 아니라, 32상으로 대표되는 초월적인 특징을 가진 붓다의 신체를 구체적이고 완전히 나타내는 것은 불가능하다고 생각했다는 새로운 해석이 제시되고 있다.[25] 후자의 해석은 초기불전도에서 쓰이고 있는 다양한 상징물이 당시 숭배되고 있던 성스러운 유물의 도상에서도 있었다고 생각하는 것으로, 보다 강고한 것이 된다고 생각된다. 즉, 기원전 2세기 후반에서 기원전 1세기 무렵 붓다의 생애가 불탑을 장식하는 중요한 주제가 됐을 때 당시의 장인, 그리고 장인을 감독한

불교의 승려가 붓다를 시각화하는 데 가장 적합하다고 생각한 방법은 실제로는 눈으로 본 적이 없고, 또한 초월적인 특징을 가진다는 개조의 모습을 형상화하는 것이 아니라, 불교도가 매일 예배하고 있던 불탑, 족적, 성스러운 나무 등의 다양한 예배물을 사용하는 것이었을 것이다. 결국 이러한 '붓다 없는' 불전도는 실제로는 붓다를 나타내지 않은 것은 아니다. 오히려 붓다는 영원의 신체를 체현하는 성스러운 유물이라는 붓다의 존재를 나타내는 적합한 형태를 가지고 불전도 가운데서 시각화되었던 것이다.

3.
불상의 창시와 수용(기원후 1-3세기)

불상의 탄생

앞에서 본 바와 같이 예배대상의 확대와 붓다의 시각화에 대한 시도는 기원후 1-2세기 무렵에 일어난 불상의 창시에 의해 새로운 전개를 맞이하게 된다. 잘 알려져 있듯이 최초의 불상이 언제 어디서 창시되었는지에 대해서는 미술사의 분야에서 오래도록 논쟁이 계속되어 아직 결론이 내려졌다고 하기는 어렵다.[26] 그러나 쿠샨조의 카니시카왕의 즉위(기원후 127년)까지[27] 북서인도의 간다라와 중인도의 마투라에서 불상의 제작이 본격적으로 개시된 것은 두 지방에서 출토되고 있는 많은 작품으로 보아 분명하다. 또한 이러한 불상의 작풍으로 판단하여, 이른바 간다라불상이 그리스·로마문화의 강한 영향하에서 제작되고, 마투라불상이 약샤상으로 대표되는 민간신앙의 조형전통에 근거하여 만들어진 것이라는 것도 거의 의심의 여지가 없다.

    그러면 간다라와 마투라에서 최초기 불상의 제작이 행해졌다면 왜 그것이 기원후 1세기라는 시기에 일어난 것일까. 20세기 초엽에서 불상의 창시에 관한 논의가 본격화한 이래 이런 점에 대한 해석으로 특히 유력시되어온 것이 불상의 창시와 거의 같은 시기에 흥기했다고 생각되는 대승불교와의 관계에 주목하는 설이다.[28] 이 설의 지지자는 열반 이후 수 세기에 걸친 무불상시대가 계속됐지만, 기원후 1세기가 되어 불상이 조형화된 것은 이 시대에 어떠한 사상적 혁신이 일어났기 때문이라고 한다. 그리고 그것은 붓다에 대한 귀의를 신앙의 핵심으로 한 재가를 중심으로 하는 새로운 불교운동, 즉 대승불교였다고 생각한다. 예를 들면 최근에 불상대승기원설의 대표적 논자인 히라카와 아키라는 영원히 존재하는 붓다라는 대승의 불신관(응신불)의 교리가 성립한 것으로부터, 열반에 들어간 붓다는 조형화할 수 없다는 부파불교의 전통이 붕괴되어, 불상의 창시에 이른 것을 상세히 논하고 있다.[29] 그러나 이 설은 교리의 비교라는 면에서는 확실히 어느 정도의 설득력을 갖지만, 실제의 불상 제작에 의해 자설을 논증하지 못한 점에 결정적인 약점이 있다. 대승의 불타관의 성립을 계기로 하여 불상이 창시되었다면, 그리고 히라카와 설과 같이 초기대승 교도가 부파불교와 명확히 구별되는 것이라면, 초기불상의 많은 것에 대승사상이나 대승교도와의 관련을 나타내는 어떠한 특징이 보이는 것이 마땅할 것이다.[30] 그러나 다카다 오사무 高田修나 고에즈카 다카시 肥塚隆가 논한 대로 실제로는 현존하는 초기불상은 거의 부파에 기증된 것으로, 모습이 대승적인 특징을 타나내는 것은 극히 적다.[31] 물론 대승과의 관련을 엿보게 하는 작품이 완전히 없는 것은 아니다. 예를 들면 간다라에는 기원후 2-4세기 무렵의 제작으로 보이는 예배상 형식의 보살상이나 협시보살을 동반한 삼존불상 등 대승적인 불변상도 적지 않게 제작되어 있고, 마투라에서도 비쉬카왕의 연기(카니시카력 2[8]년)를 동반하는 아미타불 대좌명문(본존은 결손)이나 수점의 관음, 미륵보살상의 작품 등이 알려져 있다.[32] 그러나 전체적으로 보면, 이러한 '대승적' 작품은 소수에 그치고 있고, 또한 그것들이 부파에 속하는 불상에 앞서 제작된 흔적도 없다(양식적으로는 오히려 시대가 늦어지는 특징을 나타내는 것도 많다). 또한 이러한 불상의 기증자의 다수를 차지하는 것은 재가신자가 아니라 출가자인 것도 중요하다. 쇼펜의 연구에 따르면 쿠샨시대의 마투라 불에서 기증자를 판명하는 42사례 중 25사례는 비구와 비구니에 의한 기증이라고 한다. 더욱이 작품을 카니시카력 초기(1-10)의 것으로 한정하면 8사례 중 7사례가 출가자에 의한 기증이고, 그 가운데 5사례에는 '삼장을 아는 자 trepiṭaka' 등 기증자가 고위의 승려인 것을 엿보게 하는 칭호가 포함되어 있다.[33] 이런 것은 불상이 본격적으로 봉안되게 된 극히 이른 시기부터 부파의 승려가 불상제작을 적극적으로 추진하고 있던 것을 나타내는 것이다. 즉, 대승사상에서 불상의 제작과 수용을 촉진하는 내용을 인정한다고 해도 불상신앙이 부파불교와는 관계없이 대승교도의 주도에 의해 발전되었다고 생각되는 것은 어렵다. 오히려 불탑신앙과 마찬가지로 불상의 조성과 예배는 부파불교의 틀 가운데서 정착하고, 그 중요성 때문에 통불교적으로 퍼졌다고 보아야 할 것이다.

특히 이것과 관련하여 최근의 연구 중에는 불상의 창시를 교의상의 문제가 아니라 기원후 1세기의 북인도의 역사적 상황에서 해석하려는 시도가 나타나고 있는 것도 주목된다. 예를 들면 구와야마 쇼신 桑山正進은 쿠샨족을 비롯한 기원전후에 중앙아시에에서 북서인도를 지배한 이란계 유목민은 불교와 같은 고도의 종교를 이론이 아니라 시각적으로 이해했다고 하여, 그곳에 불상 출현의 계기가 있었다고 생각하고 있다.[34] 또한 다나베 카츠미 田辺勝美의 일련의 연구는 파르티아나 쿠샨족으로 대표되는 이란계 유목민에게는 사자의 초상조각을 제작하는 습관이 있고, 그러한 조각은 후라바시 fravaši로 불리는 사장의 영혼이 깃든다고 믿고 있는 것이나, 특히 왕의 초상조각은 신전에 안치되어 국민을 수호하는 존재로서 숭배의 대상이 되어 있다는 것을 지적하여, 최초기의 불상은 이런 전통에 근거하여 석가의 후라바시가 깃드는 초상조각으로서 제작된 것을 논하고 있다.[35] 이러한 설의 타당성은 아직 충분히 검토되었다고는 말하기 어렵지만, 또는 불상 창시의 직접적인 원인은 교의와는 관계가 없는 지배민족의 문화전통에서 찾아야 할 수도 있다. 어쨌든 기원후 1세기에 불상 창시의 이유에 대해서는 결정적인 결론이 나오지 않은 것이 사실이다. 대승사상과의 관계도 문헌학 연구에서 도출된 유력한 설이 있지만, 아직 가설의 영역을 넘지 못한다는 것을 알아야 한다.

불상의 수용

그러면 그 창시의 이유는 차치하고 불상이라는 새로운 조형물은 어떻게 예배대상으로 받아들여지게 되었을까. 이런 문제는 본론의 주제와 관련되고, 또한 지금까지의 연구에서는 비교적 주목되지 않은 점도 있다고 생각되기 때문에, 문헌과 조형의 양면에서 약간 상세하게 살펴보기로 하자.

불상이 성스러운 조형이고, 그 조성이나 예배가 공덕을 낳는 것이라는 생각은 불전에는 일찍부터 나타난다. 『법화경』에 불상조성과 예배의 공덕이 언급되고 있는 것은 잘 알려져 있지만, 그 외에도 지루가참 역 『도행반야경』(기원후 179년 역출)에는 붓다의 열반 후, 붓다를 사모하기 때문에 불상이 제작되었다는 것과 그 목적은 사람들에게 복덕을 얻게 하기 위한 것이라고 설해져 있다.³⁶ 마찬가지로 후한 시대 무렵의 역출인 『불설작불형상경』에서는 불상을 만드는 것은 사리나 불탑에 귀의하는 것과 동일하고, 그 행위에 의해 사후에 생천을 다할 수가 있다고 설해져 있다.³⁷ 또한 불상을 예배해야 할지 아닐지에 대해서는 기원후 1-2세기 무렵에 편찬되어, 마투라의 설일체유부와의 관계가 지적되고 있는 『아쇼카-아바다나』에 흥미 있는 기술이 있다. 아쇼카왕을 가르치고 지도한 우파굽타 장로는 자신은 붓다의 열반 후 백 년이 지난 뒤에 출가했기 때문에 법으로서의 붓다의 신체 *dharmakāya*는 보았지만, 붓다의 육신 *rūpakāya*을 본 적이 없다고 하여, 일찍이 붓다의 성도를 방해하려고 한 마라에게 붓다의 모습을 보이게 하도록 바란다. 마라는 자신을 붓다로서 예배하지 않을 것을 조건으로 그의 희망을 수용하지만, 마라가 붓다의 모습으로 나타나자 우파굽타는 그 모습에 대해 엎드려 예배한다. 약속과 다르지 않는가라고 말하는 마라에게 우파굽타는 마라에게 절한 것이 아니라고 말하고, 그는 다음과 같이 설명했다고 한다.

> 사람이 땅에서 생긴 신들의 우상을 땅이 아니라 신으로 표상하여 예배하도록, 나는 세계의 왕자의 모습을 취하는 자네를 여기에서 보고, 마라가 아니라 여래로 표상하여 예배한 것이다.³⁸

결국 불상은 붓다 그 자체는 아니지만, 신자가 그것을 보고 붓다임을 인식하는 것에 의해 예배의 대상이 될 수 있다는 것이다. 동일한 생각은 이미 살펴본 팔리불전에서 예배물의 분류에도 공통적으로 보인다. 거기서는 불상은 유골 sarīrika이나 사용물 pāribhogika이 아니라, 암시하는 것 uddesika으로 분류되고 있다.

그러나 붓다를 상기시키는 것은 아니지만 역사적 붓다의 신체적 기억과는 직접적인 관계를 갖지 않은 불상이라는 새로운 예배물은 붓다의 신체 및 그 사용물이라는 다른 두 종류의 예배물과는 크게 성격을 달리하는 것이고, 붓다의 모습을 나타내고 있는 것뿐으로, 모든 불교도가 이것을 불탑과 동일한 예배대상으로 인정한 것은 아닌 듯하다. 예를 들면 앞에서 본 『도행반야경』에서는 불상예배의 공덕을 인정하면서도 불상 가운데는 신은 없다고 단언하고 있다.[39] 3종의 예배물의 차이를 설하는 「카링가보디·자타카」도 uddesika cetiya는 실체를 결하고, 주로 마음에 의지하는 것이고, 예배대상으로서는 적당하지 않다고 설하고 있다.[40] 또한 『밀린다팡하』 중에서는 비교적 늦게 성립한 부분인 「추리에 관한 질문 Anumānapañhā」에는 붓다의 가르침을 도성에 전하는 다양한 상점을 예로 들어 설한 개소가 있지만, 거기서는 '붓다의 백화점 sabbāpaṇa', 즉 불교를 구성하는 요소로서 붓다의 말 buddhavacanaṃ, 붓다의 유골 sarīrika과 유품 pāribhogika을 담은 탑 cetiya, 그리고 교단 saṅgha이 언급되어 있다.[41] 이것들은 전체로서 3보에 대응하고 있고, '붓다의 유골과 유품을 봉안한 탑 śārīrikāni pāribhogikāni cetiyāni'은 붓다와 동일한 의미로 보아도 좋다고 생각되지만, 여기에서도 uddesika로서의 붓다상은 언급되어 있지 않다. 고고유물, 미술자료에도 동일한 경향을 엿볼 수가 있다. 앞에서 본 대로 기원후 2-3세기 이후의 가람건축에는 승원(비하라) 가운데 예배물을 안치하는 예가 나타지만, 그 모두에 불상이 안치되어 있는 것은 아니다. 나가르쥬나콘다의 승원지(3세기)의 일부나 서데칸의 쿠다석굴(4세기 무렵)에는 가람에 불상을 봉안하는 시설을 설치하지 않고, 불탑만을 안치하고 있는 예가 적지 않게 보인다.[42]

그러면 어떠한 방법에 의해 불상은 예배대상으로서 지위를 획득하게 되는 것일까. 이주형은 문헌 및 고고자료에서 추측하는 한 불상을 신성시하는 방법에는 주로 두 가지 방법이 있다고 생각한다.[43] 첫 번째 방법은 불상을 붓다의 전설이나 성지와 연결하는 것이다. 중국의 승려 법현이나 현장은 나가라하라국에서 붓다가 선정을 했던 것에 의해 생겼다는 붓다의 모습이나 붓다 재세 시에 우진왕이나 바사약왕의 명에 의해 제작됐다는 불상이나, 보드가야, 사르나트, 카우샴비에서 봉안하고 있는 불상 등, 붓다의 생애를 기념하는 성지에는 그 토지에서 기적과 얽혀 있는 불상이 봉안되어 있다는 것을 기록하고 있다.[44] 또한 현장이 인도에서 가지고 온 불상에는 보드가야나 나가라하라국의 붓다의 모습을 나타낸 금불상 등, 붓다에게 직접 연결되는 유래를 가지는 불상의 모형이 포함되어 있는 듯하다.[45] 이러한 불상 중 다수는 현존하지 않고, 그 연대나 모습을 확인하는 기술은 없지만 붓다와 직접 연결되는 성지와 결부되는 것으로 예배대상이 된 상은 굽타시대 이전에도 인도에 상당수가 존재하고 있었을 것이다.[46]

다음에 두 번째 방법으로서 불상을 다른 전통적인 사리와 연결하는 것으로 예배대상으로서의 정통성을 확보하는 것도 널리 행해졌다. 그 가장 직접적인 방법은 사리를 상의 내부에 넣는 것이었던 듯하다. 한역『근본설일체유부율』등에 사리를 넣은 불상과 넣지 않은 불상과의 구별이 언급되고 있는 것이나 같은 율을 가지고 온 의정이 불상에 붓다의 뼈를 봉안한 것과 법사리(후술)를 넣은 것의 2종이 있다고 언급하고 있는 것은 불상을 신성시하기 위해 사리를 넣는 것이 7세기 인도에서 활발히 행해지고 있던 것을 전하는 것이다.⁴⁷ 이러한 기술을 증명하는 초기불상의 작품은 적지 않다. 그러나 간다라의 붓다상 가운데는 페샤와르박물관 소장의 입불상(어느 것이나 기원후 1-2세기 무렵)과 같이 육계(32상 중 하나) 정수리부분을 평평하게 파서 상감하고, 위에 별도의 재료를 오려 붙였다고 보이는 것이나, 베를린·인도박물관 소장의 입불상과 같이 육계 정수리부분에 작은 구멍이 뚫린 것이 상당수 있고, 이주형에 따르면 사리를 담고 있었던 것으로 생각된다고 한다.⁴⁸ 또한 약간 시대는 내려가지만, 나가르쥬나콘다의 제4 승원지에서 출토한 입불상은 대좌상면 가운데에 뚫린 구멍에 황금제의 통을 넣고 그곳에 재와 진주를 담은 것도 확인되고 있다.⁴⁹ 안드라지방의 영향을 강하게 받은 스리랑카·아누라다프라 시대의 불상(기원후 4-8세기 무렵)에도 상투를 묶은 것이나 후두부에 사리 구멍같은 흔적이 확인 가능한 예가 적지 않게 존재하고, 그 전통이 현재까지 계속되고 있는 것은 주지하는 바와 같다.⁵⁰ 또한 뒤에서 언급하듯이 기원후 6세기 이후의 불상에는 광배에 연기송 *pratītyasamutpādagāthā*을 새긴 것이 다수 인정된다. 이것도 사리에 의한 신성화의 예로 간주할 수 있을 것이다.

한편 고대 초기의 가람유구에서 불상의 배치나 초기불상의 도상을 주목해보면, 사리를 담는 것에 한정되지 않고, 불상을 다른 전통적인 사리와 공간적·시각적으로 결부시키는 것은 불상을 신성화하기 위한 기본원리로서 가람구성이나 불상의 조형에 영향을 주고 있는 것을 알게 된다. 예를 들면 가람구성의 면에서 지적할 수 있는 것은 불탑과 불상의 밀접한 관계이다. 불탑이 불상을 봉안하는 장소로서 일반적이었다는 것은 나중에 서술하는 선관, 관불경전 등의 기술에서도 엿볼 수 있는 경우이지만, 기원후 2-3세기 무렵의 사원유구에서도 불상은 불탑에 부속하는

지, 불탑과 밀접하게 연결되고 있는 예가 압도적으로 많다.[51] 예를 들면 바란트의 최근의 연구에 따르면, 타프티·바이 등으로 대표되는 간다라의 가람건축에서는 불상을 안치하고 있다고 보이는 작은 사당군은 많은 경우 불탑이 있는 넓은 공간을 둘러싸는 듯이 세워진 것인지, 불탑에 이르는 입구의 양 허리에 배치되고 있는 예가 많다고 한다.[52] 3세기 초엽에 불상을 제작하기 시작했다고 보이는 안드라지방의 아마라바티에서도 불탑의 사방입구에 불상을 안치하고 있는 것이 불탑기단을 장식하고 있던 스투파도의 표현에서 유추가능하다(그림 2). 아마라바티보다 연대가 내려가는 나가르쥬나콘다 제4 승원지의 입불상(3세기 후반 무렵)도 승원부속의 독립한 불전에 안치되어, 높이는 3미터를 넘는 등 이미 단독의 예배상으로서의 성격을 충분히 갖춘 작품이지만, 불전과 서로 마주하듯이 거의 같은 플랜의 불탑사원(챠이티야전)이 설치되어 있다. 이러한 예는 초기불상이 예배대상으로서 인정되는데, 불탑과의 결합이 중요한 의미를 다하고 있었다는 것을 나타낸다고 말할 수 있다. 또한 '출성'이나 '항마성도'에서는 불상을 표현하는데, '초전법륜'이나 '열반'에서는 법륜이나 불탑을 사용하여 붓다를 나타내고 있는 나가르쥬나콘다의 한 부조(그림 3-a, b) 등 같은 지방에서는 불상의 제작후도 붓다상과 상징물을 사용한 표현이 구별없이 병용되고 있는 것도 주목된다.[53] 이러한 예는 안드라불교미술의 보수적인 성격을 나타내는 약간 특수한 표현으로 보이기 쉬운 것이지만, 초기불상과 사리의 밀접한 관계를 생각한다면, 불상이 전통적인 예배물과 동일한 의미라는 것을 시각적으로 나타내는 시도로 간주하는 것도 가능할 것이다.

143

그림 2 스투파도, 아마라바티 3세기 초엽경, 대영박물관소장

그림 3-a 성도와 초전법륜(불전부조의 일부) 나가르쥬나콘다, 기원후 3세기 후반경, 나가르쥬나콘다 고고박물관소장

그림 3-b 성도와 초전법륜

이상 구체적인 작품을 열거하면서 불상의 신성화의 사례를 보아왔다. 이러한 예에서 엿보이는 것은 불상이 단순한 형상이 아니라, 붓다 그 자체로서 취급되는데,

유골로 대표되는 전통적인 예배물과의 결합이 중요한 역할을 다했다는 것이다. 즉, 불상에 대한 신앙은 붓다의 열반 이래의 사리신앙을 배제하는 형태로 발전한 것은 아니다. 오히려 그것은 전통적인 사리나 성스러운 유물에 대한 신앙을 기반으로 불상을 그것들과 동일한 의미의 예배대상으로 간주하는 방식으로 정착되었다고 생각된다.

4.
불상의 발전(기원후 4-7세기)

불상의 침투

위와 같은 과정을 거쳐 점차로 불교도 사이에 받아들여진 불상은 인물상으로서 붓다를 나타내는 그 명쾌함이나 4세기 이후에 세력을 확대한 힌두교가 신상숭배를 발전시킨 것도 거들어 기원후 4-6세기의 굽타시대까지는 독립적 예배대상으로서의 지위를 확보하기에 이르렀다. 이것은 각지에서 숭앙받고 있는 불보살상에 대해 언급한 법현의 기록뿐만 아니라 고고유물, 미술자료에서도 분명하다. 예를 들면 기원후 5세기 후반 이후에 다시 조성활동이 활발하게 된 서데칸의 불교석굴에서는 기본적으로 불탑 이외의 예배물을 봉안하지 않은 같은 지방의 전기 불교굴(기원전 2세기-기원후 2세기 무렵)과는 구성이 다르고, 승원굴의 안쪽 벽 중앙에 불전을 설치하고, 그곳에 거대한 불상을 봉안하고 있다. 또한 이러한 불상의 대부분은 협시보살상을 동반한 삼존불의 형식을 취하고 있는 것도 주목된다.[54] 앞에서 언급했듯이 이런 형식은 쿠샨시대에는 주로 간다라에서만 작품이 알려져 있는 것으로, 굽타시대 이후에 강가평원이나 중인도에 퍼진 것으로 생각된다. 또한 예배상 형식의 보살상도 이 시기에서 사르나트 및 서데칸의 후기 석굴군에 상당수가 알려지게 된다. 그 다수는 관음과 미륵상으로 생각되고 있지만, 사르나트에서는 쿠샨시대 이후의 전통을 따라 관음은 장신구로 몸을 장식하는 귀인의 모습을 취하고, 미륵은 물병을 든 고행자의 모습을 나타낸 것에 대해, 서데칸에서는 관음상은 머리를 묶은 고행자의 모습으로 나타내고, 미륵은 보관을 쓴 귀인의 모습을 취하고 있다. 결국 그 도상은 여전히 느슨한 것으로 지방마다 현저한 차이가 있음을 알 수가 있다.[55] 그 이후 인도불교는 여존상을 포함하는 다양한 불교존상을 조형화하고, 7세기 이후에는 에로라 불교굴과 같이 만다라적인 존격의 배치를 나타내는 예도 보이게 되는 등, 점차로 대승적인 존격의 판테온을 확대해가게 된다.

불상의례의 발달

이와 같이 불상을 비롯한 다양한 불교의 존상들이 예배대상으로서 정착한 것은 그때까지 불탑을 중심으로 한 불교도의 신앙형태에 큰 변화를 가져오고, 존상을 사용한 다양한 의례의 발달을 낳았다. 불상에 관해서 말하면 그와 같은 의례의 전형으로서 법현이나 현장이 코탄이나 파탈리푸트라나 카나우지에서 보았다는 행상을 열거할 수가 있다. 법현이 파탈리푸트라에서 본 행상은 불탑을 본뜬 20기 정도의 산차와 함께 붓다(=불상)가 도성 내외를 돌았다는 것으로 사람들은 아름답게 장식된 탑이나 불상에 음악과 춤을 공양하고, 헌향을 했다고 한다.[56] 현장이 보았다는 하르샤바르다나왕(계일왕)이 카나우지에서 주최한 행상은 더욱 대규모로, 등신대의 금불상을 안치하는 가람과 불상을 관욕하는 보단을 강가의 서쪽 강변에 세운

후, 거시서 14-15리 떨어진 곳에 행궁을 세우고, 21일간의 보시행을 행한 후, 행상을 행했다고 한다. 『대당서역기』에는 그 모습이 다음과 같이 기록되어 있다.

> 왕은 행궁에서 일체의 금상을 꺼낸다. 허공에 분명하게 떠오른다. 그 높이는 3척 정도, 큰 코끼리에 싣고 멋진 막을 두른다. 계일왕은 제석천의 옷을 입고 보석함을 손에 들어 왼쪽에 대고, 구마라왕은 범천왕의 위의를 갖추고 하얀 불자를 손에 들어 오른쪽에 댄다. 각각 500마리의 코끼리 무리가 갑옷을 두르고, 불상의 전후를 둘러싸고 호위한다. 각각 100마리의 큰 코끼리는 예능인이 타고 음악을 연주한다. 계일왕은 진주·가지각색의 보배나 금은[으로 만든 모조]의 꽃을 걸으면서 사방에 뿌리고, 삼보에 공양을 한다. 우선 보단에 올라 향수를 불상에 뿌리고, 왕 자신이 등에 올라 서쪽 대좌위에 보내 갖가지 진귀한 보물이나 교사야의 등, 수십백천을 공양한다. 이때에는 다만 사문 20여 명만이 따르고 여러 국왕들은 호위를 한다. 공양을 마치자 여러 이학異学의 사람을 모아, 교의의 미묘한 뜻을 논하여 정하고, 묘한 이치를 선양하며, 해가 실로 지려고 할 때 [비로소] 행궁으로 돌아갔다 水谷眞成訳.57

위의 묘사에서 분명하듯이, 이 행상에서 불상은 코끼리에 싣고, 왕을 따라 향수로 목욕하고, 보시를 받는 붓다 그 자체로서 취급되고 있다. 나라 야스아키奈良康明가 지적하듯이 이와 같이 불상을 붓다 그 자체로 간주하는 의례는 『보디차르야·아바타라』나 『아바다나·샤타카』 등의 산스크리트 불전에도 기록되어 있고, 거기서는 불상을 관욕하고, 향을 바르고, 신체를 씻고, 의복을 갈아입히고, 음식을 제공한다는 힌두교의 신상예배(푸쟈)와 기본적으로 동일한 방법으로 불상의 공양이 행해지고 있다.⁵⁸ 또한 동일한 기술은 『대승조상공덕경』이나 『관선불형상경』이나 『욕상공덕』 등 기원후 4-8세기 무렵에 한역된 불상공양의 복덕을 설하는 불전에서도 인정되는 것이다.⁵⁹ 열반경에 설해지는 불탑공양에서 엿보이듯이, 동일한 의례는 아마도 불상 출현 이전부터 불탑이나 다양한 사리를 사용하여 행해지고 있었음에 틀림없다.⁶⁰ 그러나 굽타시대 이후 불상이라는 구체적이고 가까운 예배대상이 정착함에 의해 이와 같은 박티적이고 개별적인 예배형식이 한층 발달한 것은 쉽게 상상될 것이다.

불상과 관상

한편 불상이 가진 구체적·개별적 성격은 불교도 일반의 의례만 아니라, 출가자의 수행방법에도 영향을 미쳤다. 특히 주목되는 것은 선관이나 관불과의 관계이다. 앞에서 언급했듯이, 붓다의 신체가 32상을 갖춘 완전한 것이라는 것은 아함·니카야 경전에 설해지고, 명상에 의해 그 상호를 관하는 선관은 전통불교의 수행의 하나로서 일찍부터 행해졌다.⁶¹ 또한 초기대승불교에서는 선관을 바탕에 깔고 정신집중에 의해 제불을 출현시키는 반주삼매의 행법을 발달시켰다. 그리고 불상의 수용이 진행되면, 이러한 수행에 불상이 이용된 듯하다. 이것을 증명하는 가장 빠른 예는 지루가참역의 『반주삼매경』(기원후 179년 역출)이고, 아미타불을 중심으로 시방제불이 나타나는 반주삼매를 빨리 얻기 위해 수행자가 붓다의 형상을 만들어야 하는 것을 언급하고 있다.⁶² 한편 전통불교의 선관과 대승의 반주삼매를 통합하여, 단계적으로 붓다의 진정한 모습을 보는 명상에 이르는 관불삼매법이 성립하면, 불상을 관찰하는 관상은 관불에 이르기 전단계의 행법으로 자리매김하게 된다. 관불은 간다라을 중심으로 하는 서북인도에서 크게 발전한 듯하고, 대표적인 관불경전인『관불삼매해경』에는 간다라의 불상과의 유사함을 나타내는 묘사가 있는 것이 지적되고 있다.[63] 또한 같은 지방에서 관불법을 배웠다고 생각되는 구마라집은『선비요법경』『사유략요법』『좌선삼매경』등 관상에서 본격적인 관불에 나아가는 과정을 설한 선관경전을 한역하고 있다.[64] 예를 들면『사유략요법』에는 관삼에 대해 다음과 같이 언급하고 있다.

염불하는 것은 이 세상에 붓다가 존재하지 않을 때, 어떻게 붓다를 떠올리면 좋을까. 사람이 자신이 믿는 눈보다 뛰어난 것은 없다. 즉, 적당한 [불]상을 관찰하여, 이것을 실재의 붓다와 같이 해야만 한다. 우선 육계나 미간백호로부터 [관찰하여], 내려가 발에 이르고, 발에서 다시 육계에 이른다. 이와 같이 잘 [상을] 각인시킨 후, 조용한 장소에 돌아가야 한다. 눈을 감고 사유하고, 마음을 상에 연결하여, 다른 것을 생각해서는 안 된다. 만약 필요 없는 것을 생각하면, 이것을 제어하여 물리쳐라! 마음의 눈으로 [붓다를] 관찰하고, 마음 그대로 보이도록 한다. 이것이 관상의 경지를 얻는다는 것이다. …… 그 후 다시 붓다의 생신을 관상하면, 이것을 볼 수가 있다. 그것은 [붓다와] 대면해 있는 것과 다른 것이 아닐 정도이다.[65]

이런 기술에서 알 수 있듯이, 행상에서 엿보이는 불상의 취급과는 다른, 이러한 관불경전에서는 불상을 어디까지나 형상으로 간주하고 있고, 명상에 의해 진정한 붓다의 모습(색신과 법신)에 이른다고 설하고 있다. 이것은 앞에서 본「파리보기카·자타카」나『아쇼카-아바다나』『도행반야경』에서의 불상이해와 공통하는 것이고, 교리의 레벨에서는 불상은 붓다 그 자체는 아니라는 입장이 유지된 것을 나타내는 것이다.[66] 그러나 말할 필요도 없이 이런 것은 출가에서 불상의 중요성을 감소시키는 것은 아니었다. 승원에 불전이 설치되어 있는 것이나, 관상이 관상법에 담겨있는 것에 나타난 대로 오히려 출가는 불상의 의의를 적극적으로 인정하고, 그것을 수행에 활용해갔다는 것이다.

5.
불탑의 변용

불탑의 불전화

한편, 상기와 같은 불상숭배나 의례의 융성은 열반 이후의 불교신앙의 핵으로서 기능해온 불탑의 형상이나 성격에도 변화를 미쳤다. 이미 보았듯이 불상을 불탑에 안치하는 것은 안드라지방의 불탑의 일부에 빠른 예가 보였지만, 굽타시대가 되면 이것이 일반화하여 불상과 불탑의 관계는 보다 대등한 것이 되어간다. 예를 들면 5세기 후반에 조성된 아잔타의 두 가지 챠이티야 굴(제19굴, 제26굴)에서는 불탑 기단의 정면에 기단을 능가하는 크기의 감실을 돌출시켜 그곳에 불상을 봉안하고 있다. 또한 굴의 입구나 내부는 전기 챠이티야굴의 장식으로 쓰이고 있던 울타리(난순)나 연꽃 등의 모티프가 아니라, 많은 불보살상에 의해 장식되고 있다. 또한 산치, 데부니모리, 라트나기리 등에 남은 굽타시대 이후의 불탑에는 내부에 유골이나 보석 등의 전통적인 사리가 아니라, 불상을 봉안하고 있는 예가 보인다.[67] 이러한 예는 전 시대에서 사리나 불탑과 결합하는 것으로 예배대상이 된 불상이 이 무렵이 되면 신성한 조형으로서 역으로 불탑을 신성화하는 역할을 하기에 이르렀다는 것을 나타내는 것이라고 말할 수 있다.

불상의 불탑공간에 대한 침투는 후·굽타시대(6-7세기 무렵) 이후가 되면 더욱 현저하게 된다. 이 시대의 불교사원의 대표적인 예인 나란다 승원을 보면, 승원의 구조 그 자체에는 굽타시대의 것과 비교해서 큰 변화는 없는 것이지만, 승원의 정면에는 4기의 고탑식 불전이 설치되어 있다. 특히 흥미 있는 것이 남단에 위치하는 대탑(제3지)이고, 조성당초는 한 변이 137센티미터의 뿔형 기단을 가진 작은 불탑이었던 것을 총 7회의 개보수를 거쳐 높이 30미터를 넘는 고탑식의 불단으로 한 것이 발굴에 의해 판명되었다. 또한 대폭적인 변환이 행해진 것이 후기 굽타시대의 제5회째 조성활동에서 주탑의 주위에는 보드가야의 대정사와 동일하게 4개의 부탑이 갖추어지고, 부탑은 스툿코제의 불보살상으로 장식되기에 이르렀다. 또한 파라시대에 행해진 제6회째와 7회째의 조성에서는 주탑 정상의 북쪽 면에 불전이 설치되어, 거대한 불상이 안치된 듯하다.[68] 이와 같은 불탑의 불전화는 나란다만이 아니라, 8세기 이후의 불교가람에 공통적으로 보이는 특징이라고 말할 수 있다. 예를 들면 제2대왕 다르마파라가 창건한 비크라마실라 사원(안티챠크)이나 제3대 데바파라의 창건인 소마프라 사원(파하르푸르)은 광대한 승원 중정의 중앙에 십자형기단의 대불탑을 설치하고 있지만, 중앙의 방형 고탑의 사방에는 역시 불전이 부가되어 있다. 또한 서데칸의 에로라 불교굴의 차이티야굴(그림 4)에서는 불탑의 면전에 불탑 본체를 덮을 정도의 불 감실이 내어져, 그곳에 높이 3미터의 거대한 전법륜인불 기좌상이 안치되어 있다. 굴 본래의 예배대상인 불탑보다도 불상의 존재가 강조되어 있는 이와 같은 조형표현은 후기 굽타시대 이후, 불상이 예배대상으로서 불탑과 동등한지 또는 그것을 능가하는 지위를 점하게 된 것을 여실하게 보여주는 것이라고 말할 수 있다.

그림 4 불탑, 에로라 제10굴, 8세기경

조성방법의 변화

형상의 변화만이 아니라, 굽타시대 이후의 불탑 및 불탑의 조성은 그것이 수행해온 종교적 역할에서 전 시대의 것과는 크게 다른 특징을 보여준다. 이런 점에서 우선 주목되는 것이 기증자와 조성방법의 변화이다. 이미 살펴본 대로 불교가 인도 각지에서 융성을 과시한 기원전 2세기에서 기원후 3세기 무렵의 가람의 조성은 인접한 도시주민을 중심으로 재가신자나 고장의 출가자로부터의 기증에 의해 꾸려나가는 것이 일반적이고, 조성시기가 수 세기에 걸친 산치나 아마라바티 등의 대규모적인 불탑조성의 경우, 기증자의 수는 상당수에 이른다. 더욱이 흥미 있는 것으로 당시의 지배왕조가 주된 기증자가 되고, 불탑의 조성에 직접적으로 관여한 흔적은 없다. 즉, 당시의 불탑조성은 기본적으로는 기증에 의한 공덕을 추구하는 무수한 불교신자에게 의지하여 성립되었다고 생각할 수가 있다. 그러나 기원후 3세기 후반 이후가 되면, 이와 같은 많은 신자의 기증을 모으는 형태로는 불탑의 조성이 점차 행해지지 않은 듯하다. 예를 들면 나가르쥬나콘다(기원후 3-4세기 무렵)에서는 불특정다수 신자의 기증을 모은 같은 지방의 아마라바티(기원전 2세기-기원후 3세기 무렵)와는 대조적으로 불탑을 포함하는 가람의 기증은 주로 이크쉬바크조의 왕족이 행하고 있다. 기원후 5세기 후반 무렵에 행한 아쟌타 후기굴의 조성에서도 각굴을 봉헌한 것은 바카타카조의 왕과 귀족이고, 일반신자나 승려에 의한 굴에 대한 기증이 행해진 것은 왕족에 의한 굴의 조직적인 조성이 방기된 5세기 말 이후일 가능성이 높은 것이 명문이나 미술자료의 분석에 의해 지적되고 있다.[69] 왜 이와 같은 변화가 일어났는지는 불확실하지만, 법현이나 현장이 언급하는 대로 굽타시대 이후의 불교가람은 왕조의 보호를 받아, 면세진의 기증에 의해 경제기반도 안정돼 있었기 때문에 일반신자로부터의 기증을 받는 의미에서는 가람의 조성이 이미 교단 측으로서는 필요성을 잃었는지도 모른다.[70] 하여간 이런 것은 고대 초기에서 교단과 신자를 연결시키는 강력한 장치로서 기능하고 있던 불탑조성의 성격을 크게 변화시키게 된다. 물론 불탑은 가람에 필수의 요소이고, 굽타시대 이후도 계속 제작된다. 그러나 고대 불탑이 가지고 있던 것과 같은 출가와 재자신자가 함께 조성에 공헌하고, 양자가 함께 기뻐하는 장으로서의 역할은 아마도 점차로 잃어갔음에 틀림없다. 이런 점에 관련하여 주목되는 것이 스기모토 타쿠슈杉本 卓州가 『관찰세간경 *Avarokita-sūtra*』이나 『성 관대승경 *Ārya-Avarokana-nāma-mahāyāna-sūtra*』을 근거로 논한 출가수행의 일환으로서의 불탑숭배이다.[71] 스기모토는 이러한 경전에 언급되는 불탑예배에 탑을 대상으로 한 요가적인 신앙형태가 나타나고 있는 것에 주목하여, 이 시기의 불탑예배가 적어도 일부에서 불탑과의 합일과 깨달음의 획득을 지향하는 출가수행과 결합하는 것이었다는 것을 지적하고 있다. 이것을 인정한다면 늦어도 8세기에는 일부의 불탑은 출가에 의한 뛰어난 수행의 장소가 되었을 가능성이 높을 것이다.

법사리와 불탑

이것 이외에도 굽타시대 이후의 불탑신앙에는 종래와는 다른 요소가 두드러진다. 붓다의 교설이라는 '사건'이 아닌 사리의 융성이 그것이다. 이미 살펴본 대로 붓다의 본질을 그 교설(법)로 보는 생각은 일찍부터 존재했지만, 특히 초기대승불교는 유골로서의 사리신앙을 초월하도록 교설중시의 입장을 취하고 있다. 예를 들면 『법화경』에서는 이 경을 서사하거나 합송하기도 하는 장소에는 불탑을 세워야 하지만, 그와 같은 불탑에는 유골을 봉안할 필요가 없다는 것을 강조하고 있다.[72] 이러한 전통에 근거하여 굽타시대까지는 붓다의 교설은 사리로서 널리 인정되기에 이른 듯하다. 마투라국에 율과 경, 그리고 아비담 등을 봉안한 불탑이 있는 것을 언급하고 있는 법현의 기록은 이와 같은 사리의 성립을 엿보게 하는 것이다.[73] 더욱이 6세기 이후에는 이런 종류의 사리의 전형으로서 연기설을 설한 게송 *pratītyasamutpādagāthā*이 법사리 *dharmaśarīra*로서 숭배하게 된다.[74] 이 게송은 붓다와 법과는 동일한 의미이고, 또한 법과 연기와는 같은 의미라는 아함·니카야의 전통을 근거로 한 것이지만, 특히 『도간경 Śālistambasūtra』 등의 대승경전에서 게송이 붓다의 신체와 같은 의미라고 간주함에 의해 사리로서의 지위를 획득한 듯하다.[75] 이 연기송 또는 법사리에 대한 신앙이 중세의 인도불교에서 융성을 과시한 것은 비구를 지도하는 한편 자신의 공덕을 위해 항상 법사리를 담은 소탑을 손으로 만들고 있었다는 현장의 스승 자야세나 勝軍의 일화나 보드가야, 기리야쿠, 산치, 오릿사의 라트나기리 등에서 발견되어 있는 연기송을 봉안한 작은 불탑 등 많은 문헌, 고고 유물로부터 엿볼 수 있다(그림 5).[76]

그림 5 연기송을 수록한 불탑인장, 비하르, 기리약 불탑출토, 10-11세기, 대영박물관소장

이와 같은 교설로서의 사리의 융성은 불탑신앙에 대해 단순히 새로운 사리가 가담한 이상의 의미를 가지는 것이었다고 생각된다. 이런 종류의 사리가 일반화한 것에 의해 그 희소성 때문에 전 시대에서 일부의 가람이 독점적으로 관리하는 것이었던 사리는 누구나 만들 수 있는 것이 되었다. 불탑의 조성이라는 대사업도 자야세

나의 일화로 상징되듯이 개인이 말하자면 자기 완결적으로 성립하게 된 것이라고 말할 수 있다. 그러나 그 한편으로 이런 변화에 의해 불탑조성은 기본적으로 소규모나 개별적인 활동이 되고, 다수의 신자로부터 기증을 모아, 그들의 귀의대상인 붓다를 체현하는 건축물을 공동으로 만든다는 불탑조성이 본래 가지고 있던 중요한 역할은 잃게 된 것이다. 전 시대에서 불교도의 신앙의 중심으로서 존재하고 있던 거대한 불탑은 이런 점에서도 그 의의를 크게 잃게 되었다.

6.
맺음말

이상, 한정된 지면에서 여러 방면에 걸친 문제를 언급해온 감은 부정할 수 없지만, 인도에서 불탑에서 불상에 대한 예배대상의 변천에 대해 조망해왔다. 지금까지의 고찰에서 명확하게 되었듯이, 불탑이나 불상 등의 예배물이 불교도에게 수용되기에 이른 배경에는 모든 불교도가 공유하고 있던 붓다에 대한 귀의의 생각과 붓다의 열반 이후에 붓다 그 자체로 간주되기에 이른 사리에 대한 신앙이 있다. 더욱 중요한 것은 불교도가 붓다를 대신하는 예배물을 유골만으로 한정하지 않고, 붓다에 관련된 기물이나 장소까지 포함한 것이다. 기원후 1세기에 나타난 불상이 붓다의 신체와 직접 연결되는 것은 아님에도 결국 예배대상으로 수용된 것은 붓다에 관련된 것 모두를 예배대상으로 보는 유연한 해석이 있었기 때문이라고 말할 수 있다. 그러나 그 한편으로 초기불상이 예배대상으로서의 정통성을 확보하기 위해서는 유골로 대표되는 전통적인 예배물과 밀접한 관계성을 가진 것이 중요했다. 즉, 불탑과 불상의 관계는 적어도 당초에는 대등한 것은 아니었다고 생각된다. 오히려 불상은 유골을 봉안하는 불탑이나 붓다의 성지가 가진 신성성에 담보되는 형태로 예배대상으로서의 지위를 확립하고 있던 것이다.

그러나 기원후 4-6세기의 굽타시대 이후가 되면, 상기와 같이 불탑과 불상의 관계는 크게 변화하게 된다. 붓다를 인물상으로서 표현하는 명쾌함과 예배대상으로서의 친근성에 의해 불상은 독립된 예배대상으로서 두터운 신앙을 불러일으키고, 수행상이나 푸쟈적 공양이나 관상 등, 불상을 이용한 의례는 출가, 비출가를 막론하고 종교적 행위로서 정착되어갔다. 한편, 전 시대에서 불교신앙의 기둥으로서의 절대적인 지위를 유지하고 있던 불탑은 왕권과의 결합에 의해 교단의 재정기반이 안정되고, 전 시대만큼 일반신자의 기증에 의지하지 않게 된 점이나 법사리를 이용한 개별적이고 소규모의 불탑조성이 주류가 된 것에 의해, 많은 신자의 기증을 모은 형태로의 대규모의 조형활동은 행해지지 않게 된다. 또한 그 형상도 불전의 요소를 대폭적으로 도입한 것으로 변화한다. 이러한 변화는 불교도 일반의 주요한 예배대상이 불탑에서 불상으로 이행해갔던 것을 나타낸 것이다.

마지막으로 대승과의 관계에 대해서 한마디 하면, 불상과 불탑의 관계가 크게 변화한 굽타시대 이후에 불탑과 불상신앙의 양자에서 대승사상의 명확한 영향이 보이게 된 것은 주목된다. 본 장에서 반복적으로 언급했듯이 불탑이나 불상의 수용은 통불교적으로 행한 것이고, 그것 자체에 대승불교의 결정적인 영향을 인정할 수는 없다. 그러나 대승교도가 불탑이나 불상을 적극적으로 수용하고, 자신의 사상을 점차로 그 신앙에 반영해간 것은 간다라에서 보이는 불변상도 등의 예에서 보다라도 분명할 것이다. 굽타시대 이후가 되면 이런 경향은 확실히 인정되게 되고, 협시보살을 동반한 삼존불상이나 다양한 보살상 등, 대승과 관련되는 도상이 인도의 넓은 지역에서 보이게 될 뿐만 아니라, 간다라에서 관불법의 발달이나 인도를 넘어 융성을 과시했던 법사리신앙 등, 불탑, 불상신앙의 성격에 중요한 영향을 미치는 새로운 요소가 대승사상의 영향을 받아 나타나게 된다. 이와 같은 불탑, 불상신앙의 '대승화'는 대승사상이 인도불교 가운데서 명확한 지위를 점하게 된 것을 나타내는 것이다. 즉, 대승불교는 그 사상적 지위를 인도불교 내부에 확립해가는 가운데, 불탑과 불상이라는 통불교적인 예배대상에 새로운 의미를 부여하여, 그 신앙의 다양화에 공헌했다. 이런 점에서 대승불교는 이러한 예배물의 융성에 중요한 역할을 수행했다고 말할 수 있다.

1   *Mahāparinibbāna suttanta*, 6.1, in T. W. Rhys Davids and J. E. Carpenter ed., The Dīgha Nikāya, I-III, London (1890-1911), vol.II, p.154; 中村元訳, 『ブッタ最後の旅-大パリニッバーナ経』, 岩波書店 (1980), p.155.

2   *Mahāparinibbāna suttanta*, 6.24-28(Rhys Davids and Carpenter ed., *The Dīgha Nikāya* II, pp.164-68). 中村元訳, 『ブッタ最後の旅』, pp.174-181.

3   H. Falk, *Aśokan Sites and Artefacts*, Maintz am Rhein (2006), pp.187-89.

4   John Strong, *The Legend of King Aśoka: A Study and Translation of the Aśokāvadāna*, Delhi (1989), pp.219-21.

5   塚本啓祥, 『インド仏教碑銘の研究』, 平楽寺書店 (1996), Sāchī, 795, 796; Satdhāra 1, 2; Nāgārjunakoṇḍa, 11; Bajaur 1, 3, 4, 5, 6; Shinkot 1; Swāt 1, 3; Taxila 3, 4.

6   S. Dutt, *Buddhist Monks and Monasteries of India*, Delhi (1962), p.183; A Bareau, 'La Parinirvāna 여 Bouddha et la naissance de la religion bouddhigue', *Bulletin de l'École Française d'Extrême-Orient* 61 (1974), p.285; 中村元訳, 『ブッタ最後の旅』5·10, 역주(p.280). 平川彰, 『初期大乗仏教の研究』, 春秋社 (1968), pp.604-657.

7   *Mahāparinibbāna suttanta*, 5.10(Rhys Davids and Capenter ed., *The Dīgha Nikāya* II, p.141). 中村元訳, 『ブッタ最後の旅』, pp.131-132.

8   平川彰, 『初期大乗仏教の研究』, pp.422-601.

9   G. Schopen, *Bones, Stones, and Buddhist Monks*, Honolulu (1997), pp.23-55, 86-164; K. Trainor, Relics, *Ritual and Representation in Buddhism*, Cambridge (1997), pp.32-65. 下田正弘, 『涅槃經の研究-大乗仏教の研究方法試論』, 春秋社 (1997), pp.59-128. 또한 이런 해석에 대한 반론으로서 榎本文雄, 「インド仏教における葬儀と墳墓に関する研究動向」江川温(編) 『死者の葬送と記念に関する比較文明史-親族·近隣社会·国家』日本学術振興会科学研究費プロジェクト報告 (2007), pp.160-161 이 있다.

10 佐々木閑, 「大乗仏教在家起源説の問題点」『花園大学文学部研究紀要』28 (1995), pp.29-62. Schopen, *Figments and fragments of Mahāyāna Buddhism in India*, Honolulu (2005), pp.25-62, 109-13; J.Nattier, *A Few Good Men: The Bodhisattva Path according to the Inquiry of Ugra*(Ugraparipṛcchā), Honolulu (2003), pp.89-93.

11 Schopen, *Bones, Stones, and Buddhist Monks*, pp.30-32; Trainor, *Relics, Ritual*, p.62.

12 W. Geiger ed., *Mahāvaṃsa*, London (1908), p.133(17.3); W. Geiger trans. *The Mahāvaṃsa or The Great Chronicle of Ceylon*, New Delhi (1993), p.116.

13 『증일아함경』의 일절(대정2, No.125, 751a)에도 사리를 붓다의 영원의 신체로 보는 생각이 인정되는 점을 시모다 마사히로는 지적하고 있다(下田, 『涅槃經の研究』, p.177).

14 塚本啓祥, 『インド仏教碑銘の研究』, Shinkot 1. 下田, 『涅槃經の研究』, p.142. Schopen, *Bones, Stones, and Buddhist Monks*, p.126.

15 R. Salomon, 'the Inscription of Senavarma, King of Oḍi', *Indo-Iranian Journal* 29 (1986), pp.261-93; Schopen, *Bones, Stones, and Buddhist Monks*, pp.125-28 and 154.

16 '…saṃmasaṃ[budh]asa dhātuvara-paragahitasa…' 塚本, 『インド仏教碑銘の研究』, Nāgārjunakoṇḍa 1, line 3; Schopen, *Bones, Stones, and Buddhist Monks*, pp.148-58. 또한 塚本는 dhātuvara-paragahitasa를 사리로 파악하지 않고, 열반에 든 붓다의 상태를 가리키는 것으로 해석하여, '최승계에 섭수된 정등각자'라는 번역을 하고 있다.

17 『대광대장엄경』권8, 예보리장품제19(대정3, No.187, 585c). 『아미타경』3-7(中村元, 早島鏡正, 紀野一義訳註, 『浄土三部經』(하)(岩波文庫, 1964), pp.168-169, 176-185).

18 *Mahāparinibbāna suttanta*, 6.25-27(Rhys Davids and Capenter ed., *The Dīgha Nikāya* II, pp.165-67). 中村元訳, 『ブッタ最後の旅』, pp.178-180. 水谷真成訳, 『大唐西域記(中国古典文学大系22)』, 平凡社 (1971), 7·2·4.

19 V. Fausböll, ed., *The Jātaka, together with its Commentary*, IV, Oxford (1991), p.228; E. B. Cowell et. al. (ed. and trans.), *The Jātaka or Stories of the Buddha's Former Births*, IV, Oxford, no.479(p.142); H. Smith ed., The *Khuddaka-Pāṭha together with its Commentary*(Paramatthajotikā I), London (1915), pp.221-222; Ñāṇamoli trans., *The Minor Readings (Khuddaka-Pāṭha): the First Book of the Minor Collection*(Khuddakanikāya), London (1960), pp.249-50.

20 『마하승기율』에서는 사리(유골)를 포함하는 것만을 스투파(탑)로 부르고, 탄생, 성도, 초전법륜, 열반의 4대성지나 붓다의 족적이나 보살상을 안치하는 장소는 챠이티야 枝提로 구별하여, 양자가 동일하지 않다는 것을 강조하고 있다(대정22, No.1245, 498b).

21 N. A. Jayawickrama ed., *Buddhavaṃsa and Cariyāpitaka*, Londonm (1974), p.102; I. B. Horner trans., *Chronicle of Buddhas and Basket of Conduct*, London (1975), pp.98-99.

22 長沢和俊訳註, 『法顕伝・宋雲紀行』(平凡社東洋文庫194, 1971), p.35, 44, 49. 水谷真成訳, 『大唐西域記』, 2·3·4, 2·3·5, 3·1·4, 3·1·7, 4·15·3.

23 이런 점에 주목하여 헌팅턴은 고대 초기불전도의 다수는 실제로는 불전도가 아니라, 붓다의 성지를 나타낸 성적도 聖跡圖라고 주장한다. S.L. Huntington, 'Early Buddhist Art and the Theory of Aniconism', *Art Journal* 49 (1990), pp.401-08.

24 Rhys Davids and Capenter ed., *The Dīgha Nikāya* I, p.46; Rhys Davids trans., *Dialogues of the Buddha*, I, London (1956), p.54; V. Trenckner ed., *Milindapañho: Being Dialogues between King Milinda and the Buddhist Sage Nagasena*, London (1962), p.73; I. B. Horner, trans., *Milinda's Questions*, London (1964), p.99. V. A. Smith, *A History of Fine Art in India and Ceylon*, 3rd edition, Bombay (1962), p.34 and note 3.

25 『증일아함경』(대정2, No.125, 657b, 664b), 高田修, 『仏像の起源』, 岩波書店 (1967), p.60. 高田修, 『仏像の誕生』, 岩波書店 (1987), pp.41-44.

26 불타상의 창시를 둘러싼 최근의 논의에 대해서는 宮治昭, 「仏像の起源に関する近年の研究状況について」『大和文華』98 (1997), pp. 1-18(宮治昭, 『インド仏教美術史編』中央公論美術出版, 2011, pp. 30-53에 재수록)을 참조.
27 카니슈카왕의 즉위연대에 대해서는 H. Falk, 'The Yuga of Sphujiddhvaja dan the Era of the Kuṣāṇas', Silk Road Art and Archaeology, 7 (2001), pp. 121-36을 참조.
28 일본에서 이런 설을 논한 초기의 연구로서 小野玄妙, 『健駄邏の仏教美術』丙午出版社, 1922(『小野玄妙著作集(5)』, 開明書院, 1977년에 재수록), pp. 41-44. 望月信亨, 「仏像造立の起源と大乗仏教」『大正大学学報』21-23집, 1935, pp. 11-16가 열거된다.
29 平川彰, 「大乗の仏陀観と仏像の出現」『平川彰著作集第五巻―大乗仏教の教理と教団』, 春秋社 (1989), pp. 285-348.
30 平川彰, 『初期大乗仏教の研究』, pp. 691-698.
31 高田修, 『仏像の起源』, pp. 265-282. 高田修, 『仏像の誕生』, pp. 121-132. 肥塚隆, 「大乗仏教の美術―大乗仏教美術の初期相」, 高崎直道(編), 『講座大乗仏教第10巻 大乗仏教とその周辺』, 春秋社 (1985), pp. 264-91.
32 肥塚隆, 「大乗仏教の美術」, pp. 271-280. 宮治昭, 『涅槃と弥勒の図像学』, 吉川弘文館 (1992), pp. 245-280. 또한 브라흐가 최초로 보고하고, 肥塚나 宮治가 중요한 제작의 예로서 언급하고 있는 아미타와 관음의 명문을 가지는 간다라의 삼존불상에 관해서는 최근의 연구에서 명문의 해석에 문제가 있는 것이 지적되어 있다. R. Salomon and G. Schopen, 'On the Alleged Reference to Amitābha in a Kroṣṭhī Inscription on a Gandhāra Relief', Journal of the International Association of Buddhist Studies 25-1.2 (2002), pp. 3-31. 宮治昭, 「「舎衛城の神変」と大乗仏教の起源―研究と展望」(宮治昭『インド仏教美術史論』수록), pp. 140-45.
33 Schopen, Bones, Stones, and Buddhist Monks, pp. 242-247 and Table 1.
34 桑山正進, 「ガンダーラ美術と遊牧民(1)」『オリエント通信』제20호 (1983), pp. 8-9.
35 田辺勝美, 「ガンダーラ仏の起源」『ガンダーラから正倉院へ』, 同朋社 (1988), pp. 3-50.
36 『法華經』方便品(坂本, 岩本訳, 『法華經』(상), pp. 114-117). 『道行般若經』권10, 담무갈보살품(대정8, No. 224, 476b).
37 『불설작불형상경』(대정16, No. 692, 788b-c).
38 'mṛnmayīṣu pratikṛtiṣv amarāṇāṃ yathā janaḥ/ mṛtsaṃjñā[ntām]m anādṛtya namaty amarasaṃjñayā// tathāhaṃ tvām iha udīvīkṣya lokanāthavapurdharaṃ/ mārasaṃjñām anādṛtya nataḥ sugatasaṃjñayā// (S. Mukhopadhyāya ed., The Aśokāvadāna, New Delhi (1963), p. 27; Strong, The Legend of King Aśoka, p. 196).
39 『道行般若經』권10, 담무갈보살품(대정8, No. 224, 476b).
40 Fausböll, ed., The Jātaka, vol. 4, no. 479, p. 228; Cowell et. al. (ed. and trans.), The Jātaka, vol. 4, p. 142.
41 Trenckner ed., Milindapañho, p. 341; Horner, trans., Milinda's Questions, II, p. 188. 『밀린다팡하』의 연대에 관해서는 Oscar von Hinüber, A Handbook of Pāli Literature, New Delhi (1997), pp. 82-86.

42　H. Sarkar, *Studies in Early Buddhist Architecture of India*, Delhi (1993), pp. 79-81; M. K. Davalikar, Late Hinayana Caves of Western India, Poona (1984), pp. 29-33.

43　Juhyung Rhi, 'Images, Relics, and Jewels: the Assimilation of Images in the Buddhist Relic Cult of Gandhara- Or Vice Verca', *Artibus Asiae* 65-2 (2005), pp. 171-72.

44　長沢訳, 『法顕伝』, pp. 49, 61, 68-70, 110-112. 水谷訳, 『大唐西域記』, 2·3·3, 2·4·2, 4·15·2, 5·5·2, 6·1·4, 6·1·10, 6·2·4, 6·4·3, 7·1·2, 7·1·6, 8·6·4, 8·6·8, 9·2·9, 9·3·2.

45　水谷訳, 『大唐西域記』권12, 찬(p. 411).

46　예를 들면 쿠샨시대의 마투라에서 제작되어, 사르나트와 슈라바스티와 카우샨비에 봉헌된 '보살'명입상은 명문에 따르면 붓다의 경행소에 놓였던 것이다(塚本啓祥, 『インド仏教碑銘の研究』, Sārnāth, 4; Saheṭh Maheṭh, 2, 3, Kosam 2).

47　「근본설일체유부비나야」(대정23, No. 1442, 847a), 「근본설일체유부필추니비나야」(대정23, No. 1443, 988c), 「근본살바다율섭」(대정24, No. 1458, 594a), 「근본설일체유부비나야송」(대정24, No. 1459, 641a). 의정『남해기귀내법전』권4(대정54, No. 2125, 226c).

48　Rhi, 'Images, Relics, and Jewels', pp. 175-80, 208-11.

49　T. N. Ramachandran, 'Nāgārjunakoṇḍa 1938', *Memoirs of Acchaeological Survey of India*, no. 71, Delhi (1953), p. 14 and pls. 12 and 14.

50　빠른 예로서는 아누라다프라·제타바나 박물관 소장의 불두(어느 것이나 4세기 무렵)나 스리랑카제작으로 보이는 인도네시아·스라웨시 출토의 청동제불타입상(7세기경)에서 보이는 사리공이 열거된다. 다만 이러한 사리공을 8-9세기경에서 스리랑카의 불상에서 일반화된 화염상 장식 siraspata의 흔적으로 생각하는 의견도 있다. Ulrich von Schroeder, *Buddhist Sculptures of Sri Lanka*, Hong Kong (1990), pl. 21A, 42F.

51　『관불삼매해경』(대정15, No. 643, 655b, 690c). 또는 지겸역, 『보살본업경』(대정10, No. 281, 449b)에는 보살의 출가생활의 일환으로서 불상을 예배하고, 계속 불탑을 예배해야 하는 것을 언급하는 개소가 있다. 히라카와는 이런 불상을 불탑 주변에 조각되었던 것은 아닐까라고 추측하고 있다. 平川彰, 『初期大乗仏教の研究』, pp. 507-508.

52　K. Behrendt, 'Relics and Their Representation in Gandhara', *Mārg*, 54-4 (2003), pp. 76-85.

53　E. Rosen Stone, *The Buddhist Art of Nāgārjunakoṇḍa*, Delhi (1994), figs. 158, 209.

54　아잔타의 삼존불에 관해서는 협시가 보살의 특징을 충분히 갖추고 있는 않은 점에서, 이것을 보살이 아니라 약샤상으로 보는 설도 제시되어 있다. 永田郁, 「アジャンター石窟における守門像について－第19窟ファサードの守門ヤクシャ像を中心に」(『美術史』제153책, 2002), pp. 15-30. 定金計次, 「インド仏教石窟における金剛手菩薩の成立―説一切有部との関係を中心に」『西南アジア研究』57 (2002), pp. 20-30.

55　山田耕二, 「大乗菩薩像の誕生と展開」 肥塚隆, 宮治昭(編), 『世界美術大全集東洋編 インド(1)』 小学舘 (2000), pp. 353-360. 定金計次, 「インド仏教石窟における金剛手菩薩の成立」, pp. 14-18.

56 長沢訳, 『法顕伝』, p.98. 奈良康明, 「インド社会と大乗仏教」, 『講座大乗仏教10』, p.65.
57 水谷訳, 『大唐西域記』5・1・5.
58 奈良康明, 「インド社会と大乗仏教」, pp.63-66.
59 『대승조상공덕경』(대정16, No.694, 793c), 『관세불형상경』(대정16, No.695, 796c), 『욕상공덕경』(대정16, No.697, 799a-b).
60 *Mahāparinibbāna suttanta*, 6.25-27(Rhys Davids and Capenter ed., *The Dīgha Nikāya* II, p.164). 中村元訳, 『ブッタ最後の旅』, p.173. 下田, 『涅槃經の研究』, pp.103-108.
61 『증일아함경』권2(대정2, No.125, 554a), 高田修, 『仏像の起源』, p.425, 平川彰, 『初期大乗仏教の研究』, pp.579-580.
62 『반주삼매경』(대정13, No.417, 899c).
63 小野, 『健太羅の仏教美術』, pp.77-114. 宮治昭, 「瞑想・観想とガンダーラ・中央アジアの仏教美術ー観經変の成立前史」『国文学』44-8 (1999), p.102. 또한 이 경은 중앙아시아 찬술의 위경일 가능성이 높은 것이 최근의 연구에서 지적되고 있다. Nobuyoshi Yamabe, *The Sūtra on the Ocean-Like samādhi of the Visualization of the Buddha: The Interfusion of the Chinese and Indian Cultures in Central Asia as Reflected in a Fifth Century Apocryphal Sūtra*, Ph.D. Dissertation, Yale University (1999).
64 『선비요법경』(대정15, No.613), 『좌선삼매경』(대정15, No.614), 『사유략요법』(대정15, No.617). 간다라와 이러한 경전과의 관계에 대해서는 宮治昭, 「瞑想・観想」, pp.100-105.
65 『사유략요법』(대정15, No.617, 299a).
66 『대지도론』에 불상 자체에는 공덕은 없지만, 붓다의 모습을 상기시키기 때문에, 복덕을 얻을 수가 있다는 것도 동일한 생각에 근거한 것이라고 말할 수 있다(『대지도론』권49(대정25, No.1509, 414c)).
67 R. N. Metha and S. N. Chowdhary, *Excavation at Devnimori*, Baroda (1966), p.49, fig. 15 and pl. 13; D. Mitra, *Ratnagiri* (1958-1961), I, Memoirs of the Archaeological Survey of India, no. 80, New Dehli (1981), p.61 and pl. 31; M. Mitra, *Sanchi*, 5th edition, New Delhi (1984), p.45.
68 A. Ghosh, *Nālandā*, 6th edition, New Delhi (1986), pp.17-18.
69 W. Spink, *Ajanta: History and Development*, Leiden-Boston (2005-6), vol.I, pp.213-15; vol.II, pp.149-66; vol.III, pp.1-260.
70 長沢訳, 『法顕伝』, p.55. 水谷訳, 『大唐西域記』, 9・3・3.
71 杉本卓洲, 『インド仏塔の研究』, 平楽寺書店 (1993), pp.479-520. 奈良康明, 「インド社会と大乗仏教」, pp.60-62.
72 『법화경』법사품(坂本, 岩本訳, 『법화경』(중), pp.154-155). 동일한 기술은 『8천송반야경』에도 보인다. 平川彰, 「八千頌よりなる般若波羅蜜經」中村元編, 『仏典I(世界古典文学全集6)』, 筑摩書房(1965), p.333.
73 長沢訳, 『法顕伝』, p.57. 또한 살로몬에 따르면 이런 전통은 쿠샨시대까지 거슬러 올라갈 가능성이 높다고 한다. R. Salomon, *Ancient Buddhist Scrolls from Gandhara*, Seattle (1999),

pp. 84-85.

74 D. Boucher, 'The Pratītyasamutpādagāthā and Its Role in the Medieval Cult of Buddhism', *Journal of the International Association of Buddhist Studies*, 14-1 (1991), pp. 1-27.

75 *ibid*, pp. 1-5.

76 水谷訳,『大唐西域記』, 9·2·2. 下田,『涅槃經の研究』, pp. 147-149. 또한 동일한 게송을 나타낸 小粘土球는 북인도뿐만 아니라 아프카니스탄, 중앙아시아, 동남아시아에서 다수 발견되고 있다.
P. Skilling, "Buddhist Sealing": Reflections on Terminology, Motivation, Donors' Status, School-Affiliation, and Print-Technology", in C. Jarrige and V. Lefèvre ed., *South Asian Archaeology* 2001, Paris (2005), pp. 677-85.

* 후기 : 본 장을 집필할 때, 오사카 대학 대학원 문학연구과의 코에즈카 다카시 肥塚隆 교수와 에노모토 후미오 榎本文雄 교수에 의해 초고단계에서 귀중한 지적을 받았다. 또한 소조 崇城 대학 예술학부 나가타 카오루 永田郁 준교수의 배려에 의해『국문학』게제의 미야지 아키라 宮治昭의 논문을 입수할 수가 있었다. 표기하여 감사드리고 싶다.

제16장

보살과 보살신앙

가츠모토 가렌

1.
머리말

보살이라고 하면 일본에서는 많은 사람이 문수나 관음이나 지장 등 지혜를 주거나 소망을 들어주거나 고난에서 구해주는 신화적인 보살을 떠올릴 것이다. 그러한 대승불교의 보살은 부조나 회화를 통해 신앙을 북돋우고 있다. 그런데 사전 등에는 보살의 원어는 '깨달음을 추구하는 사람'으로 본래는 석존의 전생과 성도전의 수행시대를 가리킨다고 한다.

보살에 대해서는 지금까지 많은 석학에 의해 논해졌고,[1] 부파(소승) 불교시대에 만들어진 석존의 전생이야기를 기원으로 하는 것이 통설이다. 그리고 대승경전 성립 후, 붓다와 동등한 능력을 가지면서 중생구제를 위해 열반에 들어가지 않는 많은 대보살들이 설해지게 된다. 또한 스스로 깨달음을 구하고(자리) 타인을 이익되게 하는(이타) 수행자를 누구라도 보살로 부른 것으로부터 보살이 복수가 되고, 실제로 그러한 수행도(불승 또는 보살승)를 선택한 자가 자리만을 추구하는 성문·독각의 이승의 행도를 소승으로서 비판했다고 설명한다.

그러나 보살의 기원을 깨달음을 추구하는 수행자라는 것에 필자는 찬동할 수 없다. 왜냐하면 지혜를 가지고 사람들을 이익으로 인도하는 자를 보살로 부른 예가 오래전에 성립한 팔리성전에 보이기 때문이다. 보살이라는 말이 성도전을 가리킨다고 생각한 것은 '아직 정각을 얻지 않은 보살의 때'라는 문구가 4부 경전에 빈출하기 때문이지만, 그런 보살이라는 말은 후대의 삽입이다. 그리고 보살이 수행자로 생각된 것은 석존의 전생을 설하는 자타카(본생)이야기에서 덕행을 보살행(바라밀)

의 실천으로 간주하기 때문이지만, 그렇게 규정한 것은 주석서이다. 또한 보살의 기원을 남북 양전에 나오는 연등불수기설화로 보는 설도 있지만, 수기를 설하는 전생이야기의 성립은 늦다. 또한 보살의 수에 대해서도 통설은 맞지 않고, 부파시대부터 복수형으로 설해진다. 그것은 과거칠불의 보살을 가리키지만, 과거불이라고 해도 전생의 이야기가 아니라, 최후생의 불전 중의 이야기이다. 그 불전 가운데서 보살의 탄생에는 불가사의한 것(미증유법)이 일어난다고 하고, 그것을 제보살의 상법으로 하는 것이다. 결국 본래 보살은 지혜가 있는 특별한 존재이고, 보통의 인간이 아니라는 것이다.

이상으로 결론을 미리 말하는 형태로 언급했지만, 그 근거는 논장의 『카타바투(논사)』나 팔리 주석서에 있다. 팔리 주석서를 보면 보살과 관련이 깊은 쿠다카 니카야(소부)의 성전의 성립과 전승에는 문제가 있다. 그리고 거의 알려져 있지 않지만, 남방상좌부 대사파의 정통설의 4부 주석서에서 보살의 어의가 3종으로 해석되고 있다. 팔리 주석서 중에 감춰진 정보는 보살연구에 새로운 빛을 던져줄 것이다.[2]

2.
보살의 선행연구와 팔리 자료

우선 지금까지의 주된 보살연구와 팔리문헌에 관한 연구를 먼저 소개한다. 보살연구는 보살의 기원에 관한 것과 그것과 대승보살과의 관계를 논한 것으로 분류할 수 있다.

1) 보살의 기원을 둘러싼 여러 설

보살(보리살타)이라는 말은 깨달음(bodhi 菩提)과 중생(satta/sattva 유정)의 두 말로 구성된 합성어로 선학들에 의해 다양한 해석이 제시되지만, 그 기원적 의미는 히가타 류쇼 干潟 竜祥가 정의한 '깨달음을 구하고 있는 유정으로 더욱이 보리를 얻는 것이 확정된 유정'[3]이 가장 명확하다는 견해가 많고, '깨달음을 가진 유정'은 일반적으로 대승불교의 해석으로 나중에 파생한 것이다.

보살의 기원을 히가타와 스기모토 탁슈 杉本 卓洲는 석존의 전생이야기로서 자타카(본생) 설화로 보고, 야마다 류죠 山田 龍城는 본생설화도 포함한 넓은 의미에서 아바다나(비유) 문학으로 본다.[4] 히라카와 아키라는 석존이 전생에서 디팡카라(연등, 정광)불로부터 미래에 부처가 된다는 예언을 받았다는 제 부파의 율문헌이나 불전문학에서 설해지는 수기설화를 기원으로 생각하여, '불전의 보살'로 부른다. 이러한 창조적인 설화기원설에 반대하여, 니시 기유 西義雄는 설일체유부(유부)의 논서에 근거하여 보살사상은 아쇼카 阿育왕 시대(기원전 3세기) 이후에 생겨난 수행자의 분류(3승인 분별)에서 생겨났다고 생각하여, 그것은 당시의 불교계에 유포해 있던 경설 등에 의거한 것으로 지적하고, 그리고 유부 논서에는 보살의 3악취 원생설이 있다고 논했다.[5]

보살관념의 출현연대에 대해 히가타는 기원전 2세기 무렵에 만들어진 바르훗트 조각에 '세존의 입태'라고 새겨지고, 보살이라는 말이 없는 것에서 기원전 1세기 중엽으로 생각했다.[6] 그것에 대해 히라카와는 후대의 산치 출토의 석존 청년기의 조각상에서도 세존으로 된 예를 들어 두 지방에서는 보살이라는 말을 사용하는 것을 바라지 않는 사람들이 있었다고 생각하여, 보살이라는 말은 기원전 2세기 무렵에는 있었다고 추측한다.[7] 결국 그 무렵에 연등불수기가 성립했다고 생각한다. 그러나 스기모토는 조각상으로는 연등불수기가 기원후의 것밖에 확인되지 않는다고 한다.[8] 그렇다면 대승흥기와 거의 같은 시기이거나 그 후가 된다. 어쨌든 기원의 보살과 대승보살의 관계가 문제이다.

2) 기원의 보살과 대승보살

히라카와는 대승 초기의 소품계 반야경에 수기를 받지 않은 '범부의 보살'이 등장하는 것에서 기원의 불전보살과 대승의 범부보살을 구별했다(출현시기는 불연속). 양자를 나누는 기준은 수기의 유무이다. 또한 히라카와는 문헌의 내용을 현실과 대응시켜, 보살이 자각을 가지고 대승을 선언하여 활동한 것은 불탑신앙의 재가자를 지도하는 자로 부파승단의 비구는 아니지만, 불탑에 사는 출가자라고 생각했다. 그 근거는 승단비구는 불탑에 사는 것이 불가능하고, 그들에게는 구족계가 있는데 반해 대승에서는 새롭게 보살계로서 10선계를 세웠다는 것에 의한다.[9] 결국 히라카와는 불탑 신앙자에게 출가지도자(보살)와 그에게 지도받는 자의 이중구조를 생각한 것으로, 구제를 구하는 무력한 신자를 보살로는 생각하지 않았다. 그것을 생각한 것은 시즈다니 마사오静谷 正雄이다.

시즈다니는 히라카와설에 강한 영향을 받아, 대승의 전단계로서 원시대승을 세우고, 그것은 범부의 '누구라도 보살'의 등장에서 시작됐다는 설을 제창했다. 그 보살은 서원을 일으켜 보살의 길로 나아가지만, 아직 대승을 선언하지 않고, 성문독각의 이승을 거부하지 않고, 불탑을 대비의 구제불로 보아 예배하고, '나무불'이라고 염송하면 수기를 얻는다고 믿는 범부의 불탑신앙자이다. 다만 여기에는 본인이

자인하는 대로 문헌적 증거는 없다.¹⁰

　　히라카와설은 많은 찬동자를 얻었는데, 사사키 시즈카佐々木閑가 그 논리적 미비점을 지적했다.¹¹ 즉, 히라카와 설은 '승단비구는 모든 성문승'을 전제로 하고 있지만, 아쇼카시대의 승단분열(파승)의 정의가 변경됨에 의해 다른 사상을 가진 비구(성문과 보살)와의 공동거주共住는 가능하고, 출가보살은 구족계와 더불어 10선계를 지켰다고 생각한다면, 부파 외의 집단을 상정할 필요는 없다는 것이다. 그리고 정의 변경의 추진자는 아쇼카와 대중부로서 유부는 변경을 거부하고(나중에 수용), 다른 부파는 왕명에 따랐다고 추측한다.¹² 그렇다면 스리랑카전도자로 아쇼카왕의 아들 마힌다는 대중부인가 하고 필자는 의심했지만, 야마자키 겐이치山崎元一에 따르면 마힌다 왕과 무관계인 서인도지방의 상좌부 장로인 듯하다.¹³ 분파사에는 여전히 풀리지 않은 문제가 많지만, 어쨌든 아쇼카왕 전후에 많은 이설이 생겼던 것은 분명하고, 남방상좌부가 이설을 깨뜨릴 목적으로 만든『논사』에서 전륜유정을 보살로 보는 설을 언급하고 있다.¹⁴ (후술한다)

3) 소부의 특수성과 팔리 주석서

　　이야기를 팔리문헌연구로 옮긴다. 보살의 논의에서 중요한 것은 남방 상좌부에만 존재하는 소부의 성립이다. 소부는 4부의 결집에서 빠진 잡다한 교설의 집성이라고 한다.

　　츠카모토 게이쇼塚本啓祥에 따르면,¹⁵ 불멸후 우선 법과 율을 암송하는 각 집단이 생기고, 각각 더욱 암송전문과 해석전문으로 나뉘어, 전자는 바나카(암송자)로 불리게 된 듯하다. 모리 소도森祖道는 소부의 성립 전에 문헌상에서 암송자의 존재가 확인되는 것은 자타카(본생)와 담마파다만으로, 본생이 아직 단경으로서 별행되었던 시기에 아쇼카왕의 전도사 파견이 행해졌다고 한다.[16] 파견자는 차치하고 이것은 그 당시의 불교의 특징을 나타내는 중요한 지적이라고 생각한다. 또한 모리는 암송자와 고 주석과의 밀접한 관계를 지적한다. 특히 본생 암송자의 경우는 주석도 동시에 배워야 하는 것이고,[17] 게송과 주석을 함께 구전했다고 한다. 그리고 서사의 개시(기원전 1세기)로부터 암송자들은 암기의 역할에서 해방되어, 각각 특정한 성전의 어구해석이나 교의를 주장하는 자로 변화해갔다고 추측한다.

시모다 마사히로 下田正弘는 대승열반경의 신층 부분이 팔리주석서의 경전해석의 형식에 일치하여 만들어졌음을 논증했다.[18] 이것은 주목할 만한 지적이다. 팔리 삼장 및 주석의 서사의 개시와 대승경전의 출현이 시기적으로 가깝기 때문이다. 대승경전의 경우는 처음부터 쓰인 것이고, 쓰인 시점을 대승흥기로 간주하지만, 그 견해는 그 이전의 구전에 의한 사상전승의 가능성을 무시하고 있다.

팔리 주석서의 고층은 인도기원의 구전에 거슬러 올라가지만, 현행 주석서의 다수는 4세기에 스리랑카에서 싱할라어로 번역된 것을 5세기 초엽에 들어온 붓다고사가 팔리어로 재번역했다고 한다. 다만 현재 그의 진작이 의문시되지 않은 것은 『청정도론』과 4부 주석서만이다. 바바 노리히사 馬場紀寿는 모리의 연구를 계승하여, 4부 주석서에 나오는 3장에 관한 기술을 분석하여, 소부가 논장보다 늦게 성립했음을 밝혔다.[19] 다만 바바도 강조하듯이, 소부의 성립과 그곳에 포함되는 각 경의 성립과는 별개의 이야기이다. 예를 들면 성립이 오래된 것인『수타니파타』(경집)도 소부에 포함된다. 오래된 경이 4부에 들어 있지 않은 것은 그것들이 4부 전승자와는 다른 사람들 사이에서 전승되었던 것을 나타내는 것이다. 사쿠라베 하지메 櫻部建

는 일찍부터 소부의 특이성에 주목하여, 소부의 고 운문 경전의 게송의 다수가 재가와 출가 공통의 전승이었다고 추측하고 있다.[20]

또한 바바는 붓다고샤가 경장의 정의에서 5부의 구성을 채용하여, 최후에 추가된『쿠다카파타 小誦』을 선두에 놓은 것을 소부라는 이름의 근거로 하고,[21] 15성전에서 '모든 붓다의 말'로 정의한 것으로 상좌부대사파의 '정전 正典'이 확정되고, 그것에 의해 그 파는 대승경전을 불설로 인정하지 않고, 최종적으로는 12세기에 대승불교를 배척했다고 한다.[22] 그러나 필자는 정전화의 시기와 대승과의 관계에 대해서는 아직 검토의 여지가 있다고 생각한다. 그것은 전거(주석서 서문)에서 후대의 증광을 의심하기 때문이고,『소송』과『아바다나』(비유)의 취급에 다른 전승이 있는 것도 신경이 쓰인다.『소송』은 재가적인 보호진언을 포함하고,『비유』는 수기설을 포함한다. 또한 15성전의 틀에 늦게 부가된『챠리야피타카』(소행장)는 바라밀을 설하고,『붓다밤사』(불종성)는 과거불과 함께 석존 전생의 자리이타의 결의와 수기와 바라밀을 설한다. 더욱이『불종성』에서는 대승의 특징인 재가나 불탑에 관한 항목이『불종성주』성립(5세기?) 이후에 부가되고 있다.[23] 이것은 상기설에 모순된다. 필자는 5세기의 한 장로[24]에게 그렇게 힘이 있었다고는 생각하지 않는다. 실질적인 승단통합자는 왕이고,[25] 정전화는 12세기까지 내려갈 가능성도 있을 것이다.

12세기라는 것은 분열해 있던 남방상좌부 3파가 통합된 시기이다. 역사서에 의하면, 스리랑카에서는 기원전 1세기에 대사파와 무외산파로 분열하여, 분열을 계기로 서사가 시작되고, 무외산파는 나중에 방등장 Vetulla-piṭaka을 받아들여, 대승을 겸학했다고 한다. 그리고 3세기 무렵 무외산파에서 더욱 기타림사파가 분파하고, 대승불교를 행하지 않고,[26] 이후 3파는 대항해가면서 병존하고 있지만,[27] 12세기 후반에 파랏카마바프 10세 왕의 명령으로 대사파 이외는 폐절됐다고 한다. 다만 대사파가 전하는 역사서에는 모순된 기술이 있고,[28] 특히 대승에 관한 기술은 신빙성이 결여된다. 더욱이 스리랑카에서는 11세기와 16세기에 승단이 괴멸하고, 최초는 버마, 다음은 타이의 비구에 의해 부흥되었다(18세기). 불교사의 재검토가 필요하다.

이상과 같이 보살에 대해서도 불분명한 점이 많다. 대승불교가 보살불교인 것은 틀림없지만, 역으로 보살을 설하면 바로 대승이라고는 할 수 없다. 부파불교의 보살이야말로 해명해야 할 중요한 과제이다. 그러나 부파불교 전체를 논할 여유는 없기 때문에, 다음 절부터 팔리문헌을 중심으로 재검토하기로 한다.

3.
소부경전에 설해진 보살

우선 문제의 소부부터 살펴보자. 다만 소부에서도『비유』는 전승에 문제를 포함하고 있고,『불종성』『소행장』은 성립이 늦기 때문에, 나중에 보기로 하고, 여기서는 그 이외의 경전을 대상으로 한다.

1) 지도자로서의 보살을 설하는 본생의 연결게송

우선 지도자로서의 보살을 설하는 본생의 게송을 다룬다. 자주 본생에 보살이라는 말은 도처에서 나온다고 말하지만, 현행 PTS판 본생은 주석서(본생주)이고,

본래의 경전인 게송의 부분에 한하면, 보살의 이야기는 547이야기 중에서 세 가지 예만 나온다.[29] 그것은 「크루법본생」과 「사라방가본생」과 「마하나라다카사파범천본생」의 마지막 게송이다. '크루왕은 보살이다. 그와 같이 본생을 기억하라!'고 설하고, 마찬가지로 '사라방가는 보살……' '대범천은 보살……'이라고 설한다.[30] 이런 보살이라는 말은 석존을 가리키지만, 어느 시대의 석존인지가 문제이다.

『본생주』는 현세이야기·전세이야기·연결의 세 단계로 구성되었고, 연결은 전세이야기의 등장자를 현세의 누구라고 연결하여, 마지막에 석존이 '그때 누구는 나였다'고 설해진 산문에서 설명한다. 문제의 세 게송도 동일한 취지라면, 보살이라는 말은 현세의 석존을 가리키게 된다.[31] 결국 보살=붓다이다. 실제 붓다를 보살로 부르는 예는 대중부의 『마하바스투』(대사)나 조각의 비문에 보인다.[32] 그러나 상좌부에도 동일한 사상이 있었다고 할 수 없다. 그것에 본래 그 세 게송이 처음부터 경전에 존재했었는지 검토할 필요가 있다.

'크루왕은 보살'이라는 게송은 게송으로만 구성되는 성전(버마판·타이판)에는 없다.[33] 그러나 양판이나 주석서에는 동일한 게송이 있다. 따라서 동일한 게송은 주석자가 만들었다고 생각된다. 다만 크루왕의 이야기는 고층에 속하고, 게송의 성립도 빠를지도 모른다.[34] 「사라방가본생」은 경전에 게송이 존재하지만, 보살이라고는 말하지 않고 '사라방가는 세간의 구세주 lokanātha이다'고 한다. lokanātha는 붓다를 가리키는 말이기 때문에,[35] 이 게송은 옛날의 사라방가는 현재의 붓다라는 의미이다. 나라다의 경우는 버마판·타이판의 경전(나라다범천본생)에서도 '대범천은 보살이다'고 한다. 그러면 이것이 보살이라는 말이 처음 나오는 듯이 보이지만, 연결게송이 없는 이본도 존재하고,[36] 이야기도 거의 게송으로만 쓰여 있기 때문에,

본생에서는 신층의 것이 되고, 고층과는 다른 기원이 된다.[37]

이상에서 추리하면, 초기의 본생에는 연결은 없고, 연결단은 본래 암송자의 해설이었지만, 나중에 일부의 암송자는 연결도 게송의 형식으로 본생에 포함시켰다고 생각된다. 그 경우 석존을 '세간의 구세주'로 부르는 계통과 '보살'로 부르는 계통이 있지만, 전자의 경우는 나중에 보살이라는 말로 변했을 것이다. 결국 〈세간의 구세주→보살〉이다.[38] 그러나 후자의 경우는 보살이라는 말이 어느 시기의 석존을 가리켰는지는 여전히 불분명하다. 어쨌든 『본생주』는 기본적으로 전생이나 금생이나 다르지 않은 존재로서 양자를 연결하기 때문에, 3인이 전세이야기 중에서 어떻게 그려져 있는지 확인해보자.

「크루법 본생이야기」는 크루국의 왕이 이른 가뭄에 고생하는 인접국에 상서로운 코끼리를 주었는데, 인접국에는 비가 내리지 않고, 이웃나라의 왕은 크루법을 지키는 것이 번영의 비밀이라고 알고, 사자를 파견하고, 사자가 크루법(재가계)[39]을 11인에게 돌아가며 물었다는 이야기로 크루왕은 베풂을 기뻐하는 덕이 있는 왕으로 재가의 지계자이다.

「사라방가본생이야기」는 목련의 전생의 악업을 설하는 것이 주제라고 하지만, 오히려 석존의 전생의 사라방가를 중심으로 이야기가 진행된다. 그는 탄생 시에 도시 중의 무기가 불탄 것에서 죠티파라火護라는 이름을 얻어, 뛰어난 군사로 발탁되었지만, 권력을 가진 위험을 고찰하고, 임명식 직전에 출가하여, 사라방가선인이 되어 신통력으로 공중에 올라 여러 욕심이 초래하는 화를 설하고, 많은 사람들을 출가시킨다. 그리고 그의 평판을 들은 3인의 국왕이 이야기를 들으려고 달려가고, 또한 제석천도 와서 사라방가에게 선악의 업에 대해 물었다는 이야기로, 사라방가는 신통력을 가진 선인으로 교계자이다.

「마하나라다범천본생」은⁴⁰ 우루베라·카사파의 전생을 설하는 것이 주제로, 그는 업이 과보를 믿지 않고 사견을 가진 왕이었다. 그 부왕을 훈계해주기를 바라는 왕녀가 하늘을 향해 기도하자, 범천이 공중에 나타나 10선을 설했다는 이야기로 대범천은 사람들을 인도하는 신이다.⁴¹ 결국 주석서의 이야기에서는 3인 모두 이타를 행하는 자로 깨달음을 구하는 수행자는 아니다. 특히 사라방가 선인의 이미지는 성도후의 석존에 가깝고, 대범천은 대승불교의 신화적인 붓다나 대보살에 통하는 것이라고 말할 수 있을 것이다.⁴²

2) 보살의 탄생을 설하는 여러 성전

다음에 최후생의 탄생 시를 보살로 부르는 예를 살펴보자. 『경집』『장로게』『우다나』에 나오지만, 제각기 내용은 다르다. 그러나 어느 것이나 보살은 수행자는 아니다.

① 출세의 목적을 이타로 하는 『경집』

『경집』제3장의 「나라카경」은 보살출세의 목적을 설한다. 보살의 탄생에 들끓는 신들을 본 아시타선인의 질문에 신들이 "보살은⁴³ [중생의] 이익과 안락을 위해 인간계에 태어났다"(Sn 683)고 대답한다. 이 보살의 말은 종래에 경의 서문의 불전부분에 있다는 이유로 성립은 늦지만,⁴⁴ 성도 이전을 설하는 석존 개인의 불전은 이것 이외는 주석서밖에 없다. 더욱이 이 경은 선인이 상을 점치는 것으로 32상이나 전륜왕에 대해 언급하지 않는다.

또한 석존의 출세의 목적은 중부 『바야베라바경』(MN 4 포해경)에서도 설해진다. 석존의 말로서 스스로 '미망이 아닌 유정이 많은 사람들을 이익과 안락을 위해 …… 세간에 나타났다'(MN i 21)고 설한다.[45] 그러나 보살로는 부르지 않는다(미정각이라는 구에 보살이라는 말이 있다. 후술). 중부경의 전승자에는 이타를 위해 세간에 출현한 자를 보살로 보는 생각은 없었던 듯하다.

② 지혜를 가진 보살의 탄생을 설하는 『장로게』

『장로게』에서는 보살은 지혜를 가진 자라고 명언한다. 가르다인 장로가 '광대한 지혜를 가진 자가 태어나셨다'고 석존을 칭송하고, '대선인의 아버지는 숫도다나, 붓다의 어머니는 마야라고 전해지고, 그녀는 보살을 출산한 뒤 [돌아가시고] 33천에서 기뻐하고 있다'(Thag 534)고 말한다. 이것은 불전의 근거가 되는 석존의 개인정보를 전하고 있지만, 어머니의 전생지를 33천으로 하는 것은 특수하고, 『우다나』나 4부 경전에 나오는 내용과는 다르다. 이것은 소부경전의 전승자에 복수의 계통이 있었다는 것을 나타내고 있는 것이다.

③ 보살의 어머니에게 상법을 설하는 『우다나』

『우다나』(자설)에서는 아난이 '세존의 어머니'가 단명했다는 것은 희유한 일이라고 하자, 석존이 '어느 보살의 어머니도 보살이 태어난 지 7일 후에 사망하고, 도솔천 가운데 태어난다'(Ud 48)라고, 세존의 말을 보살로 바꿔 복수형으로 답한다. 이것은 모든 보살의 어머니에게 공통된 상법으로서 설해진 것으로, 4부 경전이 설하는 여러 보살의 미증유법에 포함된다.

3) 미정각구와 성도설이 나오는 『무애해도 無礙解道』

소부에서 유일하게 성도설에 보살이라는 말이 사용되는 것이 『파티산비다막가』(무애해도)이다. 『무애해도』는 논서에 가까운 문헌으로 그 자리매김에서 문제가 있다.[46] 보살이라는 말은 구존장 俱存章의 제론 諦論(진리론)과 무애해론에 나온다. 「진리론」에서는 4부에 빈출하는 '일찍이 내가 아직 정각을 얻지 않은 보살이었던 때'[47]라는 구(이하, 미정각구라 부름)가 있고, 오취온의 상미·과환·출리를 완전히 궁구하여 심해탈을 성취한다고 설한다. 그러나 주석서는 그 단락이 경을 인용한 것으로 설명하고 있기 때문에,[48] 인용근거인 경에 이미 보살이라는 말이 있었는지 『무애해도』에서 삽입되었는지는 불분명하다.

「무애해론」에는 미정각구는 없고, 비팟신(비바시)보살에서 고타마보살까지 '7보살'의 성도를 설한다. 성도의 내용은 고의 원인(집)에 대해 눈·지·혜·명·광의 5법이 생기고, 고의 멸에 대해서도 같은 5법이 생긴다고 하는 것으로,[49] 불완전한 4제설이라 할 수 있다. 이것은 초전법륜에 대해 해석한 문구이지만, 상응부 『전법륜경』에 나오는 성도설과는 일치하지 않고, 상응부 『나가라경』(SN 12.65 성읍경)이나 장부 『마하아파다나경』(DN 14 대본경)의 성도설과 부분적으로 일치한다.[50] 『성읍경 城邑經』은 석존의 성도를 '과거의 정각자들이 거친 오래된 길을 발견했다'고 설했기 때문에, 과거불사상의 성립근거가 된 경으로, 나중에 『대본경』 등에서 구체적으로 과거7불이 설해지게 되었다고 한다(다만 『장로게』제490게도 7불의 이름과 「행한 길」을 설한다). 그 과거불과 보살과 성도설이 결합된 이유는 뒤에서 생각해보자.

4.
4부 경전에 설해지는 보살

4부 경전에서 보살은 소부경전에 나올 것 같은 지도자나 이타행자나 지혜자로서는 설하지 않는다. 보살이라는 말이 나오는 것은 미정각구가 있는 경과 보살의 입출태의 미증유법을 설하는 경, 그것에 비바시보살의 불전을 설하는 『대본경』에 한정된다.

1) 미정각자로서의 보살

미정각구는 장부에는 아예 없지만, 중부·상응부·증지부에서 30경, 계 404회 이상 나온다.[51] 이 보살이라는 말은 일찍부터 선학들에 의해 후대의 삽입이 의심되었고, 팔리에 보살이라는 말이 있고 대응하는 한역에는 없는 예가 몇 가지 지적되고 있다.[52] 다만 충분하다고는 말할 수 없다. 재조사하면, 30경 가운데 대응한역이 있는 경은 약 반수이고,[53] 그 가운데 한역에도 보살이라는 말이 있는 것은 『성읍경』뿐이었다. 그러나 그 대응한역의 두 경전 중 『증일아함』에는 보살이라는 말이 있고,[54] 『잡아함』에는 없고 또한 범본에도 없다.[55]

따라서 본래 문제의 구에는 보살이라는 말이 없었다고 생각된다. 거꾸로 생각해보면, 정각을 얻기 이전을 보살이라고 부르는 생각은 『증일아함』의 전승자의 설을 도입했거나, 남방 상좌부에서 생겼거나, 또는 소부 성립 후에 『무애해도』의 설을 채용했을 것이다.

2) 보살의 입출태의 미증유법

보살의 입출태의 미증유법은 '보살이 정념정지를 가지고' 입태·출태했다고 설하고, 그때 광명이 출현했다는 경전과 지진이 발생했다는 경전, 그리고 그 양쪽을 설하는 경전이 있다.

광명을 설하는 것은 증지부 제4집 「포외품」 제127경으로, 이 보살이라는 말은 본래 여래의 말이었다고 생각된다. 그것은 문맥이나 주석서가 제시하는 경명(여래희유경)에서도 증명된다.[56] 지진을 설하는 것은 장부 『대반열반경』(DN 16)과 증지부 제8집 「지진품」 제70경이다.[57] 전자의 범본과 대응한역, 후자의 대응한역 어느 것이나 보살이라는 말이 있다.[58] 그렇지만 『장부주』의 대반열반경의 주석에 여기에서 '많은 항목이 전해지지 않는다'(DA ii 440)고 보충하고, 지진을 들고 있다. 더욱이 같은 주석서의 다른 곳(DA ii 559)에서 지진발생의 8원인 가운데[59] 보살의 입출태 등의 6원인은 『대본경』에서 설해졌다고 해설한다. 이 주석문으로부터 4부 경전의 미증유법에서 최초로 보살이라는 말이 사용된 것은 『대본경』임을 알 수 있다. 이 경은 광명과 지진과 양쪽의 발생을 설한다.

또한 광명과 지진을 설하는 것은 『대본경』 이외에 중부 『희유미증유법경』(MN 123)도 있고, 미증유법의 내용(10수 항목)은 거의 같은 것이지만, 『희유미증유법경』에서는 석존이 입출태시의 과거불을 '여래'로 부르고, 아난이 다시 설하는 문구에서 여래를 '보살'로 바꿔 말한다. 하지만 『중부주』의 인용문에는 보살이라는 말이 없다.[60] 따라서 본래 중부경전에는 보살이라는 말은 없고, 나중에 여래에서 보살로 변환이 이루어졌다고 생각된다. 다만 변환시기의 확정은 어렵다. 문제의 인용문이 고주석의 전사일지 모르기 때문이다. 다음은 문제의 『대본경』을 살펴보자.

3) 비바시보살의 불전을 설하는 『대본경』

『대본경』은 보살이라는 말이 나오는 방식이 단락마다 다르다. 우선 경의 전체 구성을 설명해두면,[61] 『대본경』의 전반은 비바시에서 고타마까지 과거7불을 설하고, 후반은 비바시의 불전을 설한다. 불전 가운데 성도전은 3단으로 나뉜다. 최초의 단은 입출태시의 미증유법을 설한다. 그 최초에 한 번만 '비바시보살'이라는 말이 나오지만 뒤에는 계속 '보살'이라는 말이 나온다. 제2단에는 어린아이에게 갖추어진 32상을 본 선인의 예언(전륜왕이나 정각자)에서 출가 전까지, 여기는 '태자'라는 말이 사용되고, 보살이라는 말은 없다. 제3단은 출가 후에서 성도까지로 모두 '비바시보살'이라는 말이 사용된다.[62] 결국 미증유법과 성도설에 보살이라는 말이 사용된 것이다.[63]

성도설은 『대본경』 외에 상응부의 인연상응의 7경(SN 12.4-10)에서도 설해지지만, 비바시보살에서 고타마보살의 이름이 나오는 것에 더해,[64] 완전한 12지연기를 설하기 때문에, 10지연기의 『대본경』 쪽이 역시 오래되었다.

이상과 같이 4부 경전에 나오는 보살이라는 말은 후대의 변환이나 삽입을 제외하면, 과거불의 보살뿐이고,[65] 그것이 처음 나오는 것은 『대본경』이다. 또한 과거7불에서 과거의 붓다를 더한 25불설의 붓다는 소부에만 나오고, 부처이름과 보살이라는 말을 조합한 것은 아니다.[66] 그리고 7불이름의 보살은 성도설에 나오는 것이 특징으로(최초의 비바시라는 말은 삽입일 것이다), 남방상좌부에서는 미증유법이 성도설보다 성립이 빠른 것이다. 그것은 『논사』의 보살론에서 확인할 수 있다.

5.
『논사』의 보살론

『논사』(기원전 2-3세기 무렵)에서는 상술한 보살설에 관련한 논의가 전개된다. 그것은 탄생에 관한 논의(상론과 자재욕행론)와 성도에 관한 논의(입결정론·결경자입결정론)이다. 다만 후자의 성도에 관한 논의는 『대본경』 등 7불보살의 성도설과 다르고, 어느 것이나 전생을 논하는 것은 주의해야 한다.

1) 대인상을 가진 전륜유정과 보살(상론 相論)

「상론」(Kv 283-286)은 위대한 사람의 상을 가진 전륜유정 cakkavatti-satta은 보살이라는 설이지만, 이것은 대인상을 가진 자는 전륜왕이나 정각자나 두 길밖에 없다는 교설[67]을 오해한 삿된 설이라고 남방 상좌부는 부정한다. 역으로 그들이 인정하는 보살이란 '전생사·전생행·법화·법설'[68]이 있고, 그리고 출생 시에 신이 받고, 4천이 어머니 앞에 두고, 차고 따뜻한 두 비가 내리고, 7보를 걷고 세간에서 가장 존귀하다고 선언한 자로 더욱이 그때에 광명이나 지진이 발생하고, 신체에 빛이 있고, 큰 꿈을 보는 자라고 한다. 후반 부분은 전술한 미증유법에 상당하지만, 『대본경』보다 항목수가 적다(신체의 빛이나 큰 꿈은 미증유법에 포함하지 않는다). 또한 대인상을 32상으로 특정하는 것은 다른 논사의 인용경전 중에서만 보인다. 남방 상좌부는 32상을 중시하지 않았다. 하지만 「상론」의 최후는 다른 논사의 주장으로 끝나고, 반론하지 않는다. 다른 설을 수용한 것일 것이다(『대본경』이 증거이다).

『논사주』에서는 상론을 북도파의 설로 한다. 그 파는 서북인도에 있었던 여러

파의 총칭이라고 생각된다.⁶⁹ 같은 지방에서 세력이 있었던 유부는 붓다를 만나 미래에 32상을 지니고 업을 지은 자를 보살로 한다. 그러나 유부가 대승화한 것은 아니다. 실제로 그 유부의 보살론을 『대지도론』이 크게 비판하고 있다.⁷⁰

2) 미래성불의 결정과 범행개시(입결정론과 결정자 입결정론)

「입결정론」(Kv 286)은 보살이 과거7불의 제6캇사파(가섭) 부처의 가르침을 따라 미래에 정각에 이른다고 결정하고, 범행했다는 설이다.⁷¹ 그러나 남방 상좌부는 석존이 최후생에서 다른 스승을 따라 고행한 것을 전생에서 현관을 얻지 못한 증거로 하고, 가섭불이 성문은 아니었다고 부정한다.

『논사주』에 따르면, 이것은 대중부계의 안다카파⁷²의 설로 『가티카라경』(도사경)에 근거한다고 한다. 그 파의 경전은 불분명하기 때문에 중부경전(MN 81)에서 내용을 소개하면,⁷³ 도사는 가섭불의 재가 시자이고, 친구인 죠티파라(火護 석존전생)가 붓다를 비방하고 만나려고 하지 않는 것을 고심하여 붓다를 만나게 하여, 그것에 의해 죠티파라가 가섭불 앞에서 출가수계를 한다는 설이다. 그러나 팔리『도사경』에는 보살이라는 말이 없고, 또한 대응한역의 중아함경에도 보살이라는 말은 없다.⁷⁴

하지만 경의 내용으로 보아 이 이야기가 발전하여 후대에 전생의 발심이나 수기설이 생겼을 가능성이 있다. 예를 들면 『대사』에 나오는 설화에서는 죠티파라의 이타의 서원에 가섭불이 수기를 주고, 그는 보살로 불리고 있다.⁷⁵ 『바사론』에서는 도사 쪽이 석존의 전생으로 '광치'라 하고, 그때에 처음으로 발보리심을 했다고 나온다.⁷⁶ 어느 것이나 이름이 붓다와 관계한다.⁷⁷ 그래서 후에 연등불(등화를 만드는 자)이 나중에 수기불로 된 것은 아닐까. 아마도 사라방가 본생이야기(탄생 시의 무기가 불탄 인연과 죠티파라의 이름)도 관련이 있을 것이다.

「결정자 입결정론」(Kv 480)은 입결정론의 발전형으로 전생에서 결정자가 된 자가 최후생에 다시 결정자가 된다는 이설이다. 『논사』의 단계에서 수기라는 말은 나오지 않지만, 『논사주』는 수기를 얻은 보살은 미래에 깨달음을 얻는 것이 결정됐다고 말해지기 때문에, 이설자가 그것을 결정자가 됐다고 오해하여, 최후생에 법의 현관을 얻을 것을 가리켜 결정자가 결정에 들어간다고 이설자는 주장했다고 설명한다. 이것도 최후는 이설자의 주장으로 끝나고, 반론은 없다. 나중에 이설과 같은 수기설화를 도입했기 때문일 것이다. 『논사주』는 이설자를 동산주자 東山住者와 서산주자 西山住者로 한다.

3) 보살의 원생(자재욕행론)

「자재욕행론」(Kv 623-625)은 보살이 스스로 원하여 지옥이나 축생계에 가고, 모태에 들어가고, 난행을 하고, 다른 (외도) 고행을 하고, 다른 스승을 따른다는 설이다. 이것은 악취원생을 말하지만, 남방 상좌부는 그와 같은 것을 설하는 경은 없다고 부정한다. 『논사주』는 이것을 안다카파의 설로 하고, 「6아상본생 牙象本生」에 근거한다고 기록한다.

그러나 『본생주』(JA v 36-57)에는 같은 이름의 본생이 존재한다. 그것은 석존의 전생인 코끼리왕이 질투한 본처가 보낸 사냥꾼에게 나아가 상아를 자르게 했다는 이야기이다. 그것을 다른 부파에서 원생으로 보았을 것이다 그리고 '모태에 들어가' 이하의 부분은 『본생주』의 서문 「니다나카타」(JA i 51)에 나오는 코끼리의 모습으로 도솔천에서 내려와 입태하는 불전이 맞는 것 같이 생각된다. 다만 그것은 전생이야기는 아니고, 석존의 최후생의 입태이다.

그런데 히가타가 지적한 바르훗트 조각에서 세존의 입태도는 코끼리의 모습으로,[78] 코끼리 형태의 입태설은 대중부계의 설이다.[79] 그러면 이것도 상좌부대사파가 후대에 이설을 도입한 증거가 될 것이다.

어쨌든 이상과 같은 보살의 논의가 자타설을 망라하는 『논사』에서 이미 행해지고, 전생의 수행이나 결정자를 논하면서 수기를 언급하지 않는 것은 수기설의 성립이 기원전 2세기보다 늦는 것을 나타낸다. 더욱이 수기를 언급하는 『논사주』에서도 아직 연등불의 이름은 나오지 않는다. 이것으로 연등불수기가 보살의 기원이 아니라는 것은 증명되었다고 생각한다.

6. 연등불 수기 설화와 결의 · 수기 · 바라밀

상술한 바와 같이 연등불 수기는 보살의 기원으로는 생각되지 않지만, 일반적으로 서원 · 수기 · 바라밀이 보살의 수행도가 된다. 거기서 남방상좌부에서 보살의 수행도의 성립을 생각해보자.

1) 2종의 연등불 수기 설화

연등불 수기는 『비유』와 『불종성』 제2장 중 「수메다이야기」에서 설해진다. 『비유』의 연등불 수기는 성문의 전생이야기 가운데 나온다. 주된 것은 '단마르치 장로

의 비유'와 '야소다라장로니의 비유'이다.⁸⁰

단마르치는 옛날 메가·바라문 학동이었을 때, 수메다(석존전생)의 친구로, 연등불이 그에게 수기하는 것을 듣고, 함께 출가했지만, 그 후 악업을 짓고 악취에 전생하고, 거대한 물고기였을 때 붓다의 이름을 듣고 전생을 떠올리고, 윤회 전생하여 석존을 재회하고, 출가했다는 이야기이다. 야소다라는 그녀가 전생에 바라문의 딸이었을 때 수메다를 만나고, 연화를 그에게 바치고, 그 연꽃으로 수메다가 연등불을 공양하여, 수기를 받았다는 이야기로, 수기내용은 딸이 미래에 그의 처가 되고, 그의 바라밀 실천을 돕는다는 것이다.

이 두 이야기는 북전의 설명설에 가깝다. 북전의 연등불 수기에서는 반드시 딸이 등장하고,⁸¹ 딸이 바친 연꽃에 의한 꽃 공양과 부처를 위해 자신의 머리로 진흙길을 덮는 포발을 설한다. 그것과 더불어 『대사』나 『디뷔아바다나』 『증일아함』에서는 악업을 지은 친구의 이야기도 나온다.⁸² 다만 각 이야기의 세부에는 상위가 있고, 전생의 이름도 다르다. 일치하는 것은 연등불의 이름과 수기했다는 상황뿐이다. 그래서 여러 선학들에 의해 수기설의 원형은 부파분열 전에 성립하고, 나중에 각 부파에서 각색되었다고 생각되지만, 역으로 모든 문헌에서 일치하는 점이야말로 후대에 생겼을 가능성도 있다. 아무튼 여기서는 『비유』와 「수메다이야기」에 차이가 있다는 것을 확인해둔다.⁸³

「수메다이야기」에서 수메다는 붓다를 만나기 전에 출가하여 혼자 고행하고, 신통력을 얻어, 공중을 날아 마을에 가서 연등불을 만난다. 이 이야기에는 친구나 딸이 등장하지 않고, 꽃 공양도 없다. 포발하면서 결의한다(결의에는 8조건이 붙는다. 또한 『비유』에는 수메다의 결의는 나오지 않는다⁸⁴). 그 결의 abhinīhāra는 곧 번뇌를 멸하기나, 혼자 피안에 건너간다는 것이 아니라, 미래에 붓다가 되어 중생구제를 하려 한다는 것이고,[85] 이승이 아니라 보살승에 들어가는 것을 암시한다. 그리고 단순한 발보리심과는 다르게 이타를 포함하는 것이 특징이고, 대승보살의 네 가지 큰 서원과 큰 차이가 없다. 다만 거기에는 북전에서 서원을 나타내는 술어(praṇidhāna 등)는 없다(『비유』에서는 다른 이야기로 사용된다).

그 결의를 알게 된 붓다는 그에게 수기를 준다. 수기 후 불가사의한 현상이 일어나고, 일만 세계에 머무는 자(신들)가 '옛날의 여러 보살'(Bv 14 v. 82)과 같은 조짐이 나타났다고 기뻐하며 미래의 성불을 예언한다. 그리고 수메다는 선정을 하면서 작불의 법으로서 10바라밀을 순서대로 스스로 발견한다. 그 제1바라밀을 발견하는 장면에서 바라밀을 '옛날의 대선인들이 거친 대도'라고 한다.

결국 「수메다이야기」는 결의의 이야기(다른 기원)에 수기 · 바라밀을 조합하는 것으로, 수행완성자 공통의 수행도를 설하는 목적에서 만들어진 작품이라고 생각되는 것이다.

2) 「수메다이야기」와 『불종성』의 관계

여기서 「수메다이야기」와 『불종성』의 관계를 확인해두자. 자세한 것은 앞에서 발간한 별고에 넘기기로 하지만,[86] 양자는 별개로 성립하고, 「수메다이야기」는 나중에 『불종성』에 삽입되었다고 생각된다. 그리고 본래의 『불종성』에서는 석존의 전생의 이야기를 포함하고 있지 않았던지, 또는 그 내용이 다르고, 결의하는 때의 부처도 연등불에서는 없었다고 생각된다. 왜냐하면 『불종성주』의 서장의 주(BvA 62)에서 '우리들의 세존이 결의하기 전'에 출현한 네 붓다 가운데 한 사람으로서 연등불의 이름을 들고, 특별하게 취급하지 않기 때문이다. 그러한 표현에서 결의하는 때의 붓다는 다음의 콘단냐 붓다의 때로 받아들여질 수 있다.[87]

현행 『불종성』에서는 연등불 이하 24불이 모두 옛날의 석존에게 수기를 주었지만, 콘단냐 불의 수기는 「단마르치장로의 비유」에 나오는 연등불 수기와 거의 동일하고, 비바시불의 수기는 그것에 불전적인 요소가 부가된다. 이른바 수기에 소부의 비유계와 4부의 대본경계가 존재하는 것이다. 「수메다이야기」의 연등불 수기는 두 계통의 요소를 포함하기 때문에 그 성립은 새롭다. 역으로 말하면, 『비유』의 연등불 수기는 「수메다이야기」의 연등불 수기보다 오래된 것이다. 필자는 상좌부 대사파가 「수메다이야기」를 『불종성』에 삽입한 단계에서 대승사상을 도입하면서 자파류에 응용했다고 생각하고 있다. 그것은 바라밀설에서 확인할 수 있다.

3) 10바라밀의 성립과 30바라밀

대승보살의 수행은 일반적으로 6바라밀(보시, 지계, 인욕, 정진, 선정, 지혜)이지만, 유가행파는 10바라밀(6바라밀에 방편, 원, 력, 지를 부가)설을 취하고, 남방상좌부도 10바라밀이 기본이다(내용은 상기와 다름). 그러나 『소행장』은 각 바라밀을 다한 석존의 전생을 설하는 경전이지만, 실제로는 바라밀 pāramī이라는 말은 부가의 가능성도 있는 결말의 게송에만 나오고, 더욱이 본문에는 보시·지계·출치·진실·결정·자·사라는 7종의 바라밀만 나온다. 10바라밀에는 인욕, 정진, 지혜가 결여되어 있다. 이 세 가지는 대승의 6바라밀에 포함되기 때문에, 10바라밀은 전자의 7에 후자의 3을 부가하여 만들었다고 생각된다. 선정이 들어 있지 않은 것은 「수메다이야기」에서 10바라밀의 발견 전에 선정은 바라밀(최고)에 도달해 있었다고 말해지고 있기 때문이다.[88]「수메다이야기」가 대승사상을 도입하고 있는 것은 틀림없다. 그것은 용어에도 나타난다. 『소행장』『비유』에는 pāramī라는 말만 나오지만, 「수메다이야기」에서는 바라밀을 발견하는 게송은 pāramī가 사용되고, 그 직후의 게송은 대승과 동일한 pāramitā가 사용되거나, 혼재되어 있다.

남방 상좌부의 10바라밀은 대승 6바라밀보다 출가적인 요소가 매우 엄격하지만, 『불종성』의 서장에서는[89] 10바라밀에 다시 3단계를 세우고, 최상의 바라밀에서는 생명을 버리는 실천을 한다. 하지만 바라밀의 3단계설은 대승의 경론에도 보이는 것이다.[90] 3단계설(30바라밀)은 대승의 영향을 받아 성립했을 것이다.

그런데 바라밀이라는 말이 나오는 『비유』『소행장』에는 보살이라는 말이 없고, 『불종성』도 앞에서 언급한 「수메다이야기」 중 복수형의 한 표현을 제외하면, 보살이라는 말은 나오지 않는다. 그것은 남방 상좌부에서 본래 보살이라는 말이 전생의 수행과는 무관계였다는 것을 나타낸다. 남방 상좌부에서 바라밀행자를 보살로 부르는 것은 주석서이기 때문이다.[91]

7.
팔리 주석문헌의 보살

남장상좌부 대사파의 정통인 4부주석과 그 복주, 그리고 소부 주석의 『소행장주』를 살펴보자. 거기서 대사파의 보살사상의 변천을 해명하는 실마리가 숨겨져 있다. 그 연구는 동시에 불교사의 구명에 역할을 한다.

1) 4부 주석서에 나오는 보살의 정의

붓다고사의 저작인 4부 주석에서는 각 주석서의 처음에 보살이라는 말이 나오는 곳에서 보살의 어의해석을 한다. 『중부주』와 『증지부주』의 내용은 거의 같기 때문에, 전부 3종으로 정리된다.[92]

『장부주』에서는 『대본경』의 비바시 보살전의 부분에서 다음과 같이 나온다(DA ii 427).

(1) 보살(bodhi-satta, 보리살타, 覺有情)이란 [ⓐ] 현명한 유정 paṇḍita-s., [ⓑ] 깨달음을 성취하는(깨닫는) 유정 bujjhanaka-s.이다. 또는 [ⓒ] 깨달음에 의해 고려된 bodhi-saṅkhāta 4도에 집착하고 satta 고집하고 āsatta 고착심을 가진 자[라는 의미로] 보살이다.

이 주석부의 전반 ⓐ는 입출태시의 미증유법을 설하는 부분에 대한 해석이고, ⓑ는 성도설에 대한 해석일 것이다. ⓒ는 보충설명으로 이 4도는 예류도에서 아라한도까지를 가리키는 듯하다. 여기서 satta를 범어의 sattva(유정)가 아니라, sakta(집착했다)로 해석하고 있지만, 그것은 팔리의 용례로서 일반적이지는 않다.[93]

또한 『중부주』와 『증지부주』을 살펴보자. 전자는 중부 『포해경』(『경집』에서 언급)이고, 후자는 증지부 제3집 「등각품」 제101경에 나오는 미정각구에 대한 주석이다(MA i 113, AA ii 365).

(2) '보살이었던 때'란 [ⓑ] 실로 깨달음을 성취하는 유정, 실로 정각에 도달할 만한 유정이었던 때. 또는 [ⓒ] 깨달음에 집착하고, 집착하는 자였던 때. 왜냐

하면 디밤카라(연등)이 세존의 발아래서 8조건을 결합하여 결의를 성취한 이래, 여래는 깨달음에 집착하고, 고착하여, '나는 그것에 도달해야 한다'고 그것에 도달하기 위한 노력을 방기하지 않고 찾아왔다. 따라서 보살이라 한다.

이것은 미정각구에 대한 주석이기 때문에 ⓐ '현명한 유정'이 해석은 아니라, ⓑ에서 '정각' 운운하는 해석을 더하여 보살은 아직 정등각자가 아니라는 것을 강조하고 있다. ⓒ에서는 4도가 빠지고, 이유로서 연등불의 발아래서 결의와 8조건을 든다. 이것은 「수메다이야기」에 근거한 것이지만, 수기나 바라밀에 대해 언급하지 않고, 더욱이 내용은 여래의 정의로도 말할 수 있는 점은 유의할 필요가 있다. 당시는 다른 종류의 결의만을 설하는 이야기가 존재했을지도 모른다.

마지막으로 『상응부주』를 살펴보자. 이것은 과거7불보살의 성도를 설하는 7경의 최초 「비바시경」의 부분에서 나온다(SA ii 21).

(3) '보살이었던 때'라고 말하지만, 이 가운데 '보리' bodhi란 지혜이다. 보살은 [ⓐ] 깨달음을 가진(bodhiyā/bodhimā 후자는 비르마판) 유정이고, 지가 있는 자, 혜가 있는 자, 현자라는 의미이다. 왜냐하면 과거 제불의 발아래에서 결의한 이후 이러한 유정은 실로 현자이고, 우둔한 자는 아니라고 [말해지기 때문이다].

또는 [ⓑ] 물로부터 위로 나와 솟은 성숙한 연꽃은 태양 빛을 쐬면 반드시 피기 [때문에] 피기 시작하는 연꽃이라고 하듯이, 실로 그와 같이 제불 앞에서 수기 vyākaraṇa를 얻기 때문에, 보살은 제바라밀을 끊임없이 다하여, 반드시 깨달음을 성취하려고 [하는 의미로] 깨달음을 성취한 유정이라고도 [말해진다]. [ⓒ] 또한 보살은 이4도의 지혜에 의해 고려된 깨달음을 계속 갈망하면서, 깨달음을 일으킨다고 [하는 의미로] 깨달음에 집착하고, 고집하는 자로도 [불린다].

ⓐ에서 새롭게 '깨달음을 가진 유정'이라는 해석이 나오지만, 이 해석은 새로운 것이라고는 할 수 없다. 문법적으로 가장 보통이다. 여기서 주목할 것은 결의를 들고, (2)와 다른 것이다. 그리고 후반 ⓑ에서는 지금까지 나오지 않은 수기와 바라밀을 이유로 든다. 그리고 ⓒ에서 다시 4도를 말하지만, (1)과는 의미가 미묘하게 다르다. 이러한 상위는 모두 저본의 고주석에 근거한 것일까. 실은 이런 표현은 『증지부복주』(11세기의 사리풋타 저작[94])에 나오는 문장과 거의 같은 내용이다(순서는 ⓑⓒⓐ). 이러한 경우 복주가 선행주석서를 참고했다고 생각하는 것이 일반적이지만, 상응부의 주석과 복주를 비교해보면, 부자연스러운 상위가 있다. 그러면 주석 (3)은 붓다고사가 전부를 쓴 것이 아니라, 사리풋타가 가필했다고 생각하는 쪽이 합리적일 것이다.

이상에서 주석서시대(5세기 무렵), 남방 상좌부에서 보살에 대한 견해가 정해지지 않고,[95] 그 후 결의·수기·바라밀이 합쳐진 수메다 이야기를 『불종성』 가운데에 도입한 것으로 남방 상좌부 대사파에서 보살의 수행도가 완성됐을 것이다. 그것은 복주제작시대(12-14세기 무렵)로 생각된다.[96]

2) 소부 주석서와 4부 복주에서 보살의 행도

현재 팔리문헌은 모두 대사파의 것이지만, 대사파의 정통인 붓다고사4부 주석과 소부의 제 주석서에서는 사상적 경향이 다르다. 특히 담마파라의 『소행장주』는 대승적인 해석을 하는 것이 특징으로 바라밀에 관한 논의(잡론) 중에서 붓다고사의 『청정도론』을 성문의 행도로 하고, 대보살에게는 그것에 덧붙여 비심과 선교방편이 필요하다고 명언한다(CpA 313-314). 잡론에서 그 내용의 일부는 대승의 『유가사지론』「보살지」와 공통된다.[97] 다만 동명(다른 사람이라고 필자는 생각한다)의 담마파라 저작 『장부복주』의 바라밀의 논의(광설)에는 「보살지」와 공통된 내용은 나오지 않고, 저자는 붓다고사의 주석에 따른다. 하지만 흥미 있는 것으로 양쪽에 '대승보리'라는 말이 나타나는 것이다.

【소행장주】 [결의를] 일으키는 것과 함께 위대한 사람은 대보리승의 행도 mahābhodhiyāna-paṭipatti에 들어간 자가 되고, 결정자 niyata에 도달하는 것으로부터, 그것(결의) 이후 불퇴전의 자성을 가지게 되는 것에 의해, '보살'이라는 명칭을 얻는다(CpA 284).

【장부복주】 결의한 후 정각에 이르기까지 이 사이에 대보리승의 행도에서 퇴실·정체·오염·소실이 없는 것으로부터, 서원 praṇidhāna 대로 그대로 간 tathāgata, 결의에 상응하게 행도했다는 것으로, '타타가타'이다(DṬ i 141).

양자는 비슷하면서도 다르다. 전자는 결의에 중점을 두고, 미래에 붓다가 되는 것이 결정된 자를 '보살'로 부른 것에 비해, 후자는 수행에 중점을 두고, 수행을 완성시킨 자를 'tathāgata(여거·여래)'로 부른다. 전자가 말하듯이, 결의하면 보살이라고 한다면 누구라도 보살이 될 것 같지만, 상좌부계에서는 어렵다. 남북 양전 모두 붓다를 만나는 것을 조건으로 하기 때문이다(이유는 다르다). 석존 열반 후 무불의 시대에는 새로운 보살은 탄생하지 않는다. 만약 이 세상에 보살이 있다면, 전생에서 붓다를 만나 결의한 자이다(『법화경』「비유품」에서 석존이 사리불에게 전생부터의 연을 알리는 것은 그 때문일 것이다).

그러나 지금부터라도 보살이 되는 길은 있다. 다른 세계의 붓다를 만나면 되는 것이다. 시방에 붓다가 있다는 설은 이미 『논사』에 나오고 있다(대중부설).[98] 대승불교는 명확하게 현재의 동시다불을 설한다. 이것이 부파불교와 가장 크게 다른 점이다. 그러나 남방 상좌부에서도 『비유』의 서두 부분 「제불의 비유」에서는 현재 시방불을 설한다(Api 5). 그 내용은 대승경전과 크게 다르지 않다. 그러나 『비유주』는 복수형의 붓다라는 말을 벽지불이나 과거불로 해석한다. 이와 같이 남방 상좌부의 문헌은 그 안에 다양한 계통의 사상을 포함하고 있다. 하나의 시간 축에서 사상의 흐름을 생각하면, 진실을 잃어버린다.

8.
맺음말_보살사상의 전개를 고려하여

팔리문헌에 의한 보살연구에 손을 댄 이후, 그 복잡함에 머리를 어지럽히고, 결론은 낼 수 없다고 체념하였지만, 겨우 흐름이 보였기 때문에, 언급해두고자 한다. 우선 보살이라는 말이 나오는 문헌을 자리·이타로 나누어 정리해보자.

구분	소부	4부 경전	『논사』
I 자리	본생게(대범천등), 경집		자재욕행론
II 중립	장로게, 우다나(미증유법)	대본경(미증유법)	상론(자설은 미증유법)
III 자리	무애해도(성도설)	대본경(성도설)	입결정론·경자입결정론
	무애해도(미정각구)	중-증지부(미정각구)	
IV 자리이타	수메다이야기		

4부 주석서의 해석에서 ⓐ현명한 유정·깨달음을 가진 유정은 II에, ⓑ깨달음을 성취한 유정은 III에, ⓒ깨달음에 집착하는 유정은 IV에 대응한다. 남방상좌부 정통파(4부 전승자)에 한정하면, 보살과 이타와는 관계가 없다. 그러나 전불교적 세계로 본다면, 보살은 이타를 행하는 자로 등장하고, 원의는 '깨달음을 가진 유정'이었을 가능성이 높다. 석존은 태어나기 전부터 깨달아 있었다. 그렇게 생각하면, 보살사상의 전개가 매끈하게 설명된다. 역으로 그렇지 않다면, 초기대승경전에서 갑자기 신화적인 보살이 등장한 이유가 설명 불가능할 것이다.

그 보살은 입태 이전은 천상의 신이고, 인간은 아니기 때문에 satta로 부른다. 깨달아 있는 자가 이 세계에 하생하는 목적은 성도후의 석존을 보면 이타밖에 없다. 그리고 이타를 위해 축생 등에도 생을 취한다고 생각하는 자도 있었다(자재욕행론). 그리고 깨달음을 가진 자가 태어나기 때문에, 입출태시에 미증유의 것이 일어나거나, 대인상을 가지는지를 생각한 것이다(상론). 그리고 입태 이전부터 깨달아 있었다고 생각했기 때문에 바로 수행의 개시시기 등 전생이 문제가 된 것이다(입결정론·결정자입결정론). 석존의 전생 악업을 설하는 경(도사경)이 있거나, 『논사』에서 남방 상좌부가 석존은 가섭불의 성문이 아니었다고 주장하기도 하는 것은 전생에서 아라한에 도달해 있다면 전생하지 않는다는 사상이 있기 때문이다. 이것이 포인트이다.

그래서 보리수 밑에서의 성도 이전은 깨달음은 있어도 아직 완전한 깨달음(정각)에 도달하지 않았다고 생각하여, '미정각의 보살의 때'라는 어구가 생겼다. 한편 전생을 추구한 자는 보생설화에 나오는 재가의 복덕행이나 미래의 성불을 위한 수행으로 생각했다. 이렇게 보살에게 깨달음을 추구하는 수행자의 의미가 부가되었다. 그것은 예류도에 들어가면 미래에 정각에 이르는 것이 결정된다는 교설을 응용한 것이다. 그러면 재가에서도 결심하면 보살이라는 생각도 생긴다. 그러나 비구의 일부는 보살로 간주하는 자격이나 조건을 생각하여, 전생의 수기나 어려운 바라밀행을 필수로 했다. 그것은 보살은 특별한 존재라고 생각했기 때문이다. 또한 석존의 깨달음은 과거불과 동등하다고 하여, 석존은 '여래'로 불리었다. 과거불-여래-보살의 연결로부터 제보살의 상법이 설해졌을 것이다.

자! 그렇게 생각하면, 석존은 이미 깨달아 있었는데, 중생이익을 위해 인간계에 하생하여, 성도·설법·열반한 것이 된다. 그렇다면 마찬가지로 지금도 깨달은 자(여래 또는 보살)로서 어딘가에 존재한다고 생각한다면, 그대로 대승경전이 설하는 사상으로 연결된다. 또한 인도의 민중에게는 신의 화신에 의한 구제설이 믿어지게 된다. 대범천을 보살로 부른 것도 보살에게 바라문 기원설의 32상을 말하는 것도 그 영향이 생각된다.

1 平川彰, 『平川彰著作集3 初期大乗仏教の硏究I』(初版『初期大乗仏教の硏究』, 1965), 春秋社 (1969), pp. 235-328이 지금까지의 연구사를 상세하게 소개. 平川彰, 『講座大乗仏教I 大乗仏教とは何か』(初版 1981) (1995), pp. 1-58에 개설. 三枝充悳, 같은 책(『講座大乗仏教I』), pp. 89-152는 선행연구의 원문을 풍부하게 인용. 梶山雄一, 「菩薩・大士の語義について」『三蔵集』4, 大東出版社 (1978), p. 81. 杉本卓洲, 『菩薩ージャータかからの探求』, 平楽寺書店 (1993), pp. 193-205.
2 최근 팔리주석서의 중요성이 인식되어 왔다. 森祖道, 「パーリ註釈文献硏究の現状と展望(1) — 1984年以降の日本人の業績」『仏教硏究』35 (2007), pp. 61-77.
3 干潟龍祥, 『本生經類の思想史的硏究』(改訂增補版), 山喜房仏書林 (1978), pp. 56-57.
4 山田龍城, 『大乗仏教成立論序説』, 平楽寺書店 (1959), p. 158.
5 西儀雄, 『阿毘達磨仏教の硏究』, 国書刊行会 (1975), p. 168f, 그것에 대해 平川彰, 「説一切有部と菩薩論」『三蔵集』3, 大東出版社(初版1975) (1978), pp. 65-78이 비판. 그 반론은 西儀雄, 「阿毘達磨仏教における仏陀の本願説ー附. ぼさつの悪趣願生説」『東洋学硏究』10 (1976), pp. 1-36.
6 Bhagavato ūkranti (Skt. avakrānti). 干潟龍祥, 전게서 (1978), pp. 58-61. 同, 『ジャータ概観』鈴木学術財団 (1972), p. 23. 杉本卓洲, 「神とよばれた仏陀」『金沢大学文学部論集・行動科学篇』創刊号 (1981), p. 17, 주10에 따르면 바르후트 조각은 바라문교를 부활시킨 슝가왕조하에서 제작됐다고 한다. 세존 Bhagavat는 일반적으로는 신을 가리킨다.
7 平川彰, 전게서 (1995), p. 22. 同 (1981), p. 23. 다른 이유가 생각된다. 주78을 볼 것.
8 杉本卓洲, 전게서 (1993), p. 70.
9 平川彰, 전게서 (1981), p. 17. 10선계는 출가와 재가가 공통으로 사용할 수 있다.
10 静谷正雄, 『初期大乗仏教の成立過程』, 百華苑 (1978), p. 340. 三枝充悳, 전게서, pp. 113-115가 범부의 누구라도 라는 보살설의 모순을 단적으로 지적하고 있다.
11 佐々木閑, 『インド仏教変異論』, 大蔵出版 (2000), pp. 307-334.
12 같은 책, pp. 198-204. 남방분별설부(남방상좌부와 동일한지는 아직 불분명), 법장부, 화지부.
13 山崎元一, 「マヒンダ伝説考」『東洋学報』48-2 (1965), pp. 183-221. 同, 『アショーカ王伝説の硏究』, 春秋社 (1979), pp. 155-187(改訂版).
14 역사상 전륜왕에 비견되는 것은 아쇼카왕이다. 林行夫, 「アジア仏教徒の世界」『新アジア仏教史04』, 佼成出版社 (2011), p. 50에 연대기에 의한 왕권의 정당화를 지적. 주25도 참조.
15 塚本啓祥, 『初期仏教教団史の硏究』, 山喜房仏書林 (1966), pp. 390-409.
16 森祖道, 『パーリ仏教註釈文献の硏究』, 山喜房仏書林 (1984), pp. 274-282.
17 같은 책, p. 277.
18 下田正弘, 「注釈書としての〈大乗涅槃經〉ーニカーヤ・アッタカターとの一致に見る涅槃行の展開形態」『加藤純章博士還暦記念論集』, 平楽寺書店 (2000), pp. 327-339.

19 馬場紀寿, 『上座仏教の思想形成-ブッだからブッダゴーサへ』, 春秋社 (2008), pp.155-195.
20 櫻部建, 「最も初期の仏教について」『印仏研』17 (2002), pp.18-29.
21 『小誦』이 소부에 들어간 시기에 대해서는 水野弘元, 『仏教文献研究 水野弘元著作撰集I』, 春秋社 (1996), p.111가 고찰하여 붓다고사의 시기에는 존재했다고 보지만 정전화는 생각하지 않는다.
22 馬場紀寿, 전게서, pp.215-219.
23 졸론, 「『ブッだバンサ』における菩薩と在家者」『印仏研』15 (2000), pp.86-100.
24 馬場紀寿, 전게서, p.19도 모두가 일개인의 작으로 볼 수 없다고 한다. 필자는 후대의 가필에 의한 권위부여를 생각한다.
25 스리랑카에서는 교설의 정사를 판정하는 것을 王臣이 했다. 또한 왕이 보살이라는 사상에 의해 왕이 절대적인 권력을 가진다. 보살왕의 사상에 대해서는 藪内聡子, 『古代中世スリランカの王権と仏教』, 山喜房仏書林 (2009), pp.62, 387.
26 森祖道, 「スリランカ大乗仏教研究序説」『大正大学綜合仏教研究所年報』28 (2006), pp.113-133에 주요한 연구의 목록 게재. 같은 연보의 29, 30호도 참조. 同, 「スリランカの大乗尊像について-アヌラーダプラ時代」『夕田孝正博士古稀記念論集 仏教と文化』, 山喜房仏書林 (2008), pp89-119.
27 パーリ注釈書에는 대사파 이외의 설도 다른 설로서 나온다. 森祖道, 전게서, pp.111, 561. T.Endo, "Keci and Arare in Dhammapāla's Commentaries," *Journal of the Postgraduate Institute of Pali and Buddhist Studies*, Vol.I, Kelaniya, 1999, pp. 36-68 참조.
28 Cūḷavaṃsa 324, 426-429.
29 聖典(J-Mya, i 205, J-Thai, i 277)에서는 이외에 '비두라는 보살'이라는 연결게송이 나온다. 그러나 『본생주』(JA iv 14)는 각판 모두 본문을 생략하고, Puṇṇaka-J를 보라고 한다. 다만 해당하는 본생은 없고, 비두라의 이야기는 No.545(JA vi 255-329)에 있다. 그 본생의 일부는 바르후트조각에 있다.
30 No. 276, 522, 544(JA ii 381, v 151, vi 255). '그와 같이' 이하는 Paññāsa-Jātaka에서는 모든 곳에서 나온다.
31 나라다범천본생의 대응한역『불본행집경』의 같은 개소는「今見我身釈迦文是」(대정3, 856a).
32 Mahāvastu (Mtu) ii 231. 杉本卓洲, 전게서, pp.93-94, 平岡聡, 『ブッダの大いなる物語上』, 大蔵出版 (2010), p.437의 일역도 참조. 1세기의 마투라에서는 불타상을 보살상으로 기록한다. 高田修, 『仏像の起源』, 岩波書店 (1967), p.401. 肥塚隆, 「クシャーン時代のマトゥラー彫刻」『インド・マトゥラー彫刻展』, NHKプロモーション (2002), p.70.
33 타이출판의 제목은 Garudhamma-jātaka.
34 같은 게송은『담마파다주』(DhpA iv 89)에도 인용된다. 그러나『소행장주』(CpA 39)의 인용게송은 '크루왕은 세간의 구세주'라고 한다. PTS·타이출판은 그 말 lokanātha이지만, 버마판은 보살.
35 4부에는 없고, 소부의 성전에 수십 번이 나온다(Sn, Thag, Thīg, Vv, Ap, Bv, CNd와 蔵外의 Net).『경집』에서는 최상의 사람·정각자라고 환언한다(Sn v. 995).

36 남인도에서 전해진「10본생이야기」(주석서) 몬어역으로 게송은 현재보다 고형의 팔리어. 水野弘元,「ナーラダ本生話のモーン語訳」『印仏研』8 (1956), pp. 570-573.
37 20게 이상에서 서사시형식의 것은 고층의 본생과는 다른 기원이라고 한다. 크루법본생(3게)가 고층, 사라반가 본생(44게)과 나라다범천본생(193게)는 신층에 속한다. Cf. O. von Hinüber, *A Handbook of Pāli Literature*, Berlin/ New York (2000), pp. 54-55.
38 『본생주』의 버마판은 세간의 구세주, 타이 출판은 보살로 바뀌고, PTS판과 동일함(JA v 151 v. 94).
39 JA ii 367은 오계로 명기하지만, 『소행장』(Cp 20)은 10선으로 한다.
40 이 본생이 최초로 나오는 異本도 있었던 듯하다. 藤田宏達,「仏伝資料の一考察ー『ニダーナカター』覚え書」『古田紹欽博士古稀記念論集』, 創文社 (1981), p. 209, 주17. Cf. JA iv 282.
41 나라다는 힌두교 신화에서는 브라흐마신의 아들로 신과 인간의 매개자이다.
42 사라반가의 성이 콘단냐로 나라다는 캇사파. 어느 것이나 과거불의 이름에 있다.
43 주석(SnA ii 486)에서는 '보살이란 깨달음을 얻은 유정, 정각에 도달할 만한 유정이다.' Cf. ThagA i 26.
44 三枝充悳, 전게 논문, p. 96.
45 T. Endo, *Buddha in Theravada Buddhism*, Dehiwala, (1st ed. 1997) (2002), p. 223도 지적.
46 무외산사파는 무애해도와 義釋을 아비달마로 간주했다. 水野弘元,「パーリ聖典成立史上における『無碍解道』および『義釈』の地位」『パーリ論書研究・水野弘元著作撰集3』, 春秋社 (1997), pp. 3-83.
47 Pubbe me Bhikkhave sambodhā anabhisambuddhassa bodhisattass' eva sato. Pṭs ii 109.
48 PṭsA iii 597. 그 부분은 상응부의 경(SN iii 27)과 동일하지만, 대응한역『잡아함』(대정2, 2c)에는 미정각을 나타내는 말이나 보살이라는 말도 없다. 상응부의 미정각의 구절도 후대의 삽입임에 틀림없다.
49 Pṭs ii 155-156. 각 보살의 veyyākaraṇa에 10법・10의・20사・40지가 있다고 설명한다.
50 馬場紀寿, 전게서, pp. 35-36도 지적함. p. 62에서는 붓다고사가『무애해도』에 의해 성도설을 사제의 형태에서 연기의 형태로 바꿨다고 한다.
51 MN i 17, 92, 114, 163, 240; ii 93, 211; iii 157; SN ii 5-10, 104, 170; iii 27; iv 7, 8, 97, 233; v 263, 281, 317; AN i 258; iii 82, 241-242; iv 302, 439.
52 平川彰, 전게서 (1989), pp. 240-247.
53 대정1, 536c, 539b, 586b, 589a, 776a, 대정2, 2c, 53a, 79c, 101, 209a, 80b, 121b, 대정22, 74.
54 대정2, 80b. 미성도시를 보살로 부르는 예는 다른 곳에도 나오지만(616b, 665b, 739a), 보살이라는 말이 없는 구절도 있다. 平川彰 박사는 전게서 (1995), p. 52에서『증일아함』은 대승교도의 전한 것이라고 한다.
55 대정2, 80b. 범본은 梶山雄一,「輪廻と超越」『哲学研究』550 (1984), p. 357, 주14-16.
56 AN ii 130-131.『증지부주』의 그 부분(AA iii 126-127)에 보살이라는 말은 없다.
57 DN ii 108, AN iv 312-313.

58 Ernst Waldschmidt, *Das Mahāparinirvāṇasūtra*, Rep. Rinsen Book (1986). 『장아함』(대정1, 16a, 165b, 180c, 191c), 『근본유부잡사』(대정24, 388b), 증지부대응의 『증일아함』(T2, 753c).
59 『대반열반경』은 보살의 입출태가 지진발생의 8因의 3·4번째라고 한다. 증지부와 『증일아함』에서는 8인에 상위가 있다. 동일한 상황을 설하는 『중아함』 「지동경」에 동일한 구는 없다.
60 한역의 중아함 『미증유법경』의 대응개소(대정1, 469c)에도 「세존」이라는 말밖에 없다.
61 岡野潔, 「七仏經と毘婆尸仏經」 『印仏研』 65 (1984), pp. 128-129.
62 『대본경』(DN ii 1-54)에는 유부계 범본이나 법장부 장아함 『대본경』(대정1, 7c)가 있고, 양쪽 모두 보살이라는 말이 있지만, 보살이라는 말이 나오는 부분과 고유명사가 붙는 방식은 다르다. T. Fujita ed., *Mahāvadānasūtra*, Göttingen (2003)의 범본은 입출태와 성도부분이 Vipaśyin Bodhisattva로 32상은 kumāra로 설한다. 장아함 『대본경』은 탄생에서 4문출유까지 '비바시보살', 출가성도는 '보살'이라는 말을 사용한다. 西儀雄, 전게서, p.181은 유부의 보살론의 근거는 대본경이라고 지적하고 있다.
63 유부논서에서는 초기의 『집이문족론』 『법온족론』으로 입태와 성도에 대해 논한다(대정26, 404a, 460b).
64 대응한역은 비바시와 석가만으로 보살이라는 말은 없다(대정2, 69c, 101).
65 미륵불은 『전륜성황사자후경』(DN 26)이나 아함경에 나오지만, 미륵보살이라는 말은 성전에 없고 주석서에서도 한 번밖에 나오지 않는다(DhsA 361). 平川彰, 전게서 (1995), p.261은 미래불은 보살관념의 발생과는 무관계라고 한다.
66 25불설의 불명이 붙는 보살은 주석서에서도 만가라 보살(JA iv 13)과 파두뭇타라 보살(ThagA i 91)뿐이다. 불명을 보살명으로 하는 것과, 보살명과 불명이 다른 것은 발상의 기점이 다르다. 본생보살은 사라반가 보살(MA iii 60, 65, 69), 마하자나카 보살(ApA 205), 벳산타라 보살(JA iv 13)이 나온다. 사라반가만 4부주석에 나오는 것은 주목할 필요가 있다.
67 원천은 『세라경』(Sn 102, MN ii 146)일 것이다. 같은 설은 다른 두 경(DN iii 142, MN ii 134)에 나온다. 『대본경』에도 비바시태자의 32상을 본 선인의 예언 중에서 나오지만, 앞의 경을 근거로 만들어졌을 것이다.
68 전생사 이하는 Pṭs나 *Peṭakopadesa* 등에 나온다. DA i 59-60에서는 법설을 친족을 이익되게 하는 행으로 한다. 복주(DT 131)에 따르면 전행사는 신통 등에서 전단계적인 수행, 전생행이란 보시 등의 행이다.
69 Malalasekera, *Dictionary of Pāli ProperNames*와 水野弘元, 전게서(撰集3), pp. 286, 288에 의한다(『논사주』에서 북도파는 499회가 나온다).
70 대정25, 92b(유부보살론은 대정27, 887c). 졸론, 「菩薩になる条件と祈願－南伝と北伝の比較」 『仏教における祈りの問題』(日本仏教学会編), 平楽寺書店 (2005), pp. 97-109 참조. 또한 보살이라는 말은 유부의 중아함에는 모두 없고, 법장부·화지부의 율에는 빈출한다. 팔리율에는 없지만, 『사분율』 80회 정도, 『오분율』 50회 정도, 『유부잡사』 40회 정도가 보인다. 『마하승기율』 6회(이중 3은 보살상)이고, 『십송율』은 보살상의 제작을 말할 뿐이다.

71 중아함『미증유법경』에「世尊迦葉佛時始願佛道行梵行」(대정1, 469)으로 되어 있다.『대지도론』의 인용문에 구빈다바라문 대신에 반야바라밀을 다하여, 이 보살이 가섭불의 제자가 되어 도솔천에 전생했다고 설하지만(대정25, 89b), 그는 사제로 陶師와는 관계가 없다. 도사와 관계하는 가섭불의 이야기는『대지도론』에서는 다른 개소에 있고, 이름은 유부와 마찬가지로 '울다라'라고 한다(대정25, 261c, 340c).

72 塚本啓祥,「アンダカ派の形成と展開(その三)」『藤田宏達博士還暦記念論集 インド哲学と仏教』, 平楽寺書店 (1989), pp. 207-236. 졸론「『비수디마가·니다나카타』에 대해」『불교연구』39 (2011), p. 163 참조.

73 MN ii 45-54. Cf. Bv 92, JA i 43, Mil 221.

74 『비바릉기경』(대정1, 499-503)에서 석존의 전생의 이름은 '우다라'이다.『흥행기경』이나 근본유부율에서는 부처의 비방이 6년 고행의 원인이라고 한다. 대정4, 172c, 대정24, 69b, 157a(杉本, 전게서, p. 60 참조). Cf. Ap 301.

75 Mvu i 335-338. 이것은 후대의 제작일 것이다.

76 대정27, 891c. 그때의 부처의 이름은 석가모니불이다.

77 죠티파라의 이름은 장부『대전존경』(DN 19)에도 나온다. 이 경의 주인공도 사라반가와 동일하게 탄생 시에 무기가 타버려 같은 어릴 때의 이름을 얻는다. 그는 사제가 되어, 공중에 나타난 범천으로부터 가르침을 듣고 출가한다. 이 이야기는 본래는 본생에 있는 듯하다. 또한 같은 내용은『소행경』(Cp 4)에도 있고, 유부의 범본과『대사』(Mvu iii 197-224)나 한역(대정1, 30-34, 207-213)이 있다. 그중에서 주인공을 보살로 하는 것은 법장부의 장아함뿐이다. 다만 보살로 부르는 이름은 '염만 Jotimāla?'이다(대정1, 31b).『증일아함』에는 친구가 부처를 비방하는 이야기가 있다(대정2, 599b).

78 대중부계라면 히라카와가 말하는 보살이라는 말의 의도적인 미사용은 생각하기 어려운 것은 아닐까.

79 코끼리 형태의 입태는『대사』(Mvu i 207)이나『불본행집경』(대정3, 683) 등에 있고,『이부종륜론』에서 대중부계의 교의라고 한다(대정49, 15bc). 다만『대사』는 연등불의 전생이야기로서 나온다.

80 Ap 429-431, 584-590. 다른 곳에 1개소(Ap 592-596) 1만 8천의 비구니들의 비유로 언급된다.

81 『불본행집경』(대정3, 665-667),『사분율』(대정22, 784-785),『과거현재인과경』(대정3, 620-623).

82 Mvu i 231; *Divyāvadāna* 252, 대정2, 597a.

83 500본생에는 수메다 현자 본생이라는 것이 존재했던 듯하다.

84 平岡聡,『説話の考古学』, 大蔵出版 (2002), p. 290에 '선근 → 서원'과 '서원 → 행'과는 사상기반이 다르기 때문에 전자의 용어 praṇidhāna와는 다른 말이 후자에서는 쓰였다고 한다. 田賀龍彦,『授記思想の源流と展開』平楽寺書店 (1974), pp. 77, 168에 따르면, 업보의 수기보다 서원의 수기가 성립이 늦다.『대사』에는 서원의 수기가 나온다.

85　결의의 게송의 뒤에 결의가 성취되는 8조건을 든다(Bv 12 v. 58). 졸론, 「作仏の決意-パーリ 文献における abhinīhāra」『印仏研』17, pp. 119-136 참조. 문제는 조건 중에서 '스승을 만난다는 것'이다(주석서가 부처의 스승으로 해석).

86　졸론, 「燃灯仏授記と『ブッダヴァンサ』の成立」『印仏研』120 (2010), pp. 935-929. 『불종성』제2-26장은 〈과거불을 설하는 부분〉과 〈석존본생을 설하는 부분〉으로 구성되고, 전자는 『대본경』의 7불성을 발전시킨 것이다. 제27-28장은 5세기 이후의 증광이다. 주23의 졸론도 참조.

87　결의의 내용은 불분명. 콘단냐불의 장은 수기내용도 다른 부분과는 다르고, 『비유』 중의 연등불 수기와 가깝다.

88　Bv 14 v. 79.

89　공중에서 만들어진 보배의 경행처에 제자들이 신통력으로 모인다는 『법화경』의 서장과 비슷한 내용이다.

90　Bv 6 v. 77. 『대지도론』(대정25, 92c), 『해심밀경』(대정16, 707), 『유가론』(대정30, 733a) 외. 또한 『비유』의 증광부분(제불의 비유)에는 '30바라밀'이라는 말도 나오지만, 보살이라는 말은 없다.

91　유부의 보살론에서 본생이야기가 결합하는 것은 『바사론』 이후인 듯하다. 西儀雄, 전게서, p. 199.

92　杉本, 전게서, pp. 197-198이 지적. T. Endo, op. cit., pp. 232-233은 4종으로 분류지만, 상위는 세 가지 말이다.

93　Har Dayal, The Bodhisattva Doctrine in Buddhist Sanskrit Literature, London, 1932, p. 7. 梶山雄一, 전게 논문, p. 91. 같은 용례는 4부중에 한 가지 예(SN iii 190)뿐이다. 杉本, 전게서, p. 197에서 지적.

94　사리풋타는 통합 후에 왕으로부터 기다림정사를 받은 인물로 산스크리트 학자이기도 하다.

95　졸론, 「誓願か波羅蜜か」『印仏研』18 (2003), pp. 73-86 참조.

96　遠藤敏一, 「スリランカの仏教と歴史」『新アジア仏教史04』, 佼成出版社 (2011), pp. 134-136.

97　유가행파는 성문과 독각의 이승을 부정하지 않고, 기초학으로 하는 것이 특징이다. 졸론, 「Cariyāpiṭakaṭṭhakathā と Bodhisattvabhūmi - ぱーり註釈書にみられる瑜伽行波の思想」『仏教研究』 34, pp. 173-192. 담마파라는 대승유가행파의 호법과 동일시하는 설도 있다.

98　일체방론(Kv 608-609).

* 팔리는 특히 기재가 없는 경우, PTS본을 사용. 버마 판은 Mya로 약칭. 그 이외의 약호는 주(16)의 森祖道 저서의 약호표를 따른다.

제7장
대승계
인도에서 중국으로

후나야마 도루

1.
머리말

　　인도대승불교의 성립 후 약간의 시간이 지난 뒤 대승불교도의 일부에서 대승에 적합한 계율을 '보살계'로서 규정하여, 수지하도록 하는 움직임이 나타났다. 보살계란 대승의 이상상인 보살로서 살기 위한 실천항목과 마음자세를 체계화한 대승의 독자적인 계율이다.

　　일반적으로 어떤 사람이 불교도로서 해야 할 것과 해서는 안 되는 것을 구별하여 실생활을 할 때 행위의 규범은 뭔가 하면, 그것은 성문승(이른바 소승)의 경우, 재가라면 불살생·불투도·불사음·불망어·불음주의 오계(pañca-śīla, 다섯 가지의 습관적 행위)이고, 출가자라면 구족계(upasaṃpadā, [입문조건의] 구비, 충족)이다. 구족계란 율 vinaya에 규정된 것으로, 비구 250계, 비구니 500계로 통칭되는 것을 말한다. 한편 대승에서 행위의 규범은 무엇인가. 즉, 어떤 사람이 대승불교를 믿고, 경전의 여러 곳에 설해진 대로 자신도 보살로서 살려고 결의한 경우, 그 사람은 무엇을 행위의 규범으로 삼아야 할지를 묻는다면, 그것이 바로 보살계인 것이다. 보살계란 구체적으로는 어떠한 것인가. 성문승의 경우와 비교하여 어떠한 특징이 있는가. 또한 대승의 계로서 그 초기의 문헌에서 설해져 있는 10선계와 보살계는 어떠한 관계에 있는가(다른 표현을 하면, 이른바 대승계와 보살계는 완전히 같은지, 아니면 뭔가 다른 것이 있는가). 한편 대승불교도는 역사를 통해 모두가 보살계를 실천했는지, 대승 가운데도 보살계를 수지한 사람들과 수지하지 않은 사람들이 있었는지, 보살계 실천자와 대승학파(유가행파, 중관파 등)의 관계는 어떻게 생각해야 할까. 이러한 다양한 의문을 염두에

두면서, 본 장에서는 보살계에 대해 다루고, 보살계의 비교적 초기의 성립상황 및 전파의 기본사항을 인도와 중국에 맞춰 개설하고, 그리고 보살계라는 교설의 특징과 그곳에 내포된 약간의 문제를 지적하려고 한다.

　보살계라는 사고방식은 후술하듯이 그 후의 전개에 대해서도 현시점에서는 실은 단편적인 상황만을 해명하고 있다. 하지만 그 한편으로 보살계가 성립에서 그 이후 인도불교기의 최후기에 이르기까지 어떠한 형태로 상당한 수의 사람들에 의해 연속적으로 계승되어 실천되었을 것이라는 것은 의심할 여지가 없다. 다른 한편 이 계는 중국에 전래하여, 중국의 불교도들 사이에서 새로운 전개를 이룬 것도 알려지고 있다. 어떤 의미에서 그것은 인도 본국에서보다도 활발한 움직임을 보였다고도 말할 수 있다. 중국에서 보살계의 시작은 5세기 전반이고, 그 이후 보살계는 중국대륙에서 시대와 지역을 넘어 널리 보급되었다. 중국에서 보살계는 때로는 출가자의 엄격한 계율생활의 기반으로서 의미를 가지고, 때로는 왕후귀족 등의 재가생활의 지침이 되고, 또한 때로는 그러한 불교신앙에서 일종의 위치를 과시하는 도구로서 이용되는 경우조차 있었던 듯하다. 또한 보살계의 가르침은 중국에서 중국 특유의 새로운 경전-의경 혹은 위경-을 낳게 하고, 중국뿐만 아니라 한자문화권의 불교 모두에 중요한 의미를 가지게 되었다. 특히 본 장에서는 언급할 지면이 없지만, 그중에서도 일본에서는 중국 전래의 보살계에 대한 가르침은 더 한층 변용을 하여, 사이쵸 最澄의 원돈계설이나 가마쿠라의 계율부흥운동 등의 다양한 국면에서 새로운 전개를 일으켰다. 요컨대 보살계는 이상의 수행자상에서 출가자의 계율에 대한 실제적인 모습, 그리고 진지한 신자나 허울뿐인 신자에 이르기까지 실로 다양한 레벨에서 동아시아불교의 중요한 일면을 성격지우고 있는 것이다.

본 장에서는 우선 보살계란 어떠한 것인지를 대략 알기 위한 실마리로서 중국에서 보살계가 역사상 처음 도입된 때의 상황을 언급하는 자료를 소개한다. 말할 필요도 없이 중국에서 보살계의 도입은 인도불교에서의 보살계의 성립과 보급에 근거하지만, 인도에서 구체적인 상황에는 불분명한 점이 많기 때문에 역사적 순서로는 거꾸로이지만 우선 먼저 중국에서 초기의 상황을 살펴보기로 하자.

2.
중국에서 보살계의 시작

중국에서 보살계는 불교도가 수지해야 할 계율이라는 큰 틀 중에서 파악되고, 성문승의 율과도 밀접하게 관련된다. 계(śīla 습관적 행위)와 율(vinaya, [출가자의] 규율, 또는 그 텍스트)은 본래 별도이지만, 특히 중국에서는 계와 율을 구분하지 않고 계율로 총칭하는 경향이 있다는 것을 배경으로 하여, 보살계 또는 계율이라는 문맥으로 이해할 수가 있다(계와 율의 관계에 대한 문제는 후술한다).

5세기 율장문헌의 중요성

이러한 시점에서 볼 때, 5세기의 100년은 계율의 전파보급의 역사에서 하나의 획기적인 시기로 간주할 수 있다.[1] 그것은 각종의 주요한 율문헌이 계속 한역되어, 실천 기반으로서 쓰이는 한편, 그러한 '소승의 율'과는 별도로 '대승의 계'로서 보살계가 중국의 불교도 사이에 알려지고, 순식간에 보급된 한 세기이기도 했다. 물론

4세기 말까지의 상황에서도 계율의 일부는 불교도 사이에서 알려져 있었지만, 정보는 불충분하였다. 그 상세한 것을 설하는 율문헌이 본격적으로 번역된 것은 5호16국의 하나인 후진의 요흥(재위 394-416)이 다스린 장안(현재의 협서성 서안)에서 5세기의 최초의 20년 무렵에 활약한 구마라집(350-409 무렵)이 번역한『십송률』(대정1435번)을 효시로 한다. 이것은 살바다부, 다른 표현을 하면 설일체유부의 율전이었다. 그리고 그 직후에 장안에서는 법장부(담무덕부)의『4분율』(대정1428번)이 붓다야샤·축법념들에 의해 번역되었다. 또한 구마라집보다도 거의 10년 정도 늦어지는 시기에 남조의 수도 건강(현재의 강소성 남경)에서는 대중부(마하승기부)의『마하승기율』(대정1425번)이 불타발타라와 법현들에 의해, 그리고 화지부(미사색부)의『5분율』(대정1421번)이 불타집과 지승들에 의해, 번역되었다. 이러한 4종의 율이 역출된 것에 의해 그때까지 계율 관련의 상세한 정보가 부족해 있던 것을 통감하고 있던 한인승려들은 이러한 새로운 문헌을 경쟁하듯이 학습하여, 또한 자신의 교단의 운영 기반으로 삼았다. 특히 남조의 경우 출가자가 계율실천의 구체적 기반으로 한 것은 오로지『10송률』이었다. 다른 한편『위서』석노지에 따르면 북조의 북위에서는『마하승기율』이 쓰였던 것과 같다. 또한 당의 도선의 남산종의 경우와 같이『4분율』을 실천의 기반으로서 사용하게 된 것은 빨라도 6세기의 화북의 지론종의 혜광의 무렵보다 이후이고, 5세기의 단계에서는『4분율』은 학습의 대상이었지만 실천 기반으로서 충분한 기능은 갖지 않았던 듯하다.

　이와 같이 장안과 건강의 비구·비구니들이 성문승의 율에 관한 새로운 지식을 심화시켜갔던 것과 같은 시기, 중국문화권의 서쪽 지역에서는 다른 중요한 움직임이 발생하여, 급속하게 보급되어갔다. 현시원년(412), 인도인 승려인 담무참

(385-433)이 저거몽손(재위 401-433)이 다스리는 북경국(5호16국의 하나)의 수도 고장(현재의 감숙성무위)에 도래하여, 대승의 경전이나 논서를 새롭게 연이어 번역했다. 그가 가져온 것은 직전의 시대에 활약했던 구마라집의 번역과는 다른 성격의 새로운 문헌이었다. 그 대표적인 것은 『대반열반경』(대정374번)이지만, 계율이라는 점에서 보다 중요한 것은 보살계의 가르침을 설하는 『보살지지경』(대정1581번)이다. 그런데 구마라집은 주로 공사상이나 용수를 조사로 하는 중관학파의 사상과 연결되는 대승의 여러 경전을 가져오고, 그것들을 겨우 10년 정도 사이에 번역했지만, 그는 보살계라는 한층 새로운 교설을 아는 환경에는 없었다. 또한 담무참이 가져온 여래장의 가르침도 라집역에는 보이지 않는 대승의 새로운 전개를 나타내는 것이었다.

담무참과 도진

담무참의 전기는 양의 승우찬술 『출삼장기집』권14, 양의 혜교 찬술 『고승전』권2에 수록되어 있다.[2] 중국에서 사상최초의 보살계의 수용에 대해서는 특히 후자에 기록되어 있다. 중국에서 보살계를 최초로 받은 승려는 도진이라는 이름의 담무참의 직제자였다. 그 수계의 모습은 『고승전』의 담무참전에 기록되어 있지만, 다른 한편으로 도진은 『고승전』권12에 전해지는 법진(444년에 고창에서 서거)과 동일 인물로 생각된다.

우선 『고승전』권2·담무참전에서 도진의 수계내용을 소개해둔다.

담무참이 고장에 있었을 때, 장액출신의 사문 도진이 있었고, 담무참으로부터 보살계를 받고 싶다고 생각했다. 담무참은 "우선 과거의 죄과를 뉘우치도록"이라고 말했다. 거기서 도진은 7일 낮 7일 밤에 걸쳐 성심성의를 다해(참회를 행하고), 8일째에 담무참의 곁으로 가서, 수계를 청했다. 그러나 담무참은 돌연히 화를 냈다. 도진은 다시 내게 악업의 장해가 아직 다하지 않았기 때문이라고 생각했다. 거기서 3년에 걸쳐 명상과 참회에 힘쓰던 중, 명상 중에서 석가모니불이 제보살대사와 함께 계법을 전수해주는 모습을 눈앞에서 경험했다. 그날 밤 함께 생활하고 있던 10여 명 모두 도진이 본 것과 같은 모습을 꿈속에서 함께 체험했다. 도진은 이러한 것을 담무참에게 알리려고 외출했다. 그러자 수10보(일보는 1.5미터쯤) 정도 앞까지 다가온 곳에서 담무참이 놀라서 말했다. "아아 훌륭하다! 아아 훌륭하다! 자네는 이미 보살계를 감득하고 있지 않은가. 내가 다시 수계의 증인이 되어주지." 그리고 담무참은 그를 위해 순서대로 불상 앞에서 계의 구체적인 여러 항목을 설명해주었다(대정50, 336c).

이것이 정확하게 언제 생긴 일화인지는 명기되어 있지 않지만, 담무참이 고장에서 입멸한 433년보다 이전인 것은 확실할 것이다. 이 일화는 몇 가지 점에서 흥미롭다.

첫째, 스승 담무참이 보살계의 수계에 필요불가결한 조건으로서 도진에게 참회의 철저함을 요구한 것이 중요하다. 역문의 '과거의 죄과를 뉘우치다'에 해당하는 말은 원문에서는 '회과 悔過'(잘못을 뉘우치다)이고, '회과'와 '참회'는 동의어인 것이 이미 고증되어 있다.[3] 어느 것이나 죄업을 다른 사람 앞에서 모두 고백하여, 이미 범한 죄를 멸하여 마음을 청정하게 하는 것을 의미한다.[4] 상기의 기술에는 도진은 참회와 선정에 3년을 소비했다고 한다. 다만 수계에는 항상 이 정도의 세월을 반드시 필요로 하는 것은 아니다.⁵ 기간의 길고 짧음은 차치하고 보살계를 받는 데는 상당기간 우선 철저한 참회를 행하여, 자신의 마음을 깨끗하게 하는 것이 요구되는 점이 중요한 것이다.

둘째, 도진은 명상 중에서 석가모니로부터 직접 계를 받았다고 한다. 도진은 당초 스승 담무참에게 수계를 청했지만, 결국은 담무참이 아니라, 석가모니불로부터 계를 받은 것이다. 계를 주는 주체가 붓다인 것은 보살계의 특징의 하나이다. 왜냐하면 일반적으로 성문승에서 통상의 수계의례의 경우는 계는 비구로부터 받는 것이 원칙이고, 이와 같이 다른 수행자를 매개로 하여 계를 받는 방법은 종타수계 從他受戒라고 통칭된다. 이 수계법은 이른바 사자상승의 계보를 거슬러 올라가면, 석가모니불에게까지 면면히 연결되는 점이 중요하다. 간접적이기는 하지만, 석가모니불이 제정한 계율을 대대로 계승한다는 성격이 있다. 한편 보살계에서는 명상이나 꿈속에서 석가모니불이나 다른 붓다나 보살이 나타나, 이런 붓다나 보살로부터 직접 계를 받는 경우가 있다. 이런 수계는 붓다나 보살에게 보살의 서원을 스스로 표명하는 것에 의해 실현하기 때문에, 자주 자서수계 自誓受戒로 불린다. 실제로 도진의 수계를 중국에서 보살계의 효시로 간주하는 당의 도세 찬술『법원주림』권89는 도진의 수계를 '스스로 맹세하고 받은' 것으로 규정하고 있다(대정53, 939a). 자서에서는 견불, 즉 붓다의 응현을 눈앞에서 보는 것이 전제조건이고, 그 때문에 참회를 철저히 하는 것을 역설한다. 참회에 의해 자신의 악업의 효력이 약해지거나 없어지고, 그것에 의해 수행자의 마음은 오염 없이 청정하게 되는 것이다. 그리고 불보살로 보인다는 종교적 경험을 통해 그러한 붓다나 보살로부터 직접 수계의 인증을 얻는 것이 가능하게 된다는 구조로 되어 있다.

그리고 셋째 도진의 수계는 최종적으로 스승 담무참에게 인정되어, 담무참은 계의 구체적 항목(원문은 「계상」)을 설시한다고 기록되어 있다. 이것은 어떤 텍스트에 근거하여 보살계의 내용을 하나하나 구체적으로 확인했다는 것을 시사한다. 그것이 무엇이었는지는 명기되어 있지 않지만, 아마도 『보살지지경』의 계품의 일부였다고 생각하는 것이 자연스러울 것이다. 『고승전』은 보살계의 중국 전래에 대해 다음과 같이 언급한다.

다른 기록에는 『보살지지경』은 이바늑보살이 이 땅에 찾아와서 그것을 전할 것이라고 되어 있지만, 그 후 과연 담무참이 그것을 번역한 것이기 때문에, 담무참은 보통 사람은 아니었을 것이다(대정50, 337a).

여기서 본전의 찬술자인 혜교는 도진의 수계와 『보살지지경』의 연결을 인정하고 있다. 담무참에게 보살계의 교설은 『보살지지경』에 근거한 것이었다는 것이 이것으로부터 알 수 있다.

주목해야 할 것은 다른 것에도 있지만, 혼란을 피하기 위해 지금은 상술한 3점으로 그친다. 이것들은 어느 것이나 보살계라는 것이 가지는 기본적 성격을 잘 반영하고 있다고 말할 수 있다. 더욱이 담무참전은 도진에 대해 다음과 같이 말하고 있다.

…… 이와 같이 도진으로부터 계를 받은 자는 1000인 이상에 이르렀다. 그때 수계법은 전수되고 지금에 이르지만, 모두 담무참이 후세대에 의탁한 규범인 것이다(대정50, 336c-337a).

이와 같이 대승불교도의 계율인 보살계는 담무참이 중국문화권에 사상 처음으로 가져왔고, 그리고 그 직제자의 한 사람인 도진의 수계 후, 그가 계사가 되어 그 곁에서 수계를 행한 사람들이 상당수에 이르렀다. 더욱이 그 영향은 고장이나 고창에 머물지 않고, 중국 전체에 미치게 된다. 그 개요는 나중에 확인하지만, 그것에 앞서 우리들은 고찰의 무대를 담무참의 고향인 인도로 돌려, 인도불교에서 보살계의 의의에 대해 지금까지 알고 있는 사정을 정리해보기로 한다.

3. 인도의 대승계

대승계와 보살계

인도의 보살계를 언급하는 데 이해의 혼란을 피하기 위해 먼저 두 가지를 구별해 두는 것이 간편할 것이다. 두 가지란, 즉 대승불교경전에 널리 일반적으로 설해져 있는 계로서의 '대승계(대승의 계)'와 보살이 수지해야 할 계로서 술어성을 가지는 '보살계'이다. 전자는 연대적으로는 대승의 성립과 함께 시작되지만, 후자는 약간 뒤에 특정의 텍스트 가운데서 확립한 개념이다. 그리고 일반적인 의미에서 대승계에 대해서는 특히 중요한 키워드로서 '10선'과 '계바라밀'에도 주목할 필요가 있다. 이 양자는 별개의 개념이지만, 동시에 서로 밀접한 관계에 있다.

주지하듯이 '10선'이란 신·구·의의 3업이라는 시점에서 '신3·구4·의3'으로 약칭되는 것이다. 즉, 신체적 행위로서 3종의 선행과 언어적 행위로서 4종의 선행,

심적 행위로서 3종의 선행이다. 이것들을 구마라집 역 『소품반야바라밀경』 아유월 치상품의 한역으로 나타낸다면, 불살생·불투도·불사음(신업3), 불망어·불양설·불악구·불무익어(=불기어)(구업4), 불탐질(=불탐욕)·불진뇌(=불진에)·불사견(의업3) 이다(대정8, 564a). 이러한 10선은 부파불교에서의 10선업도설의 흐름을 잇는다. 그 상세한 것에 대해서는 히라카와 아키라의 '초기대승불교의 계학으로서 10선도'[6]에 포괄적인 고찰이 있다.

한편 '계바라밀'은 6바라밀의 하나이고, 시尸바라밀, 시라尸羅바라밀이라고도 한다. 한어표기는 산스크리트어의 śīlapāramitā, '완전한 계'에 대응한다.

이상으로 제시한 두 가지 키워드는 관점이 다른 말이지만, 실제로는 밀접하게 관련하는 형태로 경전이나 논서에 나타난다. 요컨대 비교적 초기의 대승경전에서 계바라밀이란 10선에 해당된다(상기 히라카와 논문, p. 207).

이러한 초기대승계학사상의 흐름 중에서 약간 후기에 새롭게 등장한 계학의 개념이 보살계이다. 이것은 『반야경』이나 중관파의 설과는 한 획을 긋는 형태로 유가행파의 문헌에 처음 등장한다. 이하에서 이런 점을 간략하게 살펴본다.

「보살지」에 대해

보살계설을 처음에 기록한 것은 유가행파의 사람들이었다. 구체적으로는 『유가사지론』 Yogācārabhūmi 본지분 maulī bhūmiḥ 「보살지」 bodhisatttvabhūmi의 계품 śīlapaṭala에 상세한 것이 설해진다. 계품이란 6바라밀 중의 계바라밀이란 뭔지를 설하는 장이다.

「보살지」의 범본으로서는 다음의 두 가지가 출판되어 있다.

Unrai Wogihara (ed.), *Bodhisattvabhūmi: A Statement of Whole Course of the Bodhisattva*(Being Fiftennth Section of Yogācārabhūmi), Tokyo: Sankibo, 1971(originally published in 1930-36). [이하, W로 약칭]

Nalinaksha Dutt (ed.), *Bodhisattvabhūmiḥ: Being the 15th Section fo Asaṅgapāda's Yogācārabhūmiḥ*, Patna: K.P. Jayaswal Research Institute, 1978. [이하, D로 약칭]

「보살지」의 한역에는 다음과 같이 3종이 있다.

북량의 담무참 역 『보살지지경』 10권(대정, No1581)
남조·송의 구나발마 역 『보살선계경』 9권(대정, No.1582) 및 동1권(No.1583)
당의 현장 역 『유가사지론』 100권(대정, No.1579)에 수록된 「보살지」.

담무참 역 『보살지지경』의 역출연대를 최종적으로 확정하는 것은 불가능하지만, 일설에는 현시7년(418) 10월에 번역되었다고 한다(『출삼장기집』권2·신집찬출경유론록의 송(사계장)판 등. 다만 고려판은 이런 기재를 결한다).

구나발마는 『고승전』 권3의 본전에 따르면 원가8년(431) 정월에 건강에 와서 동년 9월28일에 갑자기 서거했기 때문에, 『보살선계경』은 이 해에 번역되었다고 확정할 수 있다. 다만 같은 전기는 아마도 발마가 갑자기 서거한 후의 것일 것이다. 모두 30품 가운데 2품은 제자가 스승 대신에 대리로 역출했다고 한다. 그 2품이란 최후의 2품(32상 80종호품과 주품)으로 상정하는 것이 자연스럽고, 제11품 계품은 구나발마의 생전에 역출되었다고 생각된다.

현장역『유가사지론』은 정관 22년(648)에 역출되었다.

그러면 이 가운데 구나말마역『보살선계경』은 범문, 티벳역(지금은 그 상세한 것을 생략한다) 및 다른 한역 2본과 비교한 경우, 다양한 점에서 눈에 띄는 상위가 있고, 『보살선계경』은『보살지지경』등과는 다른 전승계통의 특수한「보살지」버전에 근거하여 성립했다는 것이 판명된다.

또한 계품에 대해서는 범어원전과 티벳역에 근거한 일본어역이 후지타 코칸씨 藤田 光寬에 의해 발표되었다.[7]

3취계

「보살지」의 문헌적 기초정보로서 다음에「보살지」가 설하는 보살계의 실질적인 것에 관한 기본사항을 파악해두자.「보살지」계품이 설하는 것에 따르면 보살이 행해야 할 계바라밀은 9종의 관점에서 설명된다고 한다.『보살지지경』권4·계품의 용어에 의해 제시하면, 9종이란 자성계·일체계·난계·일체문계·선인계·일체행계·제뇌계·차세타세락계·청정계이다. 이 가운데 보살계는 '보살계 bodhisattvaśīla', '보살들에게의 계 bodhisattvānāṃ śīlam', '보살의 계라는 제어력 bodhisattvaśīlasaṃvara' 등으로 표현되어, 9종의 두 번째인 일체계에서 전개된다.[8] 그리고 일체계에는 출가자와 재가자라는 두 가지 경우가 있고, 내용적으로는 세 가지 구성요소로 구성된다는 것이 다음과 같이 설해진다.

그중에서 어떠한 것이 보살의 일체계인가. 요약하면 보살에게는 재가의 입장에서 있는 계와 출가의 입장에 서 있는 계가 있고, 그것이 일체계라고 말해진다. 또한 그 재가의 입장에 서 있는 계와 출가의 입장에 서 있는 계는 요약하면 3종이다. (악을) 방지하는 계 saṃvaraśīla, 좋은 일을 총괄하는 계 kuśaladharmasaṃgrāhaka-śīla, 중생(생물)에게 유익한 것을 행하는 계 sattvārthakriyā-śīla이다(W 138, 18-23. D 96, 6-9).

여기에 나타낸 3요소는 '3취계'(trividha śīlaskandha, W 152, 22. D 105, 7 '3종류의 계의 근간')이나 '3취정계'로 총칭되는 경우가 많다. 3종의 각각에 대해 상기의 번역문에서는 일부러 직역을 제시했지만, 한역표현에 따르면 담무참역『보살지지경』에서는 율의계·섭선법계(선법을 총괄하는 계)·섭중생계(중생[을 위한 행위]를 총괄하는 계)에 해당한다. 현장역은, 첫째, 둘째는 같고, 셋째를 요익유정계(중생을 이익되게 하는 계)로 표현한다. 산스크리트어의 접근성이라는 점에서는 담무참역보다도 현장역 '요익유정계'의 쪽이 정확하다고 말할 수 있다. 구나발마역에서는 계·수선법계·중생을 이익 되게 하기 위해 행하는 계 爲利益衆生故行戒로 표현되고 있다. 또한 이런 3항목에 대응하는 어구는『해심밀경』에도 나타난다. 두 문헌의 선후관계에 대해서는 이설이 있지만, 「보살지」는『해심밀경』에 선행한다고 본 장에서는 임시로 생각해본다.[9] 어쨌든 어떠한 표현을 취하든지 보살계란 이러한 세 요소의 총체를 가리키고, 그리고 보살계를 수지한다는 점에서는 출가자와 재가자 사이에는 어떠한 본질적인 구별은 없다는 것이 보살계의 교설이다. 그리고 보살계를 받은 자는 출가재가, 남녀노소를 불문하고 한결같이 보살로 자각하고, 그리고 다른 사람으로부터도 보살로 간주된다.[10]

그런데 다음으로 대승계와 통상의 성문계의 관계를 살펴보자. 3취계의 제1요소인 율의계란 비구·비구니·사미·사미니·식차마나·우바새·우바이의 7중이 각자의 입장에서 이미 수지하고 있는 계라는 것이「보살지」계품의 교설이다. 즉, 보살계를 받기 위해서는 전통적인 성문승의 의미에서 이미 불교도로서 해야 할 계율을 받고 있을 필요가 있고, 그것을 율의계로 불러 보살계를 구성하는 일부로 한다. 이런 것은 보살계가 통상의 계율과 모순되는 것이 아니라, 그것을 포섭하는 것이라는 것을 나타내고 있다.

제2요소인 섭선법계는 모든 선한 행위를 적극적으로 하는 것을 의미하고, 그것이 구체적으로 어떤 종류인지를 수로서 명시하는 것을「보살지」는 하지 않는다. 또한 보살계의 성립이전부터 설해져 있던 대승의 계인 10선계가 보살계와 어떠한 관계에 있는지를 명시하는 문헌은 적지만,『보살선계경』에 따르면 신구의의 10종의 선법을 수선법계로 하는 언명이 있다(대정30, 982c). 이것에 따르면 10선계는 직접적으로는 섭선법계에 포함된다고 해석이 가능할 것이다. 앞에서 우리들은 비교적 조기의 대승경전에서 계바라밀이란 10선의 것이라고 지적된 것을 보았다. 한편『보살지』에서는 계바라밀을 9종의 관점에서 해설하고, 그 가운데 일체계로서 보살계가 규정되고, 그리고 보살계의 3대 지주 가운데 두 번째에 섭선법계가 있다고 한다. 보살계라는 사고방식이 그때까지 대승계의 대표였던 10선보다도 더욱 확대되어, 발전하고 있는 것을 여기서 확인할 수가 있을 것이다.

제3의 섭중생계(요익유정계)는 원어로는 같은 의미로 '중생을 위한 계 sattvānugrāhakaṃ śīlam'(W 140, 4, D 97, 9)라고 하고, 11종이 열거된다. 그 가운데는, 예를 들면 중생이 곤궁해 있는 것을 본다면, 필수품을 보시해야 하는 것이나, 악을 범한 자가 있으면, 자비심으로 그 사람을 질타하여 반성하게 할 것 등이 포함된다. 상세한 것에 대해서는 지금은 생략한다.

이상 가운데 '율의계'는 통상 계 그 자체이기 때문에, 그것은 이러이러하게 행해서는 안 된다는 부정적인 표현을 취하는 금계이다. 그것에 비해 '섭선법계'와 '섭중생계'는 제각기 선행 및 타인을 위한 것은 적극적으로 행해야 한다는 의미에서 적극적·긍정적인 성격의 것이다. 결국 보살계란 다만 단순히 악을 행하지 않는다(지악)는 것에만 그치지 않고, 적극적으로 선을 행하고(행선), 다른 사람을 구제한다(이타)는 보살행의 이념에 적합한 것이다. 이것이 바로 3취계이다. 그 때문에 보살계에는 구체적으로는 이상이 모든 것이라고 하나하나 조목을 만드는 것이 본래적으로는 불가능한 면이 있다.

수계의례

보살계의 다른 한 가지 특징으로서 수계법이 구체적으로 규정되어 있는 것이 있다. 그리고 그 작법은 성문승에서 통상의 수계의 경우와 크게 다르다. 예를 들면 비구의 구족계의 경우, 한 사람이 수계하기 위해서는 '3사 7증'이라고 말해지는 바와 같이 최저로도 10명의 참여를 필요로 하지만, 보살계에는 이런 규정은 없다. 보살계의 수계에 종타수계와 자서수계라는 두 방법이 있는 것은 상술한 대로 이지만, 종타수계의 경우, 즉 인간인 계사를 매개로 수계를 행하는 경우에도 수계희망자와 계사가 있으면, 의례를 진행하기 위해 필요한 지식을 갖춘 진행역으로서의 성격을 가지지만, 계를 받는 것은 실은 계사는 아니다. 의례는 불상 앞에서 행해지고, 계를 주는 것은 어디까지나 붓다이고, 그리고 수계의 성립을 지켜보는 증인 sākṣin은 인간이 아니라, 시방의 제불이나 제보살인 것이고, 의례의 장에서 승려가 몇 명 있는지는 본질적으로는 중요한 것은 아니다. 다만 물론 인간과 다른 시방의 제불이나 제보살은 수계의례에서 실제로 눈으로 볼 수 있는 대상은 아니다. 의례는 그러한 우리들의 눈에는 보이지 않는 붓다나 보살에게 말을 걸어, 그리고 그 인증을 얻는다는 형태로 행해진 것이다. 수계의례에서는 실제로는 다른 사람들의 입회도 있을 것이지만, 그들이 수계에 필요한 구성원이라는 것은 아니다. 수계희망자와 계사가 눈에 보이지 않는 존재에 말을 건다는 어떤 의미로 기묘한 광경인 것으로 보살계의 종타수계는 진행되는 것이다. 한편 다른 한 가지 수계법인 자서수계의 수계작법은 보다 한층 특징적이다. 「보살지」에서 자서수계는 계사가 될 만한 인물이 없는 경우에 인정되는 방법으로서 설해지고, 그 경우 수계희망자는 불상 앞에서 자신이 직접 제불이나 제보살에게 말을 거는 것에 의해 수계를 행한다. 즉, 의례에서 눈에 보이는 존재는 수계희망자 한 사람이고, 그 사람이 눈에 보이지 않는 존재에게 말을 걸어 인증을 얻는다는 형태로 의례는 집행되는 것이다.

보살의 자각과 윤회전생

통상의 계율에는 이 세상에서 일생 동안 계속 지킬 것을 맹세하여 수계하는 것과 보다 짧은 것이 있다. 일생 동안 지키는 것은 자주 '진형수'(육체와 수명이 다할 때까지)라고 표현된다. 또한 보다 단기의 계율로서는 8관재가 있고, 일일계라고도 한다. 이것들을 비교할 때, 보살계에는 큰 특징이 있다. 보살계의 기반이 되는 보살행은 발보리심으로 시작하여, 최종적으로는 보리를 얻어 붓다가 될 때까지 무수의 윤회전생을 통해 행하여진다. 그 때문에 보살계의 수계의례에서는 우선 최초에 극히 특징적인 2점을 계사는 묻는다. 즉, 그대는 보살인가 아닌가라는 점에서, 그리고 그대는 이미 보리의 서원을 마쳤는가 kṛtapraṇidhāna 아닌가라는 점이다. 전자는 수계 희망자가 보살로서의 자각을 가지고 있는지 아닌지를 후자는 보살로서 발보리심 (발심, 발보리원)을 물어 밝히는 것이다. 이것들에 대해 수계희망자는 그렇다고 긍정적으로 답하고, 그리고 보살생의 의의를 충분히 자각한 다음 보살계의 수계를 제불과 제보살을 향해 희구하여, 그 인증을 얻음으로써 보살이 된다. 보살계를 받는다는 것은 현세에 한정되지 않고, 내세나 그다음 내세도 계속 보살로서 사는 것이고, 그리고 그것을 자타 모두 인정하는 것을 말한다.

중죄의 수와 종류

보살계의 특징으로서 다시 보살로서 결코 범해서는 안 될 중죄를 그것들과 비교하여 보다 가벼운 것이 규정되어 있는 점을 들 수가 있다. 그러한 금계항목을 정리한 구체적인 조문집을 「바라제목차 prātimokṣa」라고 하고, 「계본」이라고도 한다. 중죄는 '바라이 pārājika'로 불린다. 이 술어의 의미는 적절한 역어를 제시하는 것이 어렵지만(현장역은 「타승처」), 전통적인 성문승의 율로부터 빌린 말이다. 율에서는 교단 추방에 상당하는 가장 무거운 죄이고, 사음·살인·투도·대망어의 4종이 있다.

보살계의 특징은 바라이의 내용과 수로서 보인다. 「보살지」는 그것을 4종으로 (다만 율의 4종과는 내용이 다르다) 하고, 담무참역 『보살지지경』도 동일하지만, 한편 구나발마역 『보살선계경』은 출가보살만을 대상으로서 8종의 중죄를 들고, 다른 한편 담무참역 『우바새계경』은 재가보살만을 대상으로 6종의 중죄를 규정한다. 이와 같이 제경에는 중죄의 조수와 내용에 큰 상위가 인정된다.

그 후의 전개

「보살지」에서 전개된 보살계가 그 후 어떻게 계승하여 발전해갔는지는 극히 흥미 깊은 과제이지만, 아쉽게도 확실한 것은 그다지 알지 못한다. 인도의 보살계에 대해서는 히라카와 아키라[11]가 듀트 Nalinaksha Dutt에 의해 출판된 *Bodhisattvaprātimokṣa*(보살바라제목차)라는 성립연대를 알 수 없는 문헌의 내용을 음미하고, 또한 샨티데바(Śāntideva 7세기 무렵)의 『입보리행론 *Bodhicaryāvatāra*』 및 『학처집성(*Śikṣāsammuccaya* 한역 『대승집보살학론』에 대응)』에 보이는 보살의 학처 śikṣāpada에 고찰을 더하고 있다. 하다노 하쿠유 羽田野伯猷[12]는 찬드라고민 Candragomin(7세기 무렵)의 『보살율의12』 및 그 주석인 샨타락시타 Śāntarakṣita(725-788 무렵)의 『보살율의12주』의 특색의 개요를 제시하고, 특히 이런 점은 후지타 코칸의 일련의 논문에 의해 면밀하게 연구되어 있다.[13] 또한 다른 연구자에 의한 이것들 이외의 텍스트에 관한 연구보고도 발표되어 있다.[14] 그러나 보살계에 대해서는 초기유가행파의 보살계설이 후기 시대에 구체적으로 어떻게 계승되고 변용했는지, 또는 어떠한 사람이나 학파에 의해 계승되었는지, 또는 유가행파에서 발생했다는 본래의 문맥을 넘어 널리 대승전반을 결합한 것으로 이해해야 할지 등의 사정이 아직 충분히 해명되었다고 말하기는 어렵고, 금후 연구가 더 한층 진전되기를 기대한다.

4.
중국의 새로운 전개

 전 절에서 확인한 인도불교의 보살계 형성사를 근거로 우리들은 여기에서 다시 중국으로 눈을 돌려보자. 앞의 제1절에서 살펴보았듯이「보살지」계품의 보살계의 교설은 중국에서는 담무참에 의해 들어왔고, 그의 곁에서 도진(법진)이 보살계의 수계를 행하고, 매우 많은 사람들에게 보살계를 주었다. 그러면 도진의 뒤에 중국불교에서 보살계는 어떠한 전개를 보인 것인가.

『출가인수보살계법』
 중국 최초기의 보살계 수용사를 아는 데 빼놓을 수 없는 텍스트가 있다. 페리오가 가져온 돈황사본 2196번『출가인수보살계법』이다. 권1이 남았을 뿐이고, 권두는 결손이지만, 권1은 거의 모두가 남아 있다. 양의 천람8년(519) 여름 5월의 칙사인 것을 명기하는 발문이 있는 것에 의해, 양 무제(재위 502-549)의 칙명에 의해 서사된 문헌임을 알 수 있다. 그리고 명확한 증거는 없지만, 이 무렵 무제의 불교활동 전체를 상황보증적으로 보면, 아마도 천람18년 5월에 무제는 기존 문헌의 서사를 명했던 것이 아니라, 새로운 문헌의 편집과 서사를 일련의 활동으로서 동시에 시켰을 가능성이 있다.
 본 문헌에 대해서는 츠찌하시 슈코 土橋秀高, 스와 기쥰 諏訪義純, Andreas Janousch, 오카 스미아키 阿純章의 연구 등과 후나야마에 의한 연구가 발표되어 있다.[15] 그것들에 의해 남조의 수도인 건강에 전래된 보살계의 수계작법에는 이하에서 보이는 6종이 있고, 그것이 천태지의에 의한다고 전해지는 『보살계의소』에도 담겨 있는 것이 해명되어 있다.

『출가인수보살계법』권1은 9장으로 구성되지만, 그 「서장1」에는 계본(즉, 바라제목차)으로 대별하여 『보살지지경』과 『범망경』의 2종이 있는 것과, 그리고 당시 세간에 유포한 「보살계법」으로서 6종이 있던 것이 기록되어 있다. 즉,

1. 구마라집에 의한 『범망경』에 의거한 보살계법
2. 『보살지지경』과 『범망경』의 양자에 의거하고, 고창의 담경曇景이 직접 전한 수보살계법受菩薩戒法
3. 장사사長沙寺의 현양玄暢이 찬술한 보살계법
4. 『우바새계경』에 의거하고, 건강健康에서 유포한 보살계법
5. 『보살영락본업경』에 의거하여 선택된 보살계법
6. 『관보현행경』에 의거하여 선택된 보살계법

의 6종이다. 지금 보살계법으로 명명되는 것은 주로 수계법을 의도한 것이 지의智顗 『보살계의소』의 설명과의 비교로부터 알 수 있다(대정40, 568a-569a).

상기의 각각에 대해 매우 간략하게 해설해두기로 한다. 우선 『범망경』(대정, 1848번)에 대해 『출가인수보살계법』에서는 나집의 번역임을 전혀 의심하고 있지 않지만, 후술하듯이 이 경은 중국에서 성립한 경전이고 나집의 역이 아닌 점이 현재로는 거의 확실하게 논증되어 있다. 범망경의 개요는 후술한다.[16]

제2의 고창의 담경은 『고승전』 중에서 전해지지 않는 미상의 승려이지만, 북위

에 의한 북량국멸망(439) 이후, 북량의 저거씨沮渠氏는 442년에서 460년까지 고창을 점거했기 때문에, 담경은 저거씨와 동향을 함께 했던 사람들의 계통-담무참 및 도진의 계통-의 인물이였다고 추측된다. 또한『출가인수보살계법』은 이에 대해 「고창의 담경이 입으로 전하는 바의 수보살계법」으로 언급하고 있는 점에서 아마도 담경은 스스로 건강에 와서 고창에서 유행하고 있던 수보살계작법을 전했다고 생각한다.

제3의 장사사의 현양(416-484,『고승전』권8)은 현고(402-444,『고승전』권11)의 제자이다. 모두 담무참의 계통으로 이어진다.

제4의『우바세계경』(대정, 1488번)은 담무참역이고, 우바새, 즉 남성 재가신자가 수지해야 할 보살계가 수계품에 설해진다. 특히 특징적인 것은 우바새의 보살에게 중죄를 6종(6중법)으로 하고, 하나하나 규정하는 것이다(대정24, 1049ab).『보살지지경』에서 규정되는 보살계는 출가자와 재가자에 공통된 것이고, 거기서 설해지는 중죄는 4종이다(4바라이, 대정30, 913b).『우바새계경』과『보살지지경』은 모두 담무참에 유래하는 것이지만, 보살계의 내용규정에서 차이가 있는 것을 알 수 있다.

제5의『보살영락본업경』에 대해『출가인수보살계법 出家人受菩薩戒法』은 역자명을 분명히 하지 않지만,『범망경』에 근거하여 그 직후에 작성된 경전인 것이 현재는 논증되어 있다. 그것은『범망경』과의 관련으로 나중에 다시 언급할 것이다.

제6의『관보현행경』이란 담마밀다(356-442) 역『관보현보살행법경』(대정, 277번)이고,『보현관경』이라고도 한다. 본경의 말미(대정9, 393c)에서 철저한 참회를 행하는 것으로 마음의 정화를 꾀한 수행자가 석가모니불을 화상으로서 보살계를 자서수계하는 방법이 설해졌기 때문에, 아마도 그것을 제6의 보살계법으로 간주할 것이다.

또한 『출가인수보살계법』이 설하는 보살계의 특징은 이상으로 한정되지 않는다. 예를 들면 수계의례가 자세한 것을 보이는 것도 특징으로서 지적할 수 있다. 특히 보살의 이름을 주는 한 구절은 인도의 제 문헌에서는 알려지지 않는 뚜렷한 점이라고 말할 수 있다.[17] 또한 3취의 첫 번째인 '율의계'에 대한 것을 본 문헌은 '섭대위의계 摂大威儀戒'나 '조어계 調御戒'라고도 부르고, 성문승의 레벨로 이미 수지하고 있는 그것을 보살계의 3취의 하나로서 다루는 방법으로 '중수 重受'(새롭게 다시 받음)와 '전계 転戒'(이미 받고 있는 계를 보살계의 하나로서 전환함)의 두 방법이 있는 것으로서, 각 작법을 상세하게 규정하고 있는 것도 또한 본 문헌의 특색이다. 더욱이 섭선법계도 10종(다만10선과는 내용이 다름), 섭중생계도 10종(통상은 11종)으로서 그것을 구체적으로 나타내는 점이나, 수계 후에 계상(구체적인 계의 항목)을 확인하는 때에 『범망경』의 10바라이를 채용하고 있는 점도 본 문헌의 특징으로서 주목할 가치가 있다.

황제나 귀족의 관계

이상에서 담무참에서 양무제에 이르기까지 대략적인 흐름을 짐작할 수가 있지만, 상기의 6종 이외에도 주목해야 할 경전은 있다. 예를 들면 남조송의 원가8년(431)에 역출된 구나발마역 『보살선계경』이 있다. 이와 관련된 문제가 구나발마로부터 보살계를 받고 싶다고 희망했다는 『고승전』권3의 구나발마전의 기사는 주목할 만하다(대정50, 341b). 구나발마의 갑작스러운 서거에 의해 문제의 수계는 끝내 실현되지 못했지만, 남조에서 보살계는 전래당시부터 재가의 최고위인 황제와도 연결되었던 것을 알 수 있다. 그 후 송의 명제가 수계를 받았다는 기록이 있지만, 역대

황제 가운데서 가장 유명하고 진지한 보살계수지자는 양무제(법명은 「관달」)였다. 무제는 나중에 '석교 釋敎에 빠지다'(『남사』권7, 양본기의 론)라고 전해질 정도로 불교에 힘을 기울였고, 그것이 하나의 큰 원인이 되어 양은 멸망하게 된다. 그러나 무제 전반기의 불교신앙은 그 정도로 과도한 것은 아니었다. 그리고 그 전후기를 나누는 사건이 뭔가를 말하면, 그것은 바로 천람18년 4월 8일의 불탄일에 거행된 보살계의 수계의례였다. 상술한 『출가인수보살계법』은 그 약 1개월 후에 왕의 명에 의해 서사된 것(칙사)이다.

보살계의 수계는 황제뿐만 아니라 출가나 재가를 막론하고, 널리 다양한 사람들에게 행해졌다. 승전 이외에서 알려지는 송 및 남제시대의 인물로서 적어도 20명 이상의 이름을 들 수가 있다.[18] 또한 아쉽게도 현존하지 않지만, 「송제승사수보살계명록 宋齊勝士受菩薩戒名錄」으로 이름을 붙인 기록이 존재했던 것이 『출삼장기집』 권12에서 알려진다. 이런 것은 당시 왕후귀족의 상당수가 유행처럼 보살계를 수계했다는 것을 엿보게 하는 것이다.

양무제는 특히 제불 제보살에 대한 참회문(참회의 표백문)에서 '보살계제자황제 菩薩戒弟子皇帝'(보살계를 받은 불제자로서의 황제)라는 명칭을 자칭으로서 쓰이는 일이 있었다. 이 명칭은 무제뿐만 아니라 그 후의 황제에도 사용되었다. 예를 들면 양의 간문제(재위 549-551), 진의 문제(재위 559-566), 선제(재위 568-582) 등이 보살계를 수계하고, '보살계제자황제'라는 자칭을 사용하는 참회문을 남기고 있다. 더욱이 나중에 수양제(재위 604-617)가 된 양홍은 개황11년(591), 진왕이었던 무렵에 천태지의로부터 『범망경』에 근거한 수계를 받고(법명은 「총지」), 황제즉위 후에는 '보살계제자황제총지'로 자칭하고 있다.[19] 그런데 북조의 북위에서 황제는 '현재의 여래'로 간주

된 것이 『위서』 석노지로부터 알려지지만, 그것에 대해 남조의 제 황제는 '보살계제
자황제'라는 호칭에서 보듯이 자신을 여래의 제자로 간주한 것이다. 황제를 붓다
그 자체로 간주하여 찬양할지, 불제자로 간주할지라는 점은 당시의 불교사 남조
의 차이를 생각하는 데 극히 흥미롭다. 또한 황제는 아니지만, '보살계제자'라는
호칭이 양의 심약 沈約(441-513)이나 진의 조비 曹毘(『속고승전』권1, 대정50, 431b) 등에
사용되었다. 그런데 이념적 측면에서 말하면, 보살계를 수계하는 점에서 출가자와
재가자의 구별은 분명히 없는 것이지만, 이러한 '보살계제자'라는 명칭은 출가자에
대해서가 아니라, 특히 재가자에게 붙여진 특징적인 호칭이었던 것 같다.

더욱이 양대의 귀족 사이에서는 참회를 주제로 하는 시문의 작성이 하나의 유행
이 된 것이 지적되고 있는데,[20] 거기서 시대의 풍조로서 보살계와 그 전제로서의
참회의 유행을 시대적 배경으로 상정하는 것도 가능할 것이다.

『범망경』의 성립

중국에서 보살계는 담무참역 『보살지지경』, 즉 「보살지」의 전래에 의해 시작됐
지만, 새로운 경전의 성립에 의해 인도와는 완전히 다른 새로운 전개를 나타냈다.
그 경전은 바로 『범망경』이다. 그 정식 명칭은 『범망경노사나불설보살심지계품
권10』 2권이다(대정, 1484번). 본 경전은 후진의 구마라집역으로서 세상에 나왔다.
그런 것을 기록하는 경기 「보살바라제목차후기」(『출삼장기집』권11)도 지어졌지만, 실
제는 구마라집과는 무관계이고, 중국에서 편찬된 위작경전(위경, 의경)이라는 것이
모찌즈키 신코 望月信亨 씨, 오노 호도 大野法道 씨 등의 연구에 의해 거의 논증된 것은
널리 알려진 바와 같다. 본 경의 성립은 5세기의 중반이나 후반이라고 생각된다.[21]

본 경의 상권은 10주·10행·10회향·10지로 구성되는 보살의 수행계위을 설하고, 하권은 보살계를 설한다. 특히 하권에서 10중 48경계의 설이 널리 알려졌다. 10중은 10종의 중죄의 의미이고, 10바라이라고도 한다. 그것들을 간략화하여 구체적으로 말하면, 살아 있는 것을 고의로 죽이지 말고, (삿된) 성교를 하지 말고, 거짓말을 하지 말고, 술을 팔지 말고(특히 판매금지를 의도), 동료가 범한 죄를 함부로 논하지 말고, 자신을 칭송하고 남을 헐뜯지 말고, 설법이나 재시 등의 보시를 아까워하지 말고, 분노에 떠는 상태가 되지 말고, 불법승 삼보를 비방하지 말라는 등, 이상의 10항목에 관한 사항이다. 이 교설은 범망계로 통칭되어, 그 후 시대의 동아시아불교의 실태를 쇄신하는 계기가 되었다. 이미 언급했듯이, 5세기 전반에 한역된 경전으로서는 중죄를 출가자와 재가자에 공통된 4종으로 하는 『보살지지경』, 출가자만의 8종으로 하는 『보살선계경』, 재가자만의 6종으로 하는 『우바새계경』 등이 있었지만, 이에 비해 『범망경』은 출가자와 재가자에 공통된 10중 48경계를 「보살의 바라제목차(계본)」로서 제시하고, 그리고 보름마다 개최되는 포살로 불리는 계율확인의 의례에서 보살계의 지계·범계를 확인해야 할 것을 설한다. 요컨대 본경의 10중설에는 앞에서 언급한 제 경전에서 역출된 다른 교설을 종합화한 것이라는 성격이 인정된다. 그런 것과 출가 및 재가보살에 의한 포살의 실천이라는 관점을 함께 생각하면, 본경편찬의 목적의 하나로, 한역의 제 경전에 다양한 형태로 설해져, 통일성이 없는 중죄규정을 종합적으로 체계화하여, 실천할 만한 형태로 출가자나 재가자를 불문하고, 많은 사람들이 공통적으로 사용가능한 보살계의 체크리스트를 편찬한다는 의도가 있었을 것이라고 추측된다. 보살계의 도입 후 얼마 지나지 않아 본경이 위작된 배경에는 아마도 다양한 요인을 상정해야겠지만, 그 하나로 앞에서 언급한 것과 같은 상황이 있었던 것은 확실하다고 생각된다. 또한 범망계의 제작에 즈음하여, 담무참역『보살지지경』『대반열반경』『우바새계경』, 구나발마역『보살선계경』, 의경『인왕반야경』(『범망경』의 직전 또는 동시에 성립) 등이, 그리고 권말의 게송의 부분에 대해서는 다시 구마라집 역『중론』등이 하권의 소재로서 사용된 것이 선행 연구에서 지적되었다.[22]

본 경에서 성립하고, 후대에 영향을 미친 교설은 이외에도 많다. 예를 들면 고기나 오신채(파, 마늘 등의 5종)의 섭취를 금지하는 가르침이 있다. 이것들은 본래는 『대반열반경』등의 번역경전에서 차용되었다는 사고방식으로 간주될 수가 있지만, 보살행의 실천이라는 점에서 말하면, 사람들에게 직접적인 영향을 미쳤던 것은 오히려 그러한 번역경전이 아니라, 『범망경』쪽이었다. 또한 제16경계에는 출가보살은 반드시 소신소지 燒身燒指 등의 사신행 捨身行을 행한 불보살을 공양해야 할 것이 설해져 있고, 그 문장에는 몇 가지 다른 해석이 가능한데, 어쨌든 이 제16경계를 비롯한『범망경』의 교설은 후 시대의 수계의례의 형태에도 큰 영향을 미친 것으로서 주목해야 할 것이다.

『보살영락본업경』

『범망경』은 보살계를 설하는 또 다른 의경『보살영락본업경』(대정, 1485번)을 산출하는 소재가 되었다. 본 경이 설하는 주제는 다양하지만, 보살계도 중요한 한 가지이다. 본 경은 『범망경』의 성립 후, 5세기 말 무렵에 중국에서 성립했다. 보다 구체적으로 말하면, 5세기의 남북조불교 교리학의 술어나 이론과 공통된 면을 가지는 것으로부터 본 경의 성립지역은 북조가 아니라 남조였을 가능성이 있다고 생각된다. 선행연구가 지적하듯이, 본경의 편찬에서 소재로서 암묵적으로 표현을 사용한 경전으로 『범망경』『인왕반야경』 외에 오의 지겸 역 『보살본업경』, 동진의 불타발타라 역 『화엄경』, 북량의 담무참 역 『보살지지경』, 남조 송의 불타발타라역 『승만경』 등이 있다.

『보살영락본업경』의 보살계설은 『범망경』의 그것에 근거하여 성립했지만, 특히 주목해야 할 점에 두 가지가 있다. 하나는 거기서 설해지는 자서수계설이다. 이것에 대해서는 이미 약술했다. 다른 한 가지 주목해야 할 점은 3취계의 제1항목을 10바라이로 명확하게 규정한 것이다. 『보살지지경』 등의 「보살지」 제 본에서는 3취계의 제1항을 율의계(구족계, 5계 등)로 하는 것에 비해, 『보살영락본업경』은 대중수학품제7에서 『범망경』이 설하는 10바라이를 '섭율의계'로 하고, 그것을 '이른바 10바라이이다'라고 규정하여, 그것과 '섭선법계'와 '섭중생계'를 합해 '3수문'으로 부른다(『보살지지경』의 「3취계」에 상당). 이것은 『범망경』의 계를 수지하고 있다면, 성문승의 율이나 계와는 관계없이 보살계가 성립함을 의미한다(특히 『범망경』의 경우는 10중 48경계를 설할 뿐으로 3취의 개념은 전혀 보이지 않는다). 요컨대 성문승에서 통상계를 수지하지 않더라도 『범망경』의 10바라이를 수지하고 있다면, 수계가 성립할 가능성이 여기서 펼쳐질 것이다. 다른 표현을 쓴다면, 다른 원돈계에 연결되는 듯한, 대승계만의 수계를 허락할 가능성이 『보살영락본업경』에는 있다. 다만 중국불교사에서 그와 같은 수계를 받은 인물이 현실적으로 있을지 어떨지는 아직 충분히 해명되어 있지 않다. 이런 점에 대해서는 금후의 연구의 진전이 기대된다.

수당 및 그 이후

6조시대에 성립한 보살계의 다양한 교설은 『보살계의소』를 저술한 수의 지의와 제자 관정이나 그 외의 다른 사람들에 의해 수당 및 후 시대로 계승되어, 발전을 이루었다. 『범망경』에 대한 많은 주석이 저작되어, 재가자 사이에서 보살계를 받는 풍조도 계승되었다.[23] 돈황에서 보살계의 실태에 관한 최근의 종합적 연구로서는 담여湛如『돈황불교율의 제도연구』(중화서국, 2003)가 있다. 또한 아마도 실제의 수요를 반영하고 있을 수당시대에는 보살계의 수계법을 설하는 문헌이 다양한 형태로 편찬되어, 수계작법의 변천이 현저하다. 이런 점에 대해서는 히라카와 아키라 平川彰나 오카 스미아키 阿純章의 연구가 있다.[24]

5.
결론을 대신하여-보살계를 둘러싼 새로운 문제

본고에서는 「보살지」 계품에서 설해지는 보살계의 가르침을 인도대승의 문맥에서 검토하여, 그것이 담무참에 의해 중국에 전래되어, 새로운 전개를 했던 양상을 확인했다. 마지막으로 보살계가 내포하고 있는 문제를 두세 개 지적하여 금후의 연구에 대한 전망으로 삼고자 한다.

보살계와 율

'계'와 '율'이 다른 점은 자주 학자가 지적하는 것이다.[25] 그리고 그 지적은 때로 중국에서 '계율'의 총칭에 대한 비판이 되기도 한다. 다만 '계'와 '율'의 구별을 말하는 경우, 그 한자로서의 본의를 생각해봐도 무의미하여, 요컨대 '계'의 원어인 '실라 śīla'와 '율'의 원어인 '비나야 vinaya'는 다르다는 것이다.[26]

실라는 습관성이나 성격 등을 의미하고, 그 점에서 좋은 습관성이나 도덕적 행위 등의 의미가 되기도 한다. 이러한 실라는 개인이 자발적으로 지켜야 할 윤리나 도덕에 해당하고, 출가자가 교단에서 집단으로 지켜야 할 율과는 성격이 완전히 다르다고 말한다. 계와 율의 상위는 벌칙규정의 유무라는 점에서 설명되는 경우도 있다(예를 들면 재가가 5계를 범해도 벌칙은 없다). 또한 대승계는 있지만, 대승율은 존재하지 않는다는 지적도 있다. 더욱이 실라라는 단어에는 부정이나 금지의 의미가 없는 것에 비해, 율에는 금지의 의미가 있다는 식으로 상위가 설명되는 경우도 있다. 이와 같이 실라와 비나야를 구별하는 것은 성문승에서는 대개 유효하다. 그러나 대승의 경우는 사정이 약간 다르게 된다. 보살계에서는 이하에서 언급하듯이 계와 율의 사이에 보다 가까운 관계를 인정해야 할 일면이 생겨난다.

율의 조항의 하나하나를 한자로는 '계'라고 표현하지만, 산스크리트어로는 학처(śikṣāpada 학습항목)이고, 실라라고 부르지 않는다. 하지만 「보살지」 계품이 설하는 보살계에서는 3취계의 제1항인 율의계를 비구·비구니·식차마나·사미·사미니·우바새·우바이의 계 śīla라고 설명한다. 비구·비구니의 수지해야 할 율 내지 학처를 계로 간주하고 있는 것이 여기서 알 수 있다.

또한 보살계에는 율에서 차용한 것이 많다. 예를 들면 '바라제목차' '바라이' '참회' '악작' '학처' 등이다. '바라이'나 '참회'는 벌칙규정과 직결된다. 결국 보살계는 계임에도 불구하고, 벌칙규정이 존재하는 것이다.

더욱이 「보살지」 계품에는 보살계를 'bodhisattva-vinaya'로 표현하는 예가 있다 (W 181, 7. D 124, 18). 한역은 담무참 역 「보살비니」(대정30, 917a)를 의미하는 것을 알 수 있다. 확실히 인도불교에서 대승의 율은 역사상 실재하지 않았다고 생각해야 하지만, 그 한편으로 지금 여기서 제시한 어구의 용례에서 「보살지」 편찬자들이 보살계를 성문의 율에 대응하는 것으로 생각했던 것은 의심할 수 없다. 보살계의 사상을 성립시켰던 사람들은 율을 포함하는 일체의 성문의 계율규정을 내포하고, 그것을 뛰어넘는 것으로서 보살계의 확립을 지향했다고 추측된다. 그들은 대승의 율로 불러야 할 것을 작성하지 않은 것은 아닐까라고 상상하더라도 필시 황당무계한 것은 아닐 것이다.

이와 같이 보살계의 경우에는 인도불교의 문맥에서 조차도 계와 율이 서로 중첩되는 국면이 있다. 결국 계와 율을 확연히 구별하는 것은 보살계의 경우에는 오히려 문제를 일으킨다. 그리고 이러한 상황은 중국성립의 『범망경』에서 더욱 현저하게 된다. 중국성립의 『범망경』 하권은 10바라이를 '10중바라제목차'라고도 칭하고, '보름마다의 포살에서 10중 48경계를 염송한다'라고 표현한다(대정24, 1008a). 여기에서 본경 편찬자들이 대승에는 대승특유의 포살이 있어야 한다고 생각했던 것을 짐작할 수 있다. 그것뿐만은 아니다. 본경의 조문에는 보살계를 의미하는 '대승경률'이라는 표현이 복수의 개소에서 사용되고 있다. 범망보살계의 가르침을 율과 연결되는 것으로 하는 의식이 여기서도 엿보인다. 요컨대 「보살지」에서 보이는 보살계와 율의 근접적 경향은 중국에서 『범망경』을 만든 사람들의 활동에 의해 더욱 강화되었다.

출죄법

　　보살계의 교설에 내재하는 또 다른 문제는 계율위반에 대한 대처법이다. 주지하듯이 율에서는 바라이를 어기면 교단추방(불공주)이 되는 등의 벌칙이 규정되어 있다. 그러면 보살계의 경우는 어떤가라고 하면 「보살지」 계품에 다음과 같은 규정이 있다.

　　만약 보살이 바라이에 해당하는 사항을 범할 경우, 그것이 극도 abhimātra의 번뇌심 paryavasthāna에 의거할 때는 율의(보살계)를 버리게 된다. 따라서 재차 (보살계를) 다시 받지 않으면 안 된다(W180, 26-181, 2. D124, 14-15. 담무참 역 대정30, 917a, 현장 역, 521a).

　　이것 이하, 번뇌심의 상태가 보다 가벼운 정도의 경우에 대해 참회에 의한 대처법이 언급된다. 이와 같이 「보살지」는 번뇌심의 상태를 상(심한 정도의 번뇌심, 담무참 역 '증상번뇌' '상번뇌'), 중, 하의 3종으로 나누어, 바라이에 해당하는 것은 상의 번뇌심에서 고의로 위반하는 경우인 것만을 명기하고 있다. 다른 한편 중간 정도나 가벼운 정도의 경우 또한 바라이가 아닌 소위 '경구죄 輕垢罪'의 경우에는 상응하는 방식으로 참회하는 것으로 죄로부터 벗어날 수가 있다고 설명되어 있다. 또한 번뇌를 3종으로 나누어 심한 정도의 경우에만 바라이가 성립한다는 점에서 같은 내용의 기술은 상기의 인용에 선행하는 개소에도 있고, 극히 흥미 깊은 내용으로 넘친다. 특히 보살계에서 바라이를 범하고도 다시 수계가 인정되는 점은 성문의 비구가 바라이를 범하면 재수계가 안 되는 것과는 다르다는 취지의 사항이 언명되어 있는 것은 주목해야 할 것이다(W 159, 16-23. D 109, 8-13. 담무참 역, 대정30, 913b, 현장역, 515c). 이러한 개소로부터 우리들은 「보살지」의 작성자가 보살계와 율의 사이에서 구체적으로 무엇을 공통요소로 간주했는지, 어떤 것이 다르다고 생각했는지를 알 수가 있다. 요약하면 보살계는 바라이의 경우라도 한 번 범한 것만으로 바라이가 아니라, 극도의 악의를 가지고 고의로 몇 번이나 위반하는 것에 의해 비로소 바라이가 되는 것, 그리고 그 경우에도 재수계가 가능하다는 것이 성문의 율과는 크게 다른 점이라고 되어 있는 것이다.

여기서 바라이의 의미가 대승과 소승에서 상당히 다른 것을 알 수 있다. 다만 이런 규정을 실제로 어떻게 운용했는지는 이런 짧은 설명으로 반드시 전부 분명한 것은 아니다. 예를 들면 바라이를 범한 후에 재수계하는 것은 실제로 용이하게 인정됐는지, 아니면 곤란한 제 조건을 부과했는지, 참회가 아직 부족한지 등의 판단이 행해지는 것 등에 의해 실제로는 재수계는 꽤 곤란했다는 것은 아무것도 기록되어 있지 않다. 보살계의 실태를 알기 위해서는 경전의 문구만이 아니라, 후대의 주석서 등 가운데서 더욱 상세한 설명을 발견하는 것이나 구체적인 수계의 사례를 역사적 문헌에서 찾아내는 것 등을 금후 더욱 수행해야 할 것이다.

이상으로 보살계와 율의 접점 내지 근접성과 계율위반을 범한 때의 죄의 정화방법 두 가지에 대해 문제점을 지적했지만, 이것들은 보살계가 가지는 문제의 일부에 지나지 않는다. 보살계가 인도나 중국, 일본이나 티벳에서는 구체적으로 어떻게 수지되었는지, 그 실태는 여전히 불분명한 점이 많다. 보살계의 경우, 경전 중의 규정에서도 알기 어려운 점은 많지만, 그럼에도 더욱 격화소양隔靴搔癢의 느낌을 주는 것은 특히 경전의 규정을 사람들이 실제로 어떻게 적용하여 규칙을 운용했는가라는 문제이다. 이러한 점에 대해 현시점에서 우리들은 명쾌한 답변을 줄 수가 없다. 금후 각종 관련 문헌뿐만 아니라 비문사료 등에서도 가능한 한 적극적으로 주목하고 활용하는 것에 의해 불교사적 측면에서 다양한 각도로 보살계의 실태에 접근할 필요가 있을 것이다.

---

1 5세기 중국에서 계율수용사의 개설로서 다음의 졸고를 참조하기 바란다. Tōru Funayama, "The Acceptance of Buddhist Precepts by the Chinese in the Fifth Century"(*Journal of Asian History* 38-2 (2004), pp. 97-120).

2 담무참전 전체의 일본어역은 다음을 참조할 것. 吉川忠夫·舟山徹共訳, 『高僧伝1』, 岩波文庫 (2009), p. 211f.

3 平川彰, 「懺悔とクシャマー大乗経典と律蔵の対比」(『平川彰著作集7, 정토사상과 대승계』, 春秋社 (1990), pp. 431-453. 초출은 1976).

4 참회에 상당하는 산스크리트어는 [āpatti-] pratideśanā([잘못을]누군가에게 명시하는 것, 고백하는 것) 또는 deśanā(명시, 고백)이다. 한편 참회와 같은 내용을 의미하는 동사로서는 āviṣ-kṛ(발로 하다, 노정시키다), vi-vṛ(감추지 않고 폭로하다), pra-kāś(명확히 하다), na praticchad / pracchad(은폐하지 않다), uttānī-kṛ(공개하다) 등이 있다. 또한 '참회'와 거의 동의의 한어로서는 '悔過', '懺謝', '發露', '說罪' 등이 있다.

5 본 장의 본문에서 후술하는 『출가인수보살계법』에 따르면 수계에 선행하는 참회의 기간은 언제나 일정한 것은 아니다. 즉, 일주일을 기준으로 하여 보다 단기의 3일이나 하루도 있고, 역으로 필요하다면 1년이나 2년에 걸친 것도 있다고 한다.

6 平川彰, 「初期大乗仏教の戒学としての十善道」(『平川彰著作集7, 浄土思想と大乗戒』(1990), pp. 201-238. 초판은 1968)

7 藤田光寛, 「〈菩薩地戒品〉和訳(I-III)」(『高野山大学論叢』24 (1989), pp. 31-51. 같은 책25 (1990), pp. 127-147. 같은 책26 (1991), pp. 21-30).

8 9종의 尸波羅蜜 중 일체계에서 보살계설은 분량상 괴이할 정도로 돌출해 있다. 「보살지」 내부의 증보발전을 가정하는 것이 허락된다면, 보살계설은 일체계의 원형적 설명의 성립 후에 부가된 신층일 가능성도 생각된다.

9 현장역에 따르면 권4 지바라밀다품에 보이고, 6바라밀을 설하는 가운데 계(계바라밀)에 3종

이 있는 것으로서 '전사불선계', '전생선계', '전생요익유정계'라는 술어가 열거된다(대정16, 705c). 특히 각각의 설명은 행해져 있지 않다. 이것들에 대응하는 티벳역은 순서대로 mi dge ba las ldog pa'i tshul khrims, dge ba la 'jug pa'i tshul khrims, sems can gyi don la 'jug pa'i tshul khrims이고, 라모트 교정 티벳역본에 따르면 상정되는 산스크리트 원어는 순서대로 akuśalanivartakaśīla(악을 그치게 하는 계), kuśalapravartakaśīla(선을 작용시키는 계), sattvārthapravartakaśīla(중생의 이익을 작용시키는 계)이다(Étienne Lamotte, *Saṃdhinirmocana sūtra: L'explication des mystères*, Louvain/Paris (1935), p.135). 『해심밀경』과 「보살지」의 성립순서에 대해 勝呂信靜은 『해심밀경』은 『유가론』의 「본지분」과 「섭결택분」의 중간에서 성립했다고 추정한다(『初期唯識思想の研究』, 春秋社 (1989), p.290). 필자도 이것을 따른다. 다만 이런 점은 반드시 충분히 확정된 것은 아니고, 특히 스구로 씨에 선행하는 제 연구는 『해심밀경』은 『유가론』보다 고층이라고 간주하는 경향이 있다. 히라카와는 「初期大乗仏教の戒学としての十善道」 p.217도 『해심밀경』이 선행하는 것을 전제로 한 논의도 있지만, 이제는 따르지 않는다.

10 보살계를 받은 자는 모두 보살로서 동등하지만, 계위의 상위가 있다. 대별하여 보살에는 '범부 pṛthagjana'와 '성인', '성자'(ārya, alaukika=lokottara 출세간)의 구별이 있고, 그 획기적인 것은 10지 중 초지이다. 초지 및 그 이상을 성자, 특히 '입지보살'(또는 '등지보살', bhūmipraviṣṭo bodhisattvaḥ)이라고 한다. 또한 '입대지보살 mahābhūmipraviṣṭo bodhisattvaḥ'이나 '대지보살'이라는 말도 성스러운 보살 가운데 특히 고위의 사람을 가리킨다. 다른 한편 아직 성위에 도달하지 않은 자는 보살이라고 하더라도 범부이다. 특히 보살이 되는 것은 '신학보살' 내지 '신발의보살 ādikarmika bodhisattva, navayānasamprasthita bodhisattva'로 불린다. 이와 같이 보살에는 계위에 의해 저절로 상위가 있지만, 그러나 출가자인지 재가자인지, 남자인지 여자인지라는 점은 보살의 경지를 구별하는 근거로 결코 되지 않는다.

11 平川彰, 「대승계와 십선도」(『平川彰著作集7, 정토사상과 대승계』 (1990), pp.247-248), 「대승계와 보살계경」(『同』 pp.267-272. 초출은 1960). Bodhisattva-Prātimokṣasūtra에 대해서는 다음을 참조. Nalinaksha Dutt, "Bodhisattva Prātimokṣa Sūtra: Prātimokṣasūtra of the Hīnayānists"(*Iindian Historical Quarterly*, 7 (1931), pp.259-286).

12 羽田野伯猷, 「瑜伽行派の菩薩戒をめぐって」(羽田野伯猷『チベット・インド学集成제4권』 法藏舘 (1988), pp.137-180. 초출은 1977).

13 藤田光寛, 「『菩薩律儀20』 について」(『中川善教先生頌徳記念論集仏教と文化』, 同朋社 (1983), pp.255-280). 同, 「Śāntarakṣita 저 〈律儀20註〉について」(『高野山大学密教文化研究所紀要』16 (2003), pp.1-19). 同, 『仏教徒のあり方と戒律』(高野山大学夏期生涯学習講座 in 高野山テキスト, 高野山大学, (2003)). 同, 「Candragomin 저 〈菩薩律儀二十〉とその注釈書2種-校訂テキスト」(『高野山大学密教文化研究所紀要』15 (2002), pp.1-131).

14 히라카와 씨의 문제제기를 계승한 연구로서 다음을 참조. 沖本克己, 「Bodhisattva Prātimokṣa」(『인불연』21-1 (1972), pp.130-31). 石田智宏, 「*Bodhicaryāvatāra* における派羅提木叉と懺悔法-改編と改訳の証跡」(『仏教史学研究』36-2 (1993), pp.1-27). 藤田光寛, 「〈Bodhisattva-prātimokṣa-catuṣka-nirhāra〉について」(『密教文化』163 (1988), pp.132-117).

15 土橋秀高,「ペリオ「出家人受菩薩戒法」について」(同,『戒律の研究』, 永田文昌堂 (1980), pp. 832-886. 초판은 1968). 諏訪義純,「梁天監18년勅写「出家人受菩薩戒法卷第一」について」(同,『中国南朝仏教史の研究』, 法藏館 (1997), pp. 85-102. 초판은 1972). 同,「「出家人受菩薩戒法卷第一序一」について－智顗述・灌頂記『菩薩戒義疏』との関連を中心として」(『同』pp. 103-112. 초판은 1971). 同,「天台疏の制旨本について」(『同』pp. 113-117. 초판은 1972). 舟山徹,「六朝時代における菩薩戒の受用過程ー劉宋・南斉期を中心に」(『東方学報』京都67 (1995), pp. 1-135). Andreas Janousch, "The emperor as bodhisattva: the bodhisattva ordination and ritual assemblies of Emperor Wu of the Liang dynasty"(Joseph P. McDermott (ed.), *State and court ritual in China*, Cambridge: Cambridge University Press (1999), pp. 112-149). 阿純章,「受菩薩戒儀及び八斎戒儀の変遷」(小林正美編『道教の斎法儀礼の思想史的研究』, 知泉書館 (2006), pp. 335-395).

16 또한 현존하는『범망경』에는 수계법이 실용적으로 감당할 정도로 정리된 형태로 기록되어 있지 않은 점에 유의해야 한다. 이런 점에 대해서는 당의 도세『法苑珠林』권89에 '범망경에서 말한다'(대정53, 939c)는 것으로서 수계법의 일잔을 언급하는 개소가 있고, 그것은 현존본의 문구와 완전히 대응하지 않는다. 이러 문제를 어떻게 보아야 할지에 대해서는 정설이 없다. 범망경연구에서 금후의 과제의 하나이다.

17 勝野隆広,「菩薩戒と菩薩名の授与について」(『仏教学』44 (2002), pp. 73-89).

18 前掲拙稿,「六朝時代における菩薩戒の受用過程ー劉宋・南斉期を中心に」, 77-79, p. 108.

19 諸皇帝と菩薩戒のつながりを示す記事として, 도선,『광홍명집』권27(대정52, 305c), 권28(대정52, 328bc, 332a-333c) 등을 참조.

20 鈴木修次,「六朝時代の「懺悔詩」」(『小尾博士古稀記念中国学論集』, 汲古書院 (1983), pp. 347-363).

21 望月信亨,「疑似經と偽妄經ー仁王經 梵網經 瓔珞經」(『불서연구』32 (1917), pp. 1-4).『浄土教の起源及発達』(共立社 (1930), pp. 140-196).『仏教経典成立史論』(法藏館 (1946), pp. 425-484). 大野法道,『大乗戒經の研究』(理想社 (1954), pp. 252-284). 舟山徹,「疑經『범망경』成立の諸問題」(『仏教史学研究』39-1 (1996), pp. 54-78). 同,「범망경諸本の二系統」(『東方学報』京都85 (2010), pp. 179-211). 同,「범망경下卷先行説の再検討」(麦谷邦夫編『三教交渉論叢続編』, 京都大学人文科学研究所 (2011), pp. 127-156).

22 『범망경』의 성립에 영향을 준 주된 선행경전은 본문에서 언급한 바와 같지만, 다른 한편,『범망경』을 소재로서 중국에서 성립한 경전도 있다. 그 대표가『보살영락본업경』인 것은 논할 필요도 없다. 더욱이 유송의 구나발마역으로 전해지는『우바새5계위의경』(대정, No.1503)에는『범망경』에 특징적인 표현이 보이고, 아마도 이 경도『범망경』성립 후에 중국에서 편찬되었다고 간주해야 한다. 또한 당의 불공역 내지 금강지역으로 전해지는『대스유가금강성해만수실리천비천발대교왕경』(대정, No.1177A)에는『범망경』하권의 용어를 바탕으로 하는 개소가 있을 뿐만 아니라, 상권의 문구 일부가 그대로 전사되어 있는 개소가 적지 않게 존재한다. 이 밀교경전이 번역이 아니라 중국성립의 경전인 것과『범망경』을 소재의 일부로 하는 것에 대해서는 다음을 참조한다. 小野玄妙,「千臂千鉢曼殊室利經幷其序真偽考」(『仏教学雑誌』1-4 (1920), pp. 107-114). 望月信亨,『仏教経典成立史論』(주 21) 관련, pp. 519-531).

23 岩崎日出男,「善無畏三蔵の在唐中における活動についてー菩薩戒授与の活動を中心として」(『東洋

の思想と宗教』6 (1989), pp. 37-52). 谷井俊仁, 「契丹仏教政治史論」(気賀澤保規編『中国仏教石經の研究 — 房山雲居石經を中心に』, 京都大学学術出版会 (1996), pp. 133-191). 古松崇志, 「法均と燕京馬鞍山の菩薩戒壇 — 契丹(遼)における大乗菩薩戒の流行」(『東洋史研究』65-3 (2006), pp. 407-444).

24 平川彰, 「授菩薩戒儀の研究」(『平川彰著作集第8巻, 日本仏教と中国仏教』, 春秋社 (1991), pp. 387-466). 阿의 論文에 대해서는 앞의 주 15)를 참조.

25 계와 율의 상위에 관한 설명으로서 다음을 참조. 平川彰, 『原始仏教の教団組織』(I, II 『平川彰著作集第11巻, 12巻』, 春秋社 (2000), I, pp. 118-184 「戒と律」. 초판은 1964). 林章司, 「戒律概説」(同編, 『戒律の世界』, 渓水社 (1993), pp. 5-60).

26 '계와 율은 다르고, 양자를 혼동해서는 안 된다. 양자를 합친 계율이라는 말은 인도에 존재하지 않는다'는 표현을 하는 경우, 그곳에는 '계'와 '율'은 각각 실라 śīla와 비나야 vinaya의 역어이고, 그것 이외는 아니라는 해석이 암묵적으로 전제되어 있다. 그러나 한역어로서 보는 경우, 이런 전제는 반드시 바르지 않다. 상세한 것은 생략하지만, '계'는 항상 반드시 śīla의 역이 아니라, 때로는 śikṣā(학) 내지 śikṣāpada(학처)의 역인 경우나 saṃvara(율의)의 역인 경우도 있다. 그리고 '율'에 대해서는 그것이 vinaya의 역으로서 쓰이는 것은 분명하지만, 그 외에도 saṃvara나 그 외의 범어의 역어로서 쓰이는 예도 확인된다. 그리고 '계율'은 역어로서 실재하고, 그것은 śīla의 역, śīlasaṃvara의 역, śikṣāpada의 역, prātimokṣa의 역인 경우 등이 있는 것(환언하면, *śīlavinaya의 역은 아님)을 문헌학적으로 확인할 수가 있다. 요컨대 '계율'이라는 한어 그 자체가 모순된 것이 아니라, 문제는 그것을 범어 *śīlavinaya만에 대응하는 것이라고 해석하면 모순이 생기는 것이라고 이해해야 할 것이다.

제8장

중국 선사상의 전개
「평상무사」와 「깨달음」

츠치야 다이스케

1.
머리말

결코 짧지 않은 중국선의 역사에서 송대의 선승 대혜종고(1089-1163)에 의한 '묵조선' 비판과 '간화선'의 대성을 그 사상적 도달점의 하나로 보는 것에 큰 문제는 없을 것이다. 대혜는 당시의 조동종의 선을 선정의 세계에 침묵할 뿐으로, 깨달음을 얻으려고 하지 않는 '묵조선'이라고 비판하고, 한편 자신은 '공안'에 대한 참구에 의해 깨달음에 도달하려고 하는 '간화선'을 주장했다는 것이다. 이미 많은 연구자가 지적하듯이, 이와 같은 대혜의 표현에서는 '깨달음悟'의 유무가 중요한 문제가 된다.[1] 예를 들면『대혜보각선사어록』권28「답종직각 答宗直閣」에서 다음과 같이 말한다.

> 지금 묵조의 삿된 스승의 무리는 다만 '무언무설'을 구극의 법으로 삼아, 그것을 '위음왕나반'(개물이 나타나기 이전의 무차별 세계)의 사물로 부르고, 세계가 시작하기 이전의 사물로 부르며, 깨달음의 문이 있는 것을 믿지 않고, 깨달음을 속였다고 하여, 깨달음을 제2의(세속)이라 하고, 깨달음을 수단의 말이라 하여, 깨달음을 유도하기 위한 말로써 있습니다.[2]

묵조의 무리는 침묵이 바로 진리가 현현한 상태이고, '깨달음'은 방편문에 지나지 않는다고 한다. 이와 같이 '깨달음'의 존재를 믿지 않는 것이 바로 '묵조선'의 문제라고 대혜는 강하게 비난하는 것이다.

그러나 '깨달음'과 대립하는 것은 '묵조선'만은 아니다. 대혜는 다양한 선을 '깨달음'이 결여된 것으로서 비판한다. 4권본 『대혜보설』 권2 「방외도우청보설 方外道友請普說」에서 말한다.

…… 모두 깨달음의 문을 설하지 않는 것이다. 사람을 고요하게 앉게 하는 사람은 본래 깨달음의 문을 설하지 않는다. '심'이나 '성'을 설하는 자도 깨달음의 문을 설하지 않는다. '돌아봄(고시, 顧視)'을 주장하는 자도 깨달음의 문을 설하지 않는다. '격석화섬전광 擊石火閃電光'을 주장하는 자도 깨달음의 문을 설하지 않는다. 고금의 공안을 연구하는 자도 깨달음의 문을 설하지 않는다. 오히려 깨달음의 문을 내보내 빠른 효력을 멈추게 한다. 이와 같은 사람들은 진실로 가엾게 여겨야 한다.[3]

지금 여기에서 비판되는 각종의 선의 구체적 내용은 추구하지 않지만, 이러한 모든 것이 '깨달음의 문을 설하지 않는다'로 하여 비판의 대상이 된 것을 알 수가 있다. 실로 '깨달음'은 묵조선에 대한 비판에 그치지 않고, 대혜의 사상의 중심적인 위치를 점하고 있는 것이다.[4]

그러나 만약 당의 선승의 말에 눈을 돌린다면, 이와 같은 대혜의 주장은 일반적이지 않을 뿐만 아니라, 오히려 특수하다고 느낄 것이다. 예를 들면 당대의 가장 대표적인 선승인 마조도일의 문장에서는 다음과 같이 말한다.

'미망'에 대해 '깨달음'을 설하지만, 본래 '미망'이 없을 바에는 '깨달음'도 또한 존재하지 않는다. 일체의 중생은 아주 오랜 옛날부터 법성삼매에서 나온 적이 없고, 항상 법성삼매 중에 있어 옷을 입거나 밥을 먹거나 말을 하거나 한다. 감각의

활동이나 일체의 행위는 모두 법성인 것이다.⁵

극복해야 할 '미망'을 상정하는 것이 본래 '망념'이고, 따라서 그 대응 개념인 '깨달음'도 또한 존재하지 않는다. 일상적인 생활이 그대로 본래적으로 법의 모습이다.

당대의 선종에서 이와 같은 현실긍정의 태도는 대단히 보편적이고, 자신의 자세의 근본적인 변화를 의미하는 수행이나 깨달음은 대개 부정되는 경향이 있다.

여기서 우리들은 같은 선종의 사상 중에 '깨달음'을 둘러싼 두 가지 다른 입장을 찾을 수 있다. 과연 이런 차이는 어떠한 역사적 경위에 의해 생겼던 것일까. 본 장에서는 이제까지의 연구를 참조해가면서, 이런 변화의 과정을 살펴보기로 한다.

2.
하택신회와 '돈오'의 사상

선문의 전승에 따르면 선의 가르침은 초조 보리달마에 의해 중국에 전래되어, 그 후 2조 혜가 3조 승찬으로 전해졌다고 한다. 다만 이 시기의 역사에 대해서는 충분한 자료가 남겨져 있지 않아, 그 실태에 대해서는 불문명한 점이 많다. 역사상 선종이 하나의 종파로서의 모습을 명확하게 한 것은 4조 도신과 5조 홍인의 시대이다. 7세기의 중엽 그들은 기주 황매현(현재는 호북성 황매현) 근교의 산중에서 승려들을 모아 '동산법문東山法門'으로 불리는 특색 있는 교단을 형성했다. 그 가운데 일부가 당조의 중앙으로 진출하여, 영향력을 확대해갔다. 그중에서도 특히 유력한 것이

홍인의 제자인 신수神秀(?-706) 및 그 계통에 속하는 사람들이었다. 신수는 700년(구시원년)에 당실에 의한 공양을 받고, '양경(장안·낙양)의 법왕, 3제(무후·중종·예종)의 국사'로 칭해졌다. 그 후 이 법계는 신수의 제자인 보적에 의해 계승되어 융성을 다해 신수를 6조로 보적을 7조로 하는 전법의 계보를 주장하게 된다.

하지만 이 신수의 법계에 도전하는 인물이 나타난다. 하택 신회荷沢 神会(684-758)이다. 신회는 자신의 스승인 혜능(638-713)이 바로 홍인의 법을 잇는 정통의 6조이고, 신수는 방계에 지나지 않는다고 주장하고, 자신이 속하는 혜능의 계통을 '남종'으로, 신수의 계통을 '북종'으로 불러 심한 비판을 전개했던 것이다.[6] 이와 같은 비판의 활동이 일종의 세력투쟁이었던 것은 부정하기 어렵지만, 그것에는 독특한 사상적 주장도 포함되어 있다. 사실 신회의 사상은 후세에 큰 영향을 남기고, 그 이후의 선종의 각 파는 모두 '남종'에 속하는 것을 표명한다. 신회의 등장은 선종사에서 획기적인 것이었다.

신회의 '북종' 비판의 사상적 핵심은 '남돈북점 南頓北漸'의 슬로건으로 정리할 수 있다. 신회에 따르면, '북종' 사상은 '점', 즉 단계적·점차적으로 깨달음에 이른다는 것이고, 반면 '남종'의 가르침은 '돈', 즉 순간적으로 그대로 깨달음에 이르게 된다는 것이다. 다만 주의하지 않으면 안 되는 것은 여기서 말하는 '돈'과 '점'이 깨달음에 이르는 상대적 속도의 빠름이나 늦음을 말하는 것이 아니라, 수증관에서 본질적인 차이를 나타낸다는 것이다. 이런 것을 '북종'의 실천방법에 대한 신회의 비판에서 살펴보기로 한다.

이른바 '북종'에 속하는 사상문헌에는 일관된 사상적 경향을 읽어낼 수가 있다. 예를 들면 『능가사자기』 혜가장에서는 구름에 덮인 태양의 비유를 든 다음에 다음과 같이 말한다.

> 일체중생의 청정한 본질도 또한 이와 같다. 다만 사물을 대상화하는 망념, 갖가지 부정한 번뇌의 두터운 구름에 가려, 신성한 진리는 현현하지 못한다. 만약 망념이 일지 않고, 침묵하여 청정하게 앉아 있으면, 위대한 열반의 해는 저절로 빛나고 있다.[7]

일체의 중생에게는 본래적인 불성이 갖추어져 있지만, 그것은 번뇌에 덮여 빛날 수가 없는 것이다. 거기서 수행에 의해 이 번뇌를 닦아내면, 불성은 저절로 현현한다. 이와 같은 생각은 '북종'에 속하는 각종 문헌에 폭넓게 보이고, '소위 북종선의 기조'가 된다.[8] 이와 같은 수증관이 번뇌를 제거해가기 위한 구체적이고 계속적인 실천을 전제로 하는 것은 분명하다. 사실 '북종'의 문헌에는 명상수행의 방법에 관한 상세한 기술이 많이 보이고, 그들이 실제로 이러한 수행을 행하고 있었는지를 엿볼 수 있다.[9] 불성의 본래구유와 그 현현에 이르기까지의 계속적인 실천수행이 '북종' 사상의 중심이었다.

그렇다면 신회는 어떠한가. 그도 결코 불성의 본래구유를 부정하는 것은 아니다. 이런 점에 관해서 양자는 공통된다. 신회가 비판하는 것은 이런 결론이 아니라, 거기에 이르기까지의 수행방법이다. 신회는 자주 '마음을 집중하여 정에 들고, 마음을 그쳐 깨끗함을 보고, 마음을 일으켜 밖을 비추고, 마음을 거두어 안에서 증득한다'는 4구에 의해 '북종'의 실천을 정식화하고, 이와 같은 작위적 수행법은 본래 청정인 불성을 오히려 손상하는 행위라고 한다. 『남양화상문답잡징의 南陽和尙問答

雜徵義』에서 다음과 같이 말한다.

> 일체중생의 마음은 본래 무상無相이다. '상相'인 것은 모두 망심이다. 망이란 무엇인가. '작의'하여 마음을 멈추어, '공'이나 '정'에 집착하여, 마음을 일으켜 '보리'나 '열반'을 깨달으려고 추구하는 것은 모두 허망이다. 다만 '작의'조차 하지 않으면, 마음에는 어떤 것도 없고, 따라서 사물로서 한정된 마음도 존재하지 않는다. 자성은 공적이고, 공적의 체의 위에 저절로 본지本智가 있다. 그 본지가 가지는 '지'의 작용을 비추는 작용照用이라고 한다. 따라서 『반야경』에서 '응무소주이생기심'이라고 하는 것이다. '응무소주應無所住'란 본적本寂의 체이고, '이생기심而生其心'이란 본지의 작용이다. 다만 '작의'조차 없다면 저절로 깨달음에 들어간다悟入는 것이다.[10]

신회에 따르면 마음은 본래 묘한 '지知'의 작용을 갖추고 있고, 망념에 의한 방해만 없다면, 그대로 완성되어 있다. 의식적·의도적으로 초월적인 가치를 추구하는 것은 오히려 마음 본래의 작용으로부터 일탈한 행위이고, 망념에 지나지 않는다. 이와 같은 작위적 수행은 오히려 마음의 완전성을 손상하는 것이다. 여기서 후기의 선사상에 큰 영향을 미치는 수행부정의 사고방식이 나오게 된다.

이와 같은 신회의 사고방식은 각도를 바꾸면 다음과 같이 말할 수 있다. 결국 신회는 불성을 단계적인 수행의 뒤에 도달하는 목표로서가 아니라, 현실에서 활동하고 있는 '지知'의 작용으로서 그 자리에서 직접적으로 체득하려는 것이다. 이런 '지'의 작용은 신회사상의 중요개념으로서 자주 강조된다. 『남양화상돈교해탈선문직료견성단어南陽和尚頓教解脫禪門直了性壇語』에서는 다음과 같이 말한다.

지금 '무주無住'의 곳에 이르러 '지知'를 세우는 것은 무슨 일인가. '무주'란 적정의 것이고, 적정의 체를 '정定'이라고 부른다. 이 체에 자연지自然智가 갖추어져 있어, 본래적으로 적정인 체를 '안다'. 이것을 '혜惠'라고 부른다. 이것이 '정혜 등' – '정'과 '혜'가 같다는 것이다. 경에서 '적寂의 위에서 비춤을 일으킨다'고 말하고 있는 것도 이런 의미이다. '무주'의 마음은 '지'를 떠나지 않고, '지'는 '무주'의 마음을 떠나지 않는다. 마음이 '무주'인 것을 '안다', 이것 이외에 다른 '지'는 없다.[11]

여기서 불성과 '지'는 '체'와 '용'의 관계이고, 신회는 이것을 '정'과 '혜'에 배당하고 있다. 청정한 불성의 '체'의 위에 자연히 지혜의 '용'이 갖추어져 있고, 이런 지혜의 작용은 불성의 '체' 그 자체를 대상으로서 인식한다. 결국 '지'란 불성이 불성 자신을 보는 작용이고, 신회는 이런 작용에 즉하여 불성의 존재를 체득하려고 했던 것이다.

이상의 것을 정리하면 다음과 같이 말할 수 있을 것이다. 우선 신회나 그 비판대상인 '북종'이나, 자기가 본래적으로 불성을 갖추고 있다고 주장하는 점에서는 공통된다. 다만 신회는 그 불성을 체득하기 위해 행해지는 작위적이고 단계적인 수행을 오히려 '무상無相'인 불성의 완전성을 손상하는 것으로 생각하여, 불성이 있는 그대로 갖추어져 있는 작용에 즉해서 그대로 단박에 불성을 체득하는 것을 주장한다. 이것이 신회의 '돈오'의 주장이다. 앞에서 '돈'과 '점'은 상대적인 빠르고 늦음의 차이가 아니라고 말한 것도 이런 의미와 마찬가지다. 신회가 말하는 '돈'이란 불성이 불성자신을 항상 생생하게 '아는' 것이고, 그곳에는 시간이나 단계의 차이는 존재하지 않는 것이다.

이런 '돈오'의 사상은 후기의 선사상에 영향을 미치는 두 가지 중요한 요소를 낳는다. 하나는 수행의 부정이고, 다른 하나는 작용 결국 '체'에 대한 '용'에 즉한 불성의 체득이다. 여기에 이르러 저쪽에 있는 불성을 목표로 진행해가는 수행은 부정되고, 현재적인 모습 가운데서 자신의 불성을 직접적으로 인식하는 길이 열려진 것이다.

다만 신회가 상정하는 불성본유의 '용'이란 청정한 불성의 '체'를 그 대상으로 하는 것이었다. 이것에 대해 오가와 다카시 小川隆는 대략 다음과 같은 평가를 내린다. 결국 신회의 '지'나 '견'의 작용은 현실태의 작용과의 연동에 한걸음을 내딛으면서, 그 비중은 특히 본래성, 결국 청정한 불성의 측면에 있고, 말하자면 불성을 기점으로 하고 불성을 종점으로 하는 자기완결적인 원환이론의 틀 안에 머물고 있다고 할 수 있다.[12] 신회가 중시하는 '용'은 아직 외재세계에 작용하기 시작하는 것이 아니라, 어디까지나 청정한 불성이라는 내재세계에 완결되어 있다는 것이다. 이런 '용'을 외재세계에 미치고, 더욱이 현실긍정적인 사상을 내세운 것은 마조도일이었다.

3.
마조의 '작용즉성 作用卽性'설과 '평상무사 平常無事'의 사상

신회의 활동은 선사상에 큰 영향을 미쳤지만, 그 법계는 번영하는 일 없이 단절되어버렸다. 그것을 대신하여 주류가 된 것은 마조도일(709-778)과 그 후계자들이었다.

마조의 사상은 일반적으로 '작용즉성 作用卽性'으로 평가된다. 이런 사고방식의 특징은 마음의 본질인 불성의 '체'와 마음의 작용인 불성의 '용'을 무매개적으로 동일시하는 점에 있다. '용'에 즉하여 불성의 '체'를 인식하려고 하는 점에서는 신회와 마조의 사상은 공통된다고 말할 수 있다. 그러나 양자의 사상구조에는 또한 근본적인 차이도 존재한다. 이것을 하택종의 계승자를 자임하는 규봉종밀(780-841)은 신회가 설하는 것은 어디까지나 '자성의 용'이고, 마조가 설하는 것은 '수연의 용'에 지나지 않는다고 요약하고 있다. 『배휴습유문 裵休拾遺問』에서는 다음과 같이 말한다.

> 진심의 본체에는 2종의 '용'이 있다. 첫째는 '자성의 본용 本用'이고, 둘째는 '수연의 응용'이다. 이것은 동으로 만든 거울과 같은 것이다. 동 그 자체는 '자성의 체'이고, 동이 가지는 빛남은 '자성의 용'이며, 빛남이 비추어 내는 경우의 영상은 '수연의 용'이다. 영상은 대상을 대할 때 비로소 나타나고, 나타나는 형태도 천차만별이지만, 빛남은 항상 빛남이고, 한결같다. 이것에 의해 비유하자면, 마음이 항상 적정하다는 것은 '자성의 체'이고, 마음이 항상 '지'인 것은 '자성의 용'이고, 이런 '지'가 말을 하거나, 분별하거나, 동작하거나 하는 것은 '수연의 응용'이다.[13]

전 절에서 본 그대로 신회가 주장하는 '지'의 작용은 청정한 불성을 인식대상으로 활동하기 시작하는 작용이었다. 종밀은 이런 작용을 불성의 근본적인 '용'으로서 '자성의 본용'으로 부르고, 한편 마조의 '작용즉성'설에서 '용'을 외재적인 존재를 대상으로서 밖으로 활동하기 시작하는 '수연의 응용'이라고 부르는 것이다. 어디까지나 '하택종'의 입장을 표방하는 종밀의 관점에서 제시하는 정리이지만, 확실히 『종경록』권14에 수록된 마조의 문장에는 다음과 같이 기술되어 있다.

자네가 만약 마음을 알고 싶다고 한다면, 지금 그와 같이 말하고 있는 것이 자네 마음 그 자체이다. …… 지금의 견문각지(인식의 작용)가 본래 자네의 본성이고, 이것을 본심이라고 부르는 것이다. 이런 마음을 떠나 다른 곳에 붓다는 없다.¹⁴

말하고 있는 마음, 지각인식하고 있는 마음, 이러한 외재적 존재를 대상으로 하여 현실의 세계에 활동하고 있는 마음, 그것이 바로 불성 그 자체라는 것이다. 더욱이 마조가 중시하는 '용'의 범위는 이와 같은 동작, 인식에 그치지 않고, 인식의 대상이 되는 외재적 현상 그 자체까지를 포함한다. 『종경록』 권1에서는 다음과 같은 마조의 문장을 싣고 있다.

법에는 자성이 없고, 삼계는 유심이다. 경에도 '모든 현상은 하나의 이법이 나타난 것이다'고 말하고 있다. 무릇 눈에 보이는 사물(색)은 모두 마음을 보고 있는 것이다. 마음을 그 자체로 마음인 것이 아니라, 사물에 의해 마음이 된다는 것이다. 사물 그 자체로 사물인 것이 아니라, 마음에 의해 사물이 된다는 것이다. 따라서 경에도 '사물을 보는 것은, 즉 마음을 보는 것이다 見色卽是見心'라고 말하고 있다.¹⁵

인식대상이 되는 외재적 현상은 그 자체가 독립적으로 존재하고 있는 것이 아니라, 인식의 작용에 의해 생겨난 것이다. 따라서 현상 그 자체도 또한 마음의 작용이고, 말을 바꾸면 그것은 불성이 변화하여 나타난 것에 지나지 않는다. 이와 같이 마조의 사상은 외재적 현상을 대상으로 하는 심리작용에서, 그 대상이 되고 있는 외재적 현상에 이르기까지 모두를 불성의 나타남이라고 생각하여, 그 진리성을 인정하는 것이다.

물론 '작용즉성'설도 모두 보류 없이 현상을 참된 존재라고 인정하는 것은 아니다. 마조는 때때로 대상에 집착해서는 안 된다는 것을 설하고, 그 조건하에서 현상의 진리성을 인정하는 것을 놓쳐서는 안 된다고 한다.[16] 그러나 마조의 사상이 신회의 관점을 더욱 밀고나가 보다 철저한 현실긍정의 사상을 산출하고, 선사상에 새로운 국면을 가져온 것도 또한 사실로서 인정된다.

　이와 같은 현실긍정의 사상은 그것에 동반되는 실천의 자세로서 현실의 생생한 모습을 그대로 이상적 상태로 간주하는 '평상무사 平常無事'의 사상을 도출한다.[17] 예를 들면 『경덕전등록』권28에 실린 마조의 시중에서는 다음과 같이 말한다.

　　도는 수습할 필요는 없다. 다만 더러움에 물들어서는 안 된다. 무엇을 더러움에 물들었다고 하는가. 만약 생사라는 생각이 있고, 특별한 행위를 하거나, 목적의식을 가지거나 하면, 그것을 모두 더러움에 물들었다고 한다. 만약 단박에 도를 이해하고 싶다고 한다면, 평상심이 도이다. …… 지금 걷거나 멈추거나 앉거나 자거나 응답하는 것 모두가 도이다.[18]

　여기에는 신회 이래의 수행부정의 입장이 보이고, 거기서 더 한발 나아가 행주좌와 등 모든 행위가 도라고 하고 있다. 여기서 언급되는 평상심에 대해 마조의 법손에 해당하는 장사경잠 長沙景岑은 다음과 같은 문답을 행하고 있다.

　　승려가 묻는다. "평상심이란 어떠한 것입니까?" 스승(장사경잠)은 답한다. "자고 싶으면 자고, 앉고 싶으면 앉는다." 승려가 말한다. "나는 모르겠습니다." 스승은 말한다. "더우면 시원함을 취하고, 추우면 불로 향한다."[19]

앞에서 '도'라고 한 '평상심'은 여기서는 '잠이 오면 자고, 앉고 싶으면 앉으라'고 하는 일상적 생활이라고 한다. 작위적인 수행에 대한 부정과 현실에 대한 강한 긍정이 마침내는 사람의 극히 보통의 모습을 도라고 하는데, 이르고 있다. 유사한 표현은 『임제록』에서도 볼 수가 있다.

> 여러분, 불법은 조작을 더할 필요가 없다. 다만 평상대로(평상무사) 있기만 하면 되는 것이다. 똥을 싸거나 소변을 보거나, 옷을 입거나 밥을 먹거나, 피곤하면 누울 뿐. 어리석은 자는 웃을 것이지만, 지혜로운 자는 이것을 안다.[20]

먹는 일이나 자는 일에서 대소변까지 일상적인 삶이 그대로 도와 다름없다. 마조의 현실긍정적인 경향은 최종적으로 이와 같은 '평상무사'의 사상을 귀결로 한 것이다.

여기까지의 흐름을 정리해보면, 대략 다음과 같이 말할 수 있다. '북종'의 주장의 중심은 자기가 본래적으로 청정한 불성을 가지고 있다는 점에 있다. 이어서 신회는 이런 점을 계승하면서도, 불성의 체득에 이르는 작위적이고 단계적인 수행을 부정하고, 불성을 자신이 갖춘 '용'에 즉하여 불성을 인식하려고 했다. 그리고 마조의 '작용즉성'설은 신회의 '용'에 대한 중시를 계승하면서, 이런 작용을 외재세계를 대상으로 한 행위·인식 및 외재적 현상에 까지 넓혀 여기서 있는 그대로의 일상적 행위 모두를 긍정하는 '평상무사'의 사상이 성립했다.[21]

'작용즉성'설은 그 등장 이후, 급속하게 유행하고, 큰 사상적 영향을 낳았는데, 다른 한편에서는 '작용즉성'에 대해 극히 단순화한 이해도 나타나고, 이에 대한 비판적 움직임도 일어났다. 이런 '작용즉성'의 유행과 그것에 대한 비판은 선의 새로운 사상운동을 형성하고, 양자의 갈등에서 현대에 이르기까지 전해지는 다종다양한 선의 사상자원이 산출된다.[22] 다만 비판적 움직임에 대해 말하면, 이것은 결코 '작용즉성'의 전면적인 부정을 지향하는 것이 아니라, 오히려 '작용즉성'의 폐해에 대응한 수정이라는 성격이 강한 것이었다. 이런 움직임은 새로운 요소를 도입하거나, 또는 우회적인 전략을 취해 다양한 형태의 수정을 시도하고 있지만, 그 최종적인 결론, 결국 현상계의 진리성에 대한 승인 그 자체를 부정하는 것은 아니었다. 이 때문에 '평상무사'의 사상도 당오대를 통해 그 가치를 잃지 않고, 항상 선승의 이상의 경지로서 계승되게 된다. '평상무사'의 지위에 변화가 찾아오는 것은 북송의 중엽에 이르게 된 후의 일이다.

4.
송초의 선종과 '평실'의 사상

송의 문화가 송대의 초기부터 주류로서 존재했던 것이 아니라는 점은 자주 지적되었다. 송초 지식계의 과제는 5대를 거쳐 파괴되었던 당조의 문화를 부흥시키는 것이었다.[23] 이와 같은 부흥의 분위기에 대해서는 선종도 예외는 아니다. 송초의 선승이 처음에 손을 댄 것도 당대의 선이 남긴 문화자원의 수집이었다. 예를 들면 종합적인 선의 역사서인 『경덕전등록』이 편찬된 것은 가장 보기 쉬운 예일 것이다. 또한 송의 초기에는 많은 선승에 의해 선종 각파의 종지의 종합이나 공안의 수집·분류가 행해지고 있다. 예를 들면 임제종의 분양 선소 汾陽善昭(947-1024)는 15를 넘는 선종 각파의 선풍을 운문의 형식으로 정리한 『광지가 廣智歌』[24]나 각종 공안을 그 문답방식의 유형에 따라 분류한 '18문'이라는 공안의 분류법을 남기고 있다.[25] 그 전기에는 그가 71인의 노승을 친견하여 그 가풍을 모두 회통하고 있는 것과, "운문종의 계승자를 널리 친견했다. 동산 효총 洞山曉聰을 만나지 못한 것만이 아쉽다"고 말한 것이 기록되어 있다.[26] 그들은 박학한 인물(박사)을 지향하고 있었던 것이다. 그러나 이와 같은 활동은 선의 초지에 반하고, 방대하고 번쇄한 학문의 체계를 산출하는 결과를 초래하였다. 선승들은 자기일대사의 구명이라는 본래의 목표를 등한시하고, 각파의 종지에 관한 지식적인 학습에 흠뻑 빠지게 되었다.

이와 같은 송초의 움직임에 대해 반대의 태도를 제시한 것이 임제종 황벽파의 사람들이었다. 황벽파의 개조인 황룡 혜남 黃龍慧南(1002-1069)은 분양 선소의 법손이지만, 선소와 같은 번쇄한 선학 禪學의 길을 취하지 않고, 보다 고차원의 원리를 제출하여 선에 대한 지식적인 학습을 뛰어넘으려고 하였다. 『임제종지』에는 황룡파의 혜홍 慧洪에 대해 장상영 張商英이 말한 다음과 같은 표현이 보인다.

> 분양은 임제 5세의 적손이고, 천하의 학자는 존경하고 있지만, 그 제강을 보는 데 정성스럽게 3玄3要를 논하고 있을 뿐이다. 그렇지만 지금 그 법맥으로 이어지는 사람들은 모두 "3현3요는 일시적으로 임시적으로 세운 문구이고, 도에 도움이 되는 부분이 많다. 다만 제법에 이견을 달지 않고, 일체의 평상이 조사의 뜻이다"고 말하고 있지만, 이것은 바른 것일까.[27]

'3현3요'는 임제의현의 어록에 나타나는 것으로, 임제종의 중심적 교설로서 중시되어, 선소의 어록에도 자주 언급되고 있다. 그러나 황룡파의 사람들은 이와 같은 개념적 지식을 의론의 대상으로 하는 학풍에 반대하고 있던 것이다. 확실히 혜남은 그 어록에서 '3현3요, 5위군신, 4종장봉, 8방주옥을 30년 전은 다투어 매입하고, 예봉을 늠름하게 했지만, 지금은 완전히 천하태평, 순박함으로 되돌아가, 사람마다 스스로 갖춘 경지이다'[28]고 말하고 있고, 그 종풍은 선소들의 박학 지향과 명확하게 다르다.

『임제종지』의 기술에서 눈을 끄는 것은 여기에 '일체평상'의 말이 보이는 것이다. 혜남의 표현에도 '사람마다 스스로 갖추고'라는 불성본래구유와 동일한 유형의 사고방식이 보이고, 그 외에도 "도는 닦는 것을 빌리지 않고, 다만 오염되는 것을 막아라"[29]고 말한 마조의 사상에 가까운 표현이 어록에 남겨져 있다. 송초의 박학적인 선학을 초월하려고 한 황룡파의 사상적 중핵은 역시 당대 이래의 '평상무사'의 전통에 있었던 것이다.

그 최대의 증좌는 황룡파 가운데서 상당히 강한 현실긍정의 사상이 다시 나타나게 되는 것이다. 그것은 혜남의 법통계승자인 동림상총 東林常總(1025-1091) 및 그 문하에 의해 행해진 '평실'의 사상이다. 상총의 선풍은 그 사호를 붙인 '조각평실 照覺平實의 뜻'으로서 널리 알려지고, 꽤 영향력을 가졌던 듯하다. 『벽암록』의 평창자인 환오극근 圜悟克勤도 그 수행시대에 '조각평실의 뜻'을 배우고, 영향을 받았던 것이 알려진다.[30] 『대혜종문무고』에는 이런 '평실의 뜻'의 실태를 전하는 다음과 같은 일화가 남겨져 있다.

5조법연의 모임 하에 법축이라는 승려가 있었다. …… 나중에 동림선비도 東林宣秘度 화상의 곁에 이르러, '평실의 뜻'을 깨쳤다. 어떤 날 법축은 한 송이 꽃을 가지고, 선방을 한바퀴 돈 다음, 뒤쪽에 이것을 향로에 꽂고 말했다. "화상이여! 어떠한 의미인지 말씀해주세요." 선비는 몇 가지나 생각을 말했지만, 법축은 어느 것도 승낙하지 않았다. 2월 정도 되어 선비는 법축에게 말했다. "당신이 시험삼아 말해주세요." 법축은 말했다. "나는 다만 꽃을 향로에 꽂았을 뿐인데 화상이 멋대로 뭔가 다른 게 있는가라고 번민했던 것이다."[31]

'평실 平実의 뜻'은 상총문하의 종풍을 가리키고, '동림선비도'는 상총의 법통계승자로 생각된다.[32] 대혜도 상총의 종풍을 '평실무사로 알음알이(지견해회)를 세우지 않는 것을 도라 한다'고 소개하고,[33] 이런 일화와 잘 합치하고 있다. 여기에 당대 이래의 현실긍정, 자연스러운 모습을 그대로 도라고 간주하는 전통의 영향을 읽어내는 것은 불가능하지 않을 것이다. 그렇더라도 여기서 그것은 극단적으로 왜소화되고, 다만 무원칙적으로 있는 그대로의 상태를 긍정할 뿐이라는 인상을 준다. 황룡파의 사람들이 박학지향의 선학을 뛰어넘어 보다 실효성이 높은 선을 추구하고 있던 것은 확실하다. 그러나 그다음 세대가 되면 '평실'의 이상은 현실긍정의 전통에 안주하여, 살아 있는 작용을 잃어버린 듯하다. 실제로 그 후 '평실의 뜻'은 비판의 대상이 되고, 그리고 이것을 뛰어넘는 형태로 새로운 실천관이 싹트게 된다.

5.
진정극문의 '무사선 비판'

이와 같이 북송의 초엽에서도 당대의 '평상무사'의 전통은 강고하고, 송초의 선학에 반대한 황룡혜남이나 그 제자인 동림상총도 그 영향권에 있었다. 그러나 혜남의 문하에서 현실긍정적인 사상에 대한 반성의 움직임이 나타난다. 그것은 바로 혜남의 법통이기도 하고, 상총의 동문이기도 한 진정극문 眞淨克文(1025-1102)으로부터 나타난다.

극문의 어록에서 우선 주목을 끄는 것은 그 '무사선비판 無事禪批判'이다. 송대의 선적에는 '무사선비판'으로 불러야 할 전형적인 언설이 자주 보이고, 거기서 '무사'는 주저 없이 비판의 대상으로서 취급된다. 당대의 선에서 '무사'가 절대의 이상이었던 것을 생각하면, 이와 같은 '무사선비판'은 당에서 송에 이르는 선사상의 변화를 나타내는 좋은 예라고도 말할 수 있지만, 그 원형이 되는 것이 진정의 어록에 보이는 것이다.

> 자네들은 '불법의 지견이 없다'는 말을 들으면, 곧 '큰 달은 30일, 작은 달은 29일'이라고 말하여, 무사를 이해한다.[34]

이런 한 구절에서 '무사'란 말은 부정적인 의미로 사용되어 있다. '무사'의 개념이 당대 이래의 가치를 잃고, 순수한 비판대상이 된 것을 알 수가 있다.

이와 같은 극문의 비판은 상총문하의 '평실의 뜻'을 직접적인 대상으로 하고 있다.35 혜홍의 손에 의한 극문의 전기 『운암진정화상행상』에는 상총의 입멸 후 극문이 여산귀종사의 주지가 됐을 때에 '학자는 언어에서 곤란함을 겪고, 평실에 취한다. 스승은 마음대로 무애한 변재를 가지고 그 편견을 꾸짖는다'36고 한다. 극문은 상총문하의 수행자가 앞에서 본 바와 같은 '평실'의 사상에 탐닉하여, 자유를 잃고 있는 모양을 목격하여 심한 비판을 행한 것이다.

송대의 '무사선 비판'을 이해하기 위해서는 '평실의 뜻' 외에 다른 한 가지 사상사적 배경도 생각하지 않으면 안 된다. 앞에서 인용한 극문의 비판에는 '큰 달은 30일, 작은 달은 29일'이라는 표현이 보인다. 이것은 달력에서 보이는 당연한 사실을 그대로 말한 것으로, 불법의 지견을 배척하고 사물을 있는 그대로 본다는 '무사선'의 태도를 나타내고 있다. 또한 이것은 '산은 바로 산, 물은 바로 물' 등의 문구와 함께 '무사선'의 전형적인 주장으로서 자주 거론되지만, 이러한 표현의 원류는 운문종의 개조인 운문문언 雲門文偃에 있다.37 『운문광록』권상에서 말하기를,

자네들! 망상해서는 안 된다. 하늘은 하늘이고, 땅은 땅이고, 산은 산이고, 물은 물이고, 승려는 승려이고, 세속은 세속이다.38

지금 이리야 요시다카 入矢義高의 표현을 빌리면, 그것은 '붓다'나 '법신'이라 한 구극 절대의 가치를 항상 떨쳐버렸던 그 앞의 있는 그대로 되는 것(평상저)에서 개개의 사물 그 자신으로 구성된 원성이라는 경지를 나타내는 것으로,39 이것도 역시 현실긍정적인 사상의 전통을 잇는 것이라고 말할 수 있다. 이와 같은 사고방식은 송초의 운문종에 계승되어, 그곳에서 '무사선'으로 불리는 사상의 유형이 형성되어

갔다. 운문종의 제5세가 되는 운거효순雲居曉純은 그 대표적 인물이다. 그는 스스로 자주 '무사'라는 표현을 사용하고, 또한 『대혜종문무고』에는 보다 직접적으로 '효순은 『무사선』을 설한다'고 하는 임제종의 취엄가진翠巖可眞에 의한 비판이 남겨져 있다.⁴⁰ 이와 같은 경향은 당시 일정하게 퍼지고 있었다. 니시구치 요시오西口芳男의 지적에 따르면 1038년(경우5년)에 운문종의 유간에 의해 편찬된 『종문척영집宗門摭英集』에는 '석두石頭가 큰 바닥은 크고, 작은 바닥은 작다'고 하든지, '3일에 한줄기 바람, 5일에 한줄기 비'라고 한 '천연적이고 자연스러운 모습, 그 시절인연을 가지고 도라 한다'는 문답이 많이 보인다. 니시구치는 이것을 당시의 운문종이 '운문이 지향한 차분함의 지점인 '평상저에서의 개개의 사물의 원성'이라는 편안한 방향으로 흐르고, 천연적이고 자연스러운 모습을 그대로 도라고 하는 것으로 수렴되었다고 생각한다'고 평한다.⁴¹ 당대 이래의 현실긍정적인 사상은 여기서도 송초의 선종에 전해지고, 일정한 세력을 가지고 있었다. 또한 극문의 비판은 이와 같은 상황을 배경으로 성립한 것이다.

'평실'과 '무사'는 다른 역사적 경위에서 생겨난 개념으로 단순히 동일시하는 것은 불가능하지만, 현실긍정적인 사상의 위에서 안주하여, 변혁을 위한 계기를 놓쳐버렸다는 점에 관해서는 동일한 것이다. 사실 나중에 '무사'와 '평실'은 특히 구별되는 것 없이 비판의 대상이 된다. 극문의 무사선 비판을 계승한 대혜는 4권본 『대혜보설』권3 「조기이대사청보설照起二大師請普說」에서 다음과 같이 말한다.

이상한 일로 최근은 평실선을 설하는 자가 있고, 모두 완전히 무사無事의 이해를 해버려, 다만 '산은 산, 물은 물, 승려는 승려, 세속은 세속, 큰 달은 30일, 작은 달은 29일'일 뿐이라고 말하고, 평실한 데서 그 의미를 사용한다. 만약 "어디서 왔는가"라고 묻는 자가 있으면, "선방에서 왔다"고 말하고, "성승을 보았는가"라고 물으면, "보았다"고 말하고, "성승은 자네에게 뭐라고 말했는가"라고 물으면, "성승은 말을 하지 않는다"고 말하고, "성승에는 입이 있는가"라고 물으면, "있다"고 말하고, "자네는 입이 있는가"라고 물으면, "있다"고 말하고, "자네는 입이 있어 말할 수 있다. 성승도 입이 있는데, 왜 말을 하지 않는가"라고 물으면, "성승은 진흙으로 생겼기 때문"이라고 말하고, 다만 평실로 회답한다. …… 이러한 것을 완전히 올바르기도 하고, 완전히 틀리기도 하다는 말을 하는 것이다. 왜냐하면 일찍이 깨달은 것이 없기 때문이다. 만약 정말로 깨달은 바가 있다면 어떻게 굴러도 틀린 곳 등이 없는 것이다.[42]

대혜는 '무사선'에 대해 다시 '깨달음悟'의 결여를 비판하고 있다. 이런 한 구절에는 '평실'이나 '무사', '산은 바로 산, 물은 바로 물'이라 한 요소가 나타나 있고, 송대에서의 '무사선 비판'의 전형이라고 말해도 좋다. 또한 여기서 보이는 문답도 '무사선'의 실태를 전하여 흥미롭다. '성승'이란 선방의 중앙에 안치된 상으로,[43] 여기서 '무사선'의 무리는 어떠한 사유도 하지 않고, 다만 있는 그대로 '성승'의 모습을 대답할 뿐이다. 여기서도 또한 극도로 교조화 하여, 활력을 잃은 현실긍정적인 사상의 모습을 볼 수가 있을 것이다. 송대의 '무사선 비판'은 이와 같은 상황을 상대하여 행해진 것이다.

그러면 극문은 '무사'를 비판하는 한편, '깨달음'의 계기를 중시하고 있다. 『진정어록』에서 말하기를,

어떤 종류의 사람은 전혀 진실한 깨달음妙悟을 구하지 않고, 다만 평상일로의 올곧은 견해를 가지고, 이것을 벗어나지 않는 사람이라고 부른다.⁴⁴

여기서는 '진실한 깨달음'이 '평상'에 대립하는 개념으로서 나타나고, 대혜 이래, 선의 언설로 정착하는 구도가 보인다. 또한 이시이 슈도石井修道는 일찍이 극문에 『개증론皆證論』적인 문장이 있고, 여기서 '증득'의 중요성이 주장된 것을 지적하고 있다. 『개증론』은 이미 전승이 끊겼지만, 『대혜보각선사어록』 권30 「답손지현」의 기재에 따르면 극문은 규봉종밀이 『원각경』의 '일체중생개증원각'을 '개구원각'으로 고친 것을 비판하여, "만약 일체중생이 원각을 구족하고 있고, 증득하지 않았다고 한다면, 축생은 영원히 축생이고, 아귀는 영원히 아귀이고, ······ 범부도 해탈을 추구하지 않아도 괜찮게 된다. 왜냐하면 일체중생이 모두 이미 원각을 갖추고 있다면, 증득을 추구하지 않아도 좋기 때문이다"고 논했다고 한다.⁴⁵ 종밀의 사상은 당대선의 주류였던 불성본구의 입장에 의한 것으로 이해할 수 있지만, 극문은 그것과 대결하는 형태로 동태적인 전환으로서의 '깨달음'을 중시하고 있는 것이다. 이시이는 이와 같은 사태를 평하여 다음과 같이 말한다.

······ 일찍이 남종선이 본래성불의 입장을 전개하여, 닦음도 없고 증득도 없음無修無證을 주장한 것이지만, 진정극문은 그 연장선상에 있다고 말해도 깊은 반성의 입장에 서 있다고 말할 수 있다. 교학적인 표현을 빌리면, 본각本覺 문에 계속서 있던 선이 시각始覺 문의 입장에서 선의 방향을 수정한 것에 진정의 과제가 있었다고 말할 수 있다.⁴⁶

북송의 중엽을 지나, 당대 이래 계속된 '평상무사'의 전통은 그 폐해를 다 덮지 못하고, 명확한 비판의 대상이 되어, 그 대립항으로서 '깨달음'의 체험이 부각된다.[47] 여기에 이르러 선의 실천사상은 큰 전환점을 맞이한다. 그리고 그 '깨달음'의 개념은 대혜종고의 사상에서 더욱 명확한 모습을 취하게 된다.

6.
대혜종고의 '깨달음'

대혜가 사상적으로 극문의 강한 영향을 받고 있는 것은 이미 이시이에 의해 지적되고 있지만,[48] 또한 '깨달음'의 개념도 대혜에게 계승되어 그 실천체계 가운데에서 명확한 위치를 차지하게 된다.

주지하듯이 대혜가 주장한 '간화선'의 방법은 '묵조선'과의 대결을 통해 성립해 간다. 북송의 초기 조동종의 세력은 상당히 작았고, 간신히 법맥을 유지한다는 상황이었지만, 북송의 후반부터 점차로 세력을 회복하여, 대혜의 시대에는 굉지정각 宏智正覺이나 진헐청료 眞歇淸了라는 선승들이 독자적인 사상을 선양하고 있었다. 대혜는 그 조동선승의 사상을 '묵조선'으로서 비판하였다.[49]

그러면 대혜는 묵조선의 문제를 어떻게 파악하고 있었는가. 4건본 『대혜보설』 권4 「묘심거사손통판청보설 妙心居士孫通判請普說」에는 다음과 같이 설해져 있다.

시각을 본각으로 합치시키는 것, 이것을 붓다라 한다. 현재의 시각을 본각에 합치시키는 것을 말하는 것이다. 묵조의 무리는 왕왕 '무언묵연'을 시각으로 하고,

'위음왕나반'을 본각으로 한다. 본래 이와 같은 도리는 아니다. 이와 같은 도리가 아니라고 하면, 각이란 무엇일까. 만약 모두 각이라면 어떻게 다시 헤매는 것이 있을까. 그러나 만약 헤매는 것이 없다고 한다면, 석가가 명성 明星이 나타났을 때에 홀연히 깨닫고, 자신의 본성이 본래 여기에 있었던 것이라고 안 것을 어떻게 하면 좋을까. 따라서 '시각에 의거해서 본각에 합한다'고 말하는 것이다. 선가가 돌연 본래면목을 찾아낸다는 것은 결국 이런 도리인 것이다.[50]

여기에서 '시각'인 '무언묵연'이란 침묵과 정좌를 나타낸다. 대혜의 생각에 따르면, 당시 조동종의 종풍은 묵묵히 좌선하는 상태를 그대로 깨달음의 세계로 간주하는 것이었다. 이것은 '무사선'과 마찬가지로 극적인 변화를 추구하지 않는 정적인 선풍을 특징으로 하는 것으로, 대혜는 이에 비해 '미망'에서 '깨달음'으로 결정적인 변화를 추구하는 것이다.[51]

이런 변혁을 실현하기 위한 구체적인 방법으로서 대혜가 주장한 것이 '간화선'이다. 그 실천의 특징을 아는 데는 4권본 『대혜보설』권1 「정공원두청보설 淨恭園頭請普說」의 한 구절이 참고가 된다.

지금 견문각지(인식의 작용)를 끊어, 자재가 된다면, 이 동요하는 마음을 완전히 쉬게 하여, 행주좌와 말할 때, 침묵할 때, 움직일 때, 움직이지 않을 때, 모두 하나의 선과 같이 손을 느슨하게 해서는 안 된다. 여러분! 이 하나의 선에서 살짝 손을 놓으면 곧 견문각지(인식의 작용)에 끄달리게 된다. 실로 끄달릴 때 이것을 치료하는 약은 있을까. 자! 어떤 약이 이것을 치료할 수 있을 것인가. 승려가 운문에게 묻는다 "어떠한 것이 바로 붓다인가?" 운문이 말하기를, "똥 막대기".

이런 약이 여러분을 치료해준다. 행할 때도 '똥 막대기', 앉을 때도 '똥 막대기', 일할 때도 '똥 막대기', 이와 같이 반복적으로 들고 있으면, 돌연 마음이 가는 바가 없게 된다. 여기에 이르러 바로 쥐가 소뿔에 들어온 것처럼 몸의 움직임이 없게 되고, 그리고 후하고 한 번 내뿜으면 噴地一下 뭔가를 돌파하여 안다는 것이다.[52]

'간화'란 이른바 '공안'을 '본다'고 하는 실천이지만, 여기서 '공안'은 원래의 의미맥락을 벗겨내어, '깨달음'을 실현하기 위한 도구로서의 성격을 강하게 한다. '간화'란 이런 이해불가능의 '공안'에 항상 정신을 집중시켜, 수행자를 몰아붙이는 것고 같다. 그리고 쥐가 소뿔에 들어온 것처럼 마음에 움직이는 바가 없게 되는 경우에, 후하고 한 번 내뿜으면(「噴地一下」하여) 뭔가를 돌파하여 안다는 것이다. 이런 '분지일하 噴地一下'가 바로 극적인 변화인 '깨달음'과 같고, 있는 그대로의 일상적인 생활에 그대로 진리를 체득하는 당대 선사상과는 다른 점이다.

대혜가 진헐청료의 선을 비판하면서, '간화선'을 확립해갔던 과정은 야나기다 세이잔 柳田聖山과 이시이의 연구에서 상세히 논의되고 있다.[53] 대혜는 1134년(소흥 4년) 설봉산에서 청료와 만난 뒤, 청료의 곁에서 '묵조선'에 집착한 선승을 차례로 개종·개오시켜갔다. 4권본 『대혜보설』 권3 「방부문청보설 方敷文請普說」에는 그 과정이 자세히 설해져 있다.

정광대사묘도는 왕년에 진헐청료장로의 곁에서 '깨달음'이 있는 것을 믿지 않았다. 내가 설봉에 이르러, 어느 날 밤 설법을 하면, 갑자기 의심이 들어, 하안거를 파하고 홍인사로 찾아왔다. 그때 아직 '무미무오 無迷無悟'를 주장하고 있었지만, 나에게 몹시 비난을 받고 비로소 아님을 깨달았다. 거기서 '불시심 不是心, 불시불

不是仏, 불시물 不是物의 공안을 챙겨, "만약 이것을 알면, 수행도 끝이다"고 말하고 행했다.

비구니승인 묘도는 일찍이 청료의 곁에서 수행하고, 미망과 깨달음이 있는 것을 믿지 않았다. 이것은 시각과 본각을 동일시하는 묵조선의 견해이다. 거기서 대혜는 그녀에게 '불시심, 불시불, 불시물'의 공안을 주고 챙기도록 했다. 어떤 날 대혜가 다른 승려와 이런 공안에 대해 이야기 하는 것을 실외에서 듣고 알게 된 묘도는 생각하는 바가 있어 대혜에게 자신의 견해를 제출한다. 한 번은 물러났지만, 묘도는 다시 대혜를 면회하여, 거기서 다음과 같은 대화가 이루어진다.

거기서 나는 질문했다. "불시심, 불시불, 불시물을 당신은 어떻게 이해하는가." 묘도는 말한다, "나는 다만 이와 같이 이해합니다." 그 소리가 아직 끝나지 않은 사이에 나는 말했다, "할! '다만 이와 같이 이해합니다'만, 부질없다." 그녀는 홀연히 알았다.

그 후 대혜는 복주의 양서암에 이주하여, 많은 수행자를 한결같이 '깨달음'으로 이끌어갔다.

나중에 양서암에서 살고, 3월 5일부터 3월 21일까지 연이어 13인을 깨우치고, 또한 대비장로라는 84세의 노화상을 깨우쳤다. 그에게는 이와 같이 질문했다. "일체의 법과 관련되지 않은 자는 어떠한 사람인가." 말하기를, "불러내는 것이 불가능합니다." 거기서 다시 묻기를, "불러내는 것이 불가능한 사람은 도대체 어떠한 사람인가. 자! 말하라, 말해." 그는 활연히 이해하고, 등에 땀을 흠뻑 흘렸다. 처음은 누군가 '깨달음'을 믿지 않는 사람뿐이었지만, 일시에 모두 깨달아 버린 것이다. 이제 나는 화두를 사용하게 되었다.[54]

여기서 보이는 것과 같은 대량의 개오의 체험을 거쳐 대혜는 '간화'의 유효성을 확신하여, 여기서 '간화선'의 방법이 확립된 것이다. '간화선' 성립의 가장 중요한 계기가 '묵조선'과의 대립이었던 것은 부정할 수 없지만, 그러나 그것이 양자의 대립만으로 생긴 것이 아니라는 것은 이상의 기술에 의해 명확하다. 그것은 사람들을 '깨달음'으로 이끈다는 현실적인 목적에서 고찰된 과정이었고, '깨달음'은 당대 이래의 '평상무사'와의 대결에서 생겨난 새로운 실천관이였던 것이다.

7.
소결

이상으로 당대선에 의한 '평상무사'의 전통의 형성에서 송대에서 '깨달음'에 대한 전환에 이르는 선의 역사를 개관하였다. 당대에서는 자기가 본래 갖춘 불성에 대한 신앙이 수행 부정의 사상으로 발전하고, 최종적으로 강한 현실긍정적인 경향을 가진 '평상무사'의 전통이 형성되었다. 송대에 비판의 대상이 된 '무사선'이나 '묵조선'도 위와 같은 당대선의 전통으로 빛춰보면, 오히려 정통에 가까운 사상이었다고 말할 수 있다. 극문이나 대혜는 이와 같은 '평상무사'와의 대결 중에서 '깨달음'

의 사상을 형성하게 된다. 대혜의 '간화선'은 '묵조선'과의 대비에서 파악하기 쉽지만, 조금 시점을 바꾸면 그것이 평범하고 속된 '평상무사'와의 대결에서 생겨난 '깨달음'을 이끌기 위한 실천적인 수행방법이었다고 이해할 수 있다.

---

1   荒木, 『仏教と儒教』, pp.184-188. 石井, 「大慧宗杲とその弟子たち(五)」, p.294f.
2   대정47, 933c. 번역은 荒木見悟, 『大慧書』, 선어록17, 筑摩書房 (1969), p.15 참조.
3   柳田聖山, 椎名宏雄 共編, 『禅学典籍叢刊』4, 臨川書店, 2000影印, p.209a.
4   石井, 『宋代禅宗史の研究』, p.332 참조.
5   『天聖広灯録』8. 柳田聖山主編, 『宋蔵遺珍宝林伝·伝灯玉英集』, 『禅学叢書』5, 中文出版社, 1975 影印, p.406c. 번역은 入矢義高역주 『馬祖の語録』, 禅文化研究所 (1984), p.25 참조.
6   다만 신수계통의 사람들이 '북종'을 자칭했던 사실은 없고, 신회가 그 비판을 할 때 북방에서 활동한 신수를 '북종', 남방에서 활동한 혜능을 '남종'으로 일방적으로 부른 것에 지나지 않지만, 지금은 논술의 사정상 편의적으로 이러한 호칭을 사용한다. 초기선종의 역사적 경위에 대해서는 伊吹, 『禅の歴史』, 小川, 『神会』 등을 참조한다.
7   柳田聖山, 『初期の禅史I』, 선어록2, 筑摩書房 (1971), pp.146-147. 번역은 같은 책, p.149 참조. 또한 小川 『神会』, pp.80-84 참조.
8   柳田, 「北宗禅の思想」, pp.229-232. 또한 小川, 『神会』는 북종의 사상경향을 정리하여 다음과 같이 말한다. '불성이 후천적인 노력으로 작성된 것이 아니라, 본래 완전히 선한 형태로 실재하는 것, 그것이 지금은 망념·번뇌로 덮여 일시적으로 보이지 않게 되는 것에 지나지 않는 것, 그리고 그것조차 제거해가면 불성은 저절로 그곳에 현현하는 것, …… 이와 같은 사고방식에서 자기가 본래 갖추고 있는 불성의 실재를 확인해가면서, 좌선에 의해 번뇌의 불식에 노력해간다는 지속적인 실천의 원리가 도출되는 것은 극히 자연스러운 것이다.' (p.84)
9   伊吹, 「初期禅宗文献に見る禅観の実践」, 小川, 『神会』, pp.87-93 참조.
10 胡適, 『神会和尚遺集』, 胡適記念館 (1968), p.102. 번역은 小川, 『神会』, p.127 참조.
11 鄧文寛, 栄新江録校, 『敦博本禅籍録校』, 江蘇古籍出版社 (1998), p.143. 번역은 小川, 『神会』, p.29. 또한 당대어록연구반편, 『神会の語録-壇語』, 선문화연구소 (2006), pp.73-84 참조.
12 小川, 『神会』, p.144.
13 石井修道, 「真福寺文庫所蔵の『裴休拾遺問』の翻刻」, 『禅学研究』60 (1981), pp.94-95.

14 대정48, 492a, 번역은 入矢편, 『馬祖の語錄』, pp.198-200 참조.
15 대정48, 418c, 번역은 入矢편, 『馬祖の語錄』, pp.193-197 참조.
16 土屋, 『北宋禪宗思想及其淵源』, pp.24-25.
17 '작용즉성'설이 '평상무사'의 사상을 이끄는 것에 대해서는 小川, 『神会』, pp.233-247 참조. 또한 小川『續·語錄のことば』의 머리말에는 마조선의 특징을 1.'즉심시불' 2.'작용즉성' 3.'평상무사'의 세 가지로 정리하여, '실제로는 이것들은 하나의 생각이다. 즉, 자기의 마음이 붓다이기 때문에 자신의 생활은 모두 그대로 붓다가 짓고 붓다가 행하는(불작불행) 것과 다름없다. 따라서 더욱 성스러운 가치를 추구하는 수행 등은 그만두고, 다만 '평상', '무사'로 있는 것이 좋다고 한다. 요컨대 '있는 그대로의 자기, 있는 그대로의 인정, 그것이 마조선의 기본정신이다'고 한다(p.3).
18 『景德伝灯録』, 真善美社, 1967影印, p.581. 번역은 入矢편, 『馬祖の語錄』, pp.32-33 참조.
19 『景德伝灯録』10, p.174.
20 入矢역주, 『임제록』, 岩波書店 (1989), p.50. 번역은 같은 책, p.51 참조.
21 신회에서 마조에 이르는 사상적 전개에 대해서는 小川, 『神会』 제5장을 참조. 오가와 씨는 여기서 마조가 강조하는 대외적 작용의 맹아가 신회에서 이미 보이고, 이런 경향이 뒤에 보당사 무주와 마조의 계통으로 발전되었다고 지적한다.
22 土屋, 『北宋禪宗思想及其淵源』제2장, 小川, 『語錄の思想史』제1장 참조.
23 土田, 『道学の形成』, pp.31-32 참조.
24 『汾陽無德禪師語錄』하, 대정47, 621a-b.
25 『人天眼目』2, 대정48, pp.307c-308a.
26 土屋, 『北宋禪宗思想及其淵源』, pp.153-155.
27 柳田聖山, 椎名宏雄 共編, 『禅学典籍叢刊』5, 臨川書店, 2000影印, p.88a.
28 대정47, 633b.
29 대정47, 632c.
30 『大慧宗門武庫』, 『卍속장경』제1권2책, 925c 참조.
31 『卍속장경』제1권2책, 925a-c.
32 「東林宣秘度」는 『建中靖国續灯錄』권19에서 전해지는 '廬山東林思度'이라고 생각된다. 불감혜근이 이 사람 곁에서 '照覚平実의 뜻'을 체득한 것이 『大慧宗門武庫』에서 언급되고 있다(925c).
33 『大慧宗門武庫』, 『卍속장경』제1권2책, 930a-c.
34 『古尊宿語錄』43『住廬山帰宗語錄』, 中華書局 (1994), p.820.
35 土屋太祐, 「真淨克文の無事禅批判」.
36 『四部叢刊』초편, 『石門文字禅』30, p.335a-c.
37 '산은 바로 산'이라는 말은 황벽희운의 『宛陵錄』에서도 보인다. 다만 아래에서 언급하는 대로 송초의 선종에 직접적인 영향을 준 것은 운문의 문장이고, 극도도 운문의 문장을 인용하여 비판을 행하고 있다.

38 대정47, 547c.
39 入矢義高,「雲門の禪·その〈向上〉ということ」, p.86.
40 『卍속장경』제1권2책, 925a.
41 西口芳男,「黃龍慧南の臨濟宗轉向と泐潭懷澄」, pp.238-241.
42 柳田聖山, 椎名宏雄 共編, 『禪學典籍叢刊』4, pp.252c-253a.
43 道忠, 『禪林象器箋』제5류 「靈象門」, 中文出版, 1977影印, p.147.
44 『古尊宿語錄』44 『住金陵報寧語錄』, p.846.
45 대정47, pp.940c-941a. 또한 사일 謝逸에 의한 「圓覺經皆證論序」가 『계당집 溪堂集』7(강서성고교 고적정리 小組정리, 『予章叢書』집부1, 강서교육출판사 (2004), p.551)에 수록되고, 이것에 의해 『개증론 皆証論』은 혜홍이 극문의 관점을 정리하여 이루어진 것임을 알 수 있다. 周裕鍇, 『宋僧惠洪行履著述編年總案』, 고등교육출판사 (2010), p.10, p.121 참조.
46 石井,「眞淨克文の人と思想」, p.146.
47 이와 같은 '무사'와 '깨달음'의 대립은 환오극근의 사상에서 명확한 표현을 볼 수가 있다. 예를 들면 『벽암록』제54칙 「송·평창」에는 '최근의 사람은 모두 '무사'의 이해를 하고, 어떤 사람은 '미망도 깨달음도 없다. 그것 이상을 추구해서는 안 된다'고 한다. …… 모두 이와 같아서는 모두 표적 이탈이다. 반드시 확철대오하여, 변함없이 산은 바로 산, 물은 바로 물, 더욱이 일체만법이 눈앞에 나타나 비로소 무사의 사람이 되는 것이다.'(대정48, 182b) 환오도 또한 '확철대오'에 의해 '무사'의 폐해를 뛰어넘으려는 것이다. 土屋, 『北宋禪宗思想及其淵源』제6장 제4절, 小川, 『語錄の思想史』제2장 제3-4절 참조.
48 石井,「大慧宗杲とその弟子たち(七)」참조.
49 송대 조동종의 역사에 대해서는 石井, 『宋代禪宗史の硏究』제3-4장 참조.
50 柳田聖山, 椎名宏雄 共編, 『禪學典籍叢刊』4, p.287a.
51 위의 인용에 대해 石井, 『宋代禪宗史の硏究』, pp.343-344 참조. 이시이는 여기서도 '남종선으로서 성립한 당대선에서는 본래 본각과 시각으로 나누어 생각하는 인간의 파악을 부정하려고 했던 것이지만, 대혜는 철저한 현실긍정을 주장한 당대의 선과는 다른 불철저한 아류의 선승을 실제로 보고 들었던 것이다. 거기서 어쩔 수 없는 입장에서 시세를 비판한 것이고, 대혜는 일부러 시각문에 선 것이다'(p.344)고 지적한다. 또한 石井, 『道元禪の成立史的硏究』는 당대에 '본각이기 때문에, 모든 행위가 모두 깨달음의 나타남이다'고 하는 수증관 상의 특징이고, 여기에서 무사선이 설해졌지만, 송대에는 '무사에 빠진' 집단이 많이 나타난 것, 또한 굉지정각의 선도 당대선의 수증관을 계승하면서, 그것이 '무사에 빠진 것'으로서 나타난 때에는 묵조의 邪禪이 생긴 것을 지적한다(p.340).
52 柳田聖山, 椎名宏雄 共編, 『禪學典籍叢刊』4, p.169a.
53 柳田,「看話と默照」, 石井,「大慧宗杲とその弟子たち(6)」.
54 柳田聖山, 椎名宏雄 共編, 『禪學典籍叢刊』4, pp.238c-239a.

참고문헌

니시구치 요시오(西口芳男)
    1990   「黄龍慧南の臨済宗転向と泐潭懐澄－附論『宗門撫英集』の位置とその資料価値」,『禅文化研究所紀要』16.

아라키 켄고(荒木見悟)
    1993   『新版仏教と儒教』, 研文社.

야나기다 세이잔(柳田聖山)
    1975   「看話と黙照」,『花園大学研究紀要』6.
    1999   「北宗禅の思想」,『柳田聖山集』1『禅仏教の研究』, 法藏館.

오가와 다카시(小川隆)
    2007   『神会－敦煌文献と初期の禅宗史』, 臨川書店.
    2010   『續・語録のことば『碧巖録』と宋代の禅』, 禅文化研究所.
    2011   『語録の思想史』, 岩波書店.

이리야 요시타카(入矢義高)
    1986   「雲門の禅・その<向上>ということ」,『自己と超越－禅・人・ことば』, 岩波書店.

이부키 아츠시(伊吹敦)
    1998   「初期禅宗文献に見る禅観の実践」,『禅文化研究所紀要』24.
    2001   『禅の歴史』, 法藏館.

이시이 슈도(石井修道)
    1973   「大慧宗杲とその弟子たち(五)－著意と忘懐という語をめぐって」,『印仏研』22-1.
    1974   「大慧宗杲とその弟子たち(六)－真歇清了との関係をめぐって」,『印仏研』23-1.
    1976   「大慧宗杲とその弟子たち(七)－真淨克文と大慧宗杲」,『印仏研』24-2.
    1976   「真淨克文の人と思想」,『駒沢大学仏教学部研究紀要』34.
    1987   『宋代禅宗史の研究』, 大東出版社.
    1991   『道元禅の成立史的研究』, 大蔵出版株式会社.
    1992   『大乗仏典<中国・日本篇>』22『禅語録』, 中央公論社.

츠치다 켄지로(土田健次郎)
    2002   『道学の形成』, 創文社.

츠치야 타이스케(土屋太祐)
    2002   「真淨克文の無事禅批判」,『印仏研』51-1.
    2008   『北宋禅宗思想及其淵源』, 四川出版集団巴蜀書社.

* 본 장의 집필에 즈음하여 고마자와 대학의 오가와 다카시小川隆 교수에게 여러 가르침을 받았다. 여기에 표기하여 깊이 감사드린다.

색인

[ㄱ]

간다라 134
간화선 245
갈마 41
개증론(皆証論) 265
견불 96
경덕전등록 255
계(śīla 습관적 행위) 209
계바라밀 216
계본 223
계율(inaya-piṭaka) 33
고승전 211
공동거주 45
공안 245
관무량수경 96
관불 96
관불경전 95
관불삼매해경 96
관상법 101
교단분열 38
구나함불(Kanaka Buddha) 126
구마라집(350-409 무렵) 210
구사론 73
구족계(upasaṃpadā) 207
권청(adhyeṣeṇā) 75
규봉종밀(780-841) 253

근본분열 39, 41
근본유부율 45
기준론 71
깨달음(悟) 245

[ㄴ]

나가르쥬나콘다 130
남돈북점(南頓北漸) 248
남양화상돈교해탈선문직료견성단어
　　(南陽和尚頓敎解脫禪門直了性壇語) 250
남양화상문답잡징의(南陽和尚問答雜徵義) 249
남전 66
남종 248

[ㄷ]

달마다라선경 107
대반열반경 211
대비바사론 40
대비천제(大悲闡提) 17
대사(大史) 39
대승계(대승의 계) 215
대승불교 3
대승불교 재가불탑 기원설 35
대승불설 34
대승상좌부(Mahāyāna-Sthavira) 53
대승열반경 52

대중부 39
대중부기원설 34
대지도론 69
대혜보각선사어록 245
대혜보설 246, 263
대혜종고(1089-1163) 245
대혜종문무고 259
도(道, mārga) 11
도간경(Śālistambasūtra) 154
도사(島史) 39
돈(頓) 11
돈오 251
동림상총(東林常總, 1025-1091) 259
동산법문(東山法門) 247
디가니카야 133

[ㄹ]
룸비니 131

[ㅁ]
마조 253
마투라 134
마하밤사 129
마하승기율 210
망념 247
명상(meditation) 16
무기(無記) 70
무사 263
무사선 262

무상(無相) 251
무아론 68
무아설(anātma-vāda) 68
무주(無住) 251
묵조선 245
미망 247
밀린다팡하 133

[ㅂ]
바라이(pārājika) 223
바라제목차 40
바라제목차(prātimokṣa) 223
바르훗트 130
반야경 76
반주삼매경 96
발지론 69
방광대장엄경 130
배휴습유문(裵休拾遺問) 253
범망경 133, 230
범문유가서 103
법계(harma-dhātu) 76
법사리(dharmaśarīra) 153
법신(dharmakāya) 125
법신관(法身觀) 103, 104
법원주림 213
법장부(Dharmaguptaka) 79, 210
법주기(Nandimtrāvadāna) 79
법화경 26
벽암록 259

보드가야 131
보살 101, 167
보살계 207
보살계의소 226
보살계제자황제(菩薩戒弟子皇帝) 229
보살도 103
보살사상 110
보살선계경 231
보살승 3
보살영락본업경 227
보살지 93
보살지지경 211, 214
보현관경 227
복전(dakṣiṇīya, puṇya-kṣetra) 65
본각사상 24
본생주 175
부정관 99
부파교단(nikāya) 51
부파분열 37, 39
북전 66
북종 248
분양 선소(汾陽善昭, 947-1024) 258
불교(buddha-vacana) 69
불교문화학 13
불교학 6
불상 134
불성 249
불소행찬 71
불승 3

불전도 133
불탑 63, 131
불탑공양 35
불탑신앙 125
붓다고샤 99
비구 61
비구니 61
비유 173
비판불교 9, 23, 71

[ㅅ]

사르나트 131
사리 125
사리불문경 39
사리신앙 126, 128
4부대중(catuṣ-pariṣad) 61
사분율 43, 45
4의(依) 38
사회참여불교 15, 18
산치 130
삼승 105
3업 215
삼장(tri-piṭaka) 69
3취계(trividha śīlaskandha) 219
3취정계 219
삼학 10
3현3요 259
상관(像觀) 103
상좌부 39

색신(rūpakāya) 125
생신관(生身觀) 103
생활(vinaya 율) 68
샨티데바(650-700 무렵) 94
선(禪) 11, 16
선경 95
선관경전 95
섭대위의계(攝大威儀戒) 228
섭선법계 220
섭중생계(요익유정계) 220
성문 101
성문도 103
성문승(Śrāvakayāna) 51
세속(saṃvṛti) 11
소삿챠카경(Cūlasaccaka-sutta) 67
소선성불(小善成佛) 69, 75
소송 173
소승(Hīnayāna) 51
수계법 213
수마가다-아바다나 115
수메다이야기 186
수습차제 94
수희(anumodanā) 75
습관(śīla 계) 68
신란 7
신불교 15
신수(秀) 248
신앙(śraddhā) 70
신회 248

실제(hūta-koṭi) 76
실천 10
10바라밀 189
10바라이 231
10사 39
10선 215
십송률 43, 210
10주 231
십주비바사론 79
10지 231
10행 231
10회향 231

[ㅇ]
아마라바티 130
아미타경 130
아바다나 173
아사리(ācārya) 40
여가·여래(tathāgata) 194
여래장 24
연각 101
연등불 수기 186
염불 96
염불관 104
염불삼매 102
오계(pañca-śīla) 207
오리엔탈리즘 8
오문선경요용법 97
5법 37

오분율 43
우다나 178
우바새 61
우바세계경 227
우바이 61
운문광록 262
운암진정화상행상 262
원각경 265
원생설 169
원시불교 125
유가사지론 93
유아론 68
육계(32상 중 하나) 141
6관경 96
6바라밀 93, 189
율(vinaya, [출가자의] 규율, 또는 그 텍스트) 209
율분별 62, 80
율의계 221
의례 15
이타(利他) 17
인간불교 19
인도학 6
일본 불교학 6
일승사상 26
임제록 256
임제종지 259
입보리행론 94

[ㅈ]

자리(自利) 17
자서수계(自誓受戒) 213
자아(ātman) 69
작용즉성(作用卽性) 252
잡아함경 67
장례불교 17
장소불교 77
재가보살 61
재가불탑의 기원설 45
재가자 61
전계(轉戒) 228
정토교 11, 27
정토진종 7
제일의(paramārtha) 11
조어계(調御戒) 228
종경록 253
종문척영집(宗門摭英集) 263
종타수계(從他受戒) 213
종학 6
좌선삼매경 97
중수(重受) 228
지말분열 41
지혜로운자 256
진여(tathatā) 76
진정극문(眞淨克文, 1025-1102) 261
집량론 74

[ㅊ]

참회(pratideśanā) 75, 212

청정도론(5세기) 99
출가보살 61
출가자 61
출삼장기집 211

[ㅋ]
카말라쉴라(740-795 무렵) 94
쿠다카파다주해 131
쿠시나가라 131

[ㅌ]
토욕 113

[ㅍ]
파갈마승(karmabheda) 47
파법륜승(cakrabheda) 47
파승(破僧) 37
팔리율 37, 43
팔천송반야경 96

평상무사(平常無事) 255
평상심 255
평실 263
포살 41, 44
프로테스탄트 불교 19

[ㅎ]
하택종 253
해방신학 20
해심밀경 219
혜능(638-713) 248
홍인 248
화상(upadhyāya) 40
화지부 210
화합(samagga) 44
환오극근(圜悟克勤) 259
황룡 혜남(黃龍慧南, 1002-1069) 258
회과(悔過, 잘못을 뉘우치다) 212
회향(pariṇāmanā) 75, 79

• 저자 소개

스에키 후미히코(末木文美士)

1949년, 야마나시현 출생. 동경 대학 대학원 박사과정 수료. 문학박사. 동경 대학 문학부 교수를 거쳐 현재 국제일본문화연구센터 교수.

이자랑

1968년, 경기도 출생. 동국대학교 불교대학 인도철학과 졸업. 동경 대학 대학원 박사과정 수료. 문학박사. 현재, 동국대학교 불교학술원 불교문화연구원 HK연구교수. 전공은 인도불교 교단사.

하카마야 노리아키(袴谷憲昭)

1943년, 홋카이도 출생. 동경 대학 대학원 박사과정 수료(인도철학). 전 고마자와 대학 불교학부 교수 역임.

야마베 노부요시(山部能宜)

1960년, 와카야마현 출생. 엘 대학 대학원 박사과정 수료. 철학박사. 현재, 동경 농업대학 농학부 교수.

시마다 아키라(島田 明)

1973년, 치바현 출생. 동경 대학 대학원 박사과정 수료. 문학박사. 현재, 뉴욕 주립대학 뉴 펄츠교 준교수.

카츠모토 카렌(勝本華蓮)

1955년, 오사카부 출생. 교토 대학 대학원 박사과정 수료. 문학박사. 현재, 동방학원 강사.

후나야마 도루(舟山 徹)

1961년, 토치기현 출생. 교토 대학 대학원 박사과정 중퇴. 현재, 교토 대학 인문과학연구소 교수.

츠치야 다이스케(土屋太祐)

1976년, 이바라키현 출생. 사천 대학 문학여신문학원 박사과정 수료. 현재, 니가타 대학 경제학부 준교수.

역자 소개

김재권

동국대학교 인도철학과를 졸업하고 동 대학원에서 석사학위를 받았다. 2008년 일본 교토에 있는 용곡 대학 대학원에서 가츠라 쇼류(桂紹隆) 교수를 지도교수로 하여 「『중변분별론』의 삼성설에 관한 사상사적 연구」로 문학박사를 취득했다.

용곡 대학 불교문화연구소의 객원연구원을 거쳐, 금강대학교 불교문화연구소 HK연구교수와 동국대학교 인도철학과의 전임연구원 등으로 재직했다. 현재는 능인불교대학원대학교 불교학과 교수로 재직 중이다.

저서로는 『깨달음 총론』(공저), 『한국불교문화의 전승과 실제』(공저) 등이 있고, 주요 논문으로는 「『中辺分別論』における三性説の本質的構造とその意義」(『印仏研』57-2), 「초기 유가행파의 존재론의 형태와 그 의의-삼성과 이제의 관계를 중심으로-」(『인도철학』27), 「초기유가행파의 입무상방편상의 구조와 그 사상적 의의」(『인도철학』37) 등이 있다.

최근에는 주로 삼성설과 이제의 관계를 고려하여 유식사상의 흐름을 인식과 존재, 실천의 문제를 구조적으로 조망하는 사상사적 연구에 천착하고 있다.

시리즈 대승불교 3
대승불교의 실천

초 판 인 쇄 2016년 11월 25일
초 판 발 행 2016년 12월 2일

저   자 스에키 후미히코 외
역   자 김재권
펴 낸 이 김성배
펴 낸 곳 도서출판 씨아이알

책임편집 박영지
디 자 인 구수연, 윤미경
제작책임 이헌상

등록번호 제2-3285호
등 록 일 2001년 3월 19일
주   소 (04626) 서울특별시 중구 필동로8길 43(예장동 1-151)
전화번호 02-2275-8603(대표)
팩스번호 02-2275-8604
홈페이지 www.circom.co.kr

I S B N 979-11-5610-081-2 94220
              979-11-5610-078-2 (세트)
정   가 20,000원

ⓒ 이 책의 내용을 저작권자의 허가 없이 무단 전재하거나 복제할 경우 저작권법에 의해 처벌받을 수 있습니다.